普通高等教育“十三五”规划教材

U0958110

资产评估实务

吕晓荣　陈艳梅　王彦彬／主编

张慧研　王　慧／副主编

杨凤琴／主审

立信会计出版社

LIXIN ACCOUNTING PUBLISHING HOUSE

图书在版编目(CIP)数据

资产评估实务/吕晓荣主编. —上海:立信会计出版社,2017.12(2023.1重印)
普通高等教育"十三五"规划教材
ISBN 978-7-5429-5658-3

Ⅰ.①资… Ⅱ.①吕… Ⅲ.①资产评估—高等学校—教材 Ⅳ.①F20

中国版本图书馆CIP数据核字(2018)第008211号

策划编辑 赵新民 赵志梅
责任编辑 陈 旻
封面设计 南房间

资产评估实务
ZICHAN PINGGU SHIWU

出版发行	立信会计出版社		
地　　址	上海市中山西路2230号	邮政编码	200235
电　　话	(021)64411389	传　　真	(021)64411325
网　　址	www.lixinaph.com	电子邮箱	lixinaph2019@126.com
网上书店	http://lixin.jd.com		http://lxkjcbs.tmall.com
经　　销	各地新华书店		

印　　刷	浙江天地海印刷有限公司	
开　　本	787毫米×1092毫米	1/16
印　　张	15.75	
字　　数	390千字	
版　　次	2017年12月第1版	
印　　次	2023年1月第2次	
书　　号	ISBN 978-7-5429-5658-3/F	
定　　价	38.00元	

如有印订差错,请与本社联系调换

preface 前言

我国资产评估行业经过20多年的发展，目前广泛服务于国家创新发展战略、国有经济的战略重组、多层次资本市场建设、政府简政放权改革等，随着我国经济新常态发展的需要，基于揭示判断价值的基本功能，资产评估服务将广泛参与到供给侧结构性改革中，助力我国的经济转型发展。当前，随着资产评估准则体系的不断完善，资产评估实务研究也取得了较大进展，这为本书编写提供了理论与实务的支撑。

本书采用了全新体例格式，将知识与实践紧密地结合在一起。全书各学习情境内容均由“学习目标”“引导案例”“背景资料”“例题”“思考与练习”和“实务训练”组成，具有重点突出、理论与实践联系紧密、学习与复习相得益彰的特点。全书内容紧凑、精练，难易适度，不但充分体现了普通高等教育教学特色，还注重了教材内容的系统性、实用性和先进性，符合国家资产评估师执业资格考试要求。本书基于资产评估新准则编写而成，梳理学徒制合作单位的实际评估案例，深入浅出地说明了资产评估的主要方法和操作体系，具有较强的实用性和可操作性。此外，本书还配备了丰富的教学资源，可以帮助教师提升教学质量，改善教学形式，寓教于乐，让学生在更轻松的环境下掌握所学知识。

本书由黑龙江职业学院吕晓荣、陈艳梅、王彦彬、王慧老师，黑龙江财经学院张慧妍老师，以及黑龙江中融房地产估价公司的杨凤琴董事长合作完成。具体分工为：吕晓荣编写学习情境1、学习情境2和学习情境5，陈艳梅编写学习情境4、学习情境7和附录，王彦彬编写学习情境3、学习情境6和学习情境7，张慧妍参编学习情境5，王慧参编学习情境7，杨凤琴负责审核评估案例，全书由吕晓荣进行统稿和定稿。

在编写过程中，我们参考了国内专家的资产评估教材，借鉴了学徒制合作单位的评估案例，在此一并表示感谢！由于时间和能力所限，书中难免有疏漏之处，欢迎广大读者给予批评指正！

编者

Contents 目录

学习情境 1
流动资产评估

学习目标

读者通过学习，了解流动资产的内容及特点，掌握各类存货和非实物类流动资产的评估程序和评估方法，能够分析和解决各类流动资产评估的实际问题。

引导案例

资产评估工作中可以运用三大基本方法：市场法、成本法和收益法。各种方法具有不同的评估思路和前提条件，不同类型的资产对评估方法的选择也有所侧重。让我们从"苹果园的故事"出发，讨论如何在资产评估工作中选择最合适的评估方法。

听了"苹果园的故事"，就懂了资产评估的三大方法

从前有一位聪明的老人，他有一棵极好的苹果树，只需稍加照料每年就可以结出一大堆苹果，可以为老人每年带来 100 美元的收入。老人变得越来越老了，他打算退隐来享受余生，因此他决定卖出这棵树。他在《华尔街日报》的商机版上刊登了一则广告，声明他会将树卖给出价最合适的人。

第一个对广告做出反应的人愿意出 50 美元，他说把这棵苹果树砍掉当柴卖只能卖 50 美元。老人生气地说："你的出价只是这棵树的清算价值。你看不出它的价值远远超过 50 美元吗？"

第二个购买者出价 100 美元。她说："这个价格正是今年苹果熟了以后所能卖的价格。"老人回答，"你没有考虑明年、后年及以后各年产出的苹果的价值。带上你的 100 美元，走吧！"

第三个购买者是一个刚从商学院毕业的年轻人。他说："我将通过网络在网上销售苹果，这棵树至少还可以产 15 年苹果，如果每年可卖 100 美元，总共是 1 500 美元。因此我愿出 1 500 美元来买你的苹果树。"老人伤心地说："噢，利用网站？不！你比前两个人更认不清现实。未来第 15 年的 100 美元折算到现在的现值，假设按 6%的利率计算，只是 41.73 美

元，而不是 100 美元。你应该重新回学校好好学学财务知识。”

不久后，又来了一位很富有的医生，“我很喜欢它，准备按上一个小伙子的市场价格来买它，愿意出 1 500 美元。”老人建议道，“目前苹果树交易市场是不存在的，直接把价格当作价值也是和前几个人一样愚蠢。请带上你的钱，去买一个度假村吧！”

下一位是会计专业学生，在看了苹果树账目后说：“这棵树是 10 年前你以 75 美元价格购入的，并且没有提取过折旧，我就按照账面价值 75 美元出价。”老人说：“噢，傻子都能看得出它的价值要远远超过 75 美元。你最好还是回学校去吧，好好学习资产评估。”

最后一位拜访老人的是一位华尔街股票经纪人，她打算依据这棵树的收益资本化的价值来出价。尽管上年这棵树卖了 100 美元的苹果，但这棵树还有一些费用，如肥料成本、工具成本、苹果采摘的成本和把苹果运到城里销售所花的费用，一部分要分摊到苹果树生命期内的每年当中。最后一点，还要交税。据此，她得出结论这棵树上年利润是 50 美元。“但正如你我都认为的那样，这棵树更像一个公司，它会年复一年地创造出利润，那么关键的问题就是要确定一个适合的收益率。换句话说，我向这棵树投资，我需要计算我每年取得 45 美元收入的这项投资的价值。我们把这个价值称为这棵树的资本化价值。”她接着说，“通过缩短从苹果树下到市场销售的时间，通过对赊销的管理，或通过把苹果腐烂损失降到最小等手段，都可以降低成本，所有这些做法，都会提高总销售额与净利润之间的关系，用财务术语来说，即这棵苹果树的利润率。利润率的提高进而也会提高你的投资收益率。”

“我不太懂这些计算，你有什么简单的方法吗？”老人满怀希望地问。“当然，”她肯定道，“我们可以使用一种华尔街经常使用的方法，叫做市盈率。计算这个比率，只需用 100 除以你的要求收益率即可得到结果。例如，我要求的收益率是 8%，那么用 100 除以 8，市盈率就等于 12.5。对于这棵树来讲，我要求的投资收益率是 20%，用 100 除以 20，因此算出市盈率比率是 5。也就是说，我愿意按这棵树每年预期收益 5 倍的价格来买这棵树。45 美元乘以 5，等于 225 美元。这就是我出的价格。”老人把身体向后一靠，表示很感谢她教了自己这么多知识，他要考虑一下她的出价，希望她能明天再来。

既然我们可以就过去几年内这棵树的年平均利润是在 45 美元左右达成一致，那么我们为什么不能对这棵树未来 5 年内现金流的预测也达成一致意见呢？比如说未来 5 年内，有 25%的可能性现金流是 40 美元；有 50%的可能性现金流是 50 美元；还有 25%的可能性现金流达到 60 美元。这种情况下，结果又会如何呢？“如果把这几个数值平均一下，就会得到 50 美元的估计结果。”老人指出，“然后，我们简单地认为在这 5 年之后的 10 年内，它的每年现金流量平均为 40 美元。说这棵树还有 15 年生命，这是实际情况，果树专家告诉过我 15 年后这棵树就不再能生产了。”“现在我们要做的，就是算出为了得到从现在开始的 5 年内每年 50 美元的现金收入和随后 10 年内每年 40 美元的现金收入，我们现在要付出多少钱。然后还要把 15 年年末这棵树当柴卖得的 20 美元也考虑在内。”

“这很简单嘛！”女人声称，“你是想包括清算价值在内的所有未来现金净流入都折现为现值。当然你还需要确定你的折现率。”“棒极了。”老人兴奋地跳了起来，“这正是我手中的图表和计算器的用处。”

老人平静地说：“你可以把钱放在银行进行储蓄，每年会收到 5%的利息率。你也可以把钱投资用来购买美国的国库券，收到 8%的利率（依据实际利率水平决定）。这些看起来很像是无风险利率。也即意味着无论你把钱投资到哪里，这个 8%的无风险利率都是你投资的机会成本。按照 8%的折现率水平来折现，只弥补了你投资于这棵树而没有投资于国库券的那部分资金的时间价值。但是,由这棵苹果树产生的现金流并不是无风险的,因此为弥补该项投资所承担的较高风险,我们就需要使用一个更高水平的折现率。”

“假如我们能达成一致意见,用15%作为折现率来把50美元的年收入及其他各期的收入折现到现在的价值。这个折现率水平是与该项投资的风险水平相适应的一个折现率水平。你可以用我的邻居昨天卖掉的草莓地的折现率来做一个比较。根据我的计算结果,按这个15%的折现率水平,预期的每年利润的现值之和为268.05美元,柴的价值折现到现在为2.44美元,因此总值为270.49美元。我取一个整数,把270美元作为我的卖价。在这个计算过程中,你可以看出我对风险水平做了多大调整,因为如果我按8%的利率来对现金流折现,那么这棵树的现值会高达388.60美元。”“好吧,就按这个价格成交。”老人同意了,“我从未说过我要等待最高出价,而只说过是最合适的出价。”

请同学们针对苹果园故事,在本教材后面的学习中进行深入分析,讨论如何运用不同的资产评估方法评估同一资产,如何保证评估目的、评估前提、被评估对象状态的一致,以及如何运用不同评估方法选择经济技术参数的合理性。

资料来源:搜狐财经 http://www.sohu.com/a/129275620_498867

永信行评估咨询 2017-03-18 13:54

情境任务 1.1　流动资产概述

1.1.1　流动资产的内容和特点

流动资产是企业资产的重要组成部分，在企业资产评估中占有重要的地位。

流动资产是指可以在 1 年或超过 1 年的一个经营周期内变现、出售或耗用的资产，主要包括实物类流动资产和货币类流动资产。实物类流动资产包括材料、在产品、产成品及库存商品、低值易耗品；货币类流动资产评估包括货币性资产、应收账款及预付账款、应收票据及其他流动资产。

1. 流动资产的内容

流动资产形态多种多样，为了便于进行流动资产评估，必须对其进行合理的分类。

流动资产按现行会计制度可以分为货币资金、交易性金融资产、应收票据、应收账款、待摊费用、预付费用和存货。

货币资金，是指在企业生产经营过程中处于货币形态的那部分资金，按其形态和用途不同可分为包括库存现金、银行存款和其他货币资金。它是企业中最活跃的资金，流动性强，是企业的重要支付手段和流通手段，因而是流动资产评估的审查重点。其他货币资金包括外埠存款、银行汇票存款、银行本票存款、信用证保证金存款、信用卡存款、存出投资款等。

交易性金融资产，是指企业以公允价值计量且其变动计入当期损益的，以赚差价为目的，准备近期内出售的债券投资、股票投资和基金投资。

应收票据，是指企业持有的未到期或未兑现的商业票据。它是一种载有一定付款日期、付款地点、付款金额和付款人的无条件支付的流通证券，也是一种可以由持票人自由转让给他人的债权凭证。根据我国现行法律的规定，商业汇票的付款期限不得超过 6 个月，符合条件的商业汇票的持票人，可以持未到期的商业汇票和贴现凭证向银行申请贴现。

应收账款，是指企业在正常的经营过程中因销售商品、产品、提供劳务等业务，应向购买单位收取的款项，包括应由购买单位或接受劳务单位负担的税金、代购买方垫付的各种运杂费等。应收账款是伴随企业的销售行为发生而形成的一项债权。因此，应收账款的确认与收入的确认密切相关。通常，在确认收入的同时，确认应收账款。该账户按不同的购货或接受劳务的单位设置明细账户进行明细核算。应收账款表示企业在销售过程中被购买单位所占用的资金。企业应及时收回应收账款以弥补企业在生产经营过程中的各种耗费，保证企业持续经营；对于被拖欠的应收账款应采取措施，组织催收；对于确实无法收回的应收账款，凡符合坏账条件的，应在取得有关证明并按规定程序报批后，做坏账损失处理。

待摊费用，是指已经支出但应由本期和以后各期分别负担的各项费用，如低值易耗品摊销、一次支出数额较大的财产保险费、排污费、技术转让费、广告费、固定资产经常修理费、预付租入固定资产的租金等。企业单位在筹建期间发生的开办费，以及在生产经营期间发生的摊销期限在 1 年以上的各项费用，应作为“长期待摊费用”。

预付费用，是指预先支付货币资金而由其后几个会计期间共同受益的项目。一般情况下，数额较小，直接计入当期损益，包括预付水电费、预付租金、预付保险费等。存货，是指企业在日常活动中持有以备出售的产成品或商品、处在生产过程中的在产品、在生产过程或提供劳务过程中耗用的材料或物料等，包括各类材料、在产品、半成品、产成品或库存商品以及包装物、低值易耗品、委托加工物资等。一般情况下，企业的存货包括下列三种类型的有形资产：工业企业的库存产成品和商品流通企业的库存商品，在产品、自制半成品和委托加工物资等，各种原材料、燃料、包装物和低值易耗品等。

2. 流动资产的特点

与其他类型的资产相比，流动资产具有以下特点：

(1) 循环周转速度快。周转速度快是流动资产最主要的特征，流动资产在使用中只经历一个生产经营周期就改变其实物形态，并将其全部价值转移到所形成的产品中去，构成成本费用的一个组成部分，然后从营业收入中得到补偿。判断一项资产是否是流动资产，关键是看其周转情况。

(2) 变现能力强。变现能力强是流动资产的一个显著的标志。各种形态的流动资产都可以在较短的时间内出售或变卖，具有较强的变现能力，是企业对外支付和偿还债务的物质基础。当然，不同形态的流动资产，其变现速度是有区别的，按变现能力强弱排序，首先是货币资产，其自身就是随时可用的现金，根本不存在变现的问题；其次是交易性金融资产，这类资产极易变现，可看成是货币资金的另一种存放形式；再次是较易变现的应收账款；最后是存货。

(3) 占用形态同时并存又相继转化。流动资产存在的形态呈现多样性的特点，流动资产在周转过程中不断改变其形态，依次由货币形态开始，经过供应、生产、销售等环节，从一种形态转化为另一种形态，最后又变为货币形态。各种形态的流动资产在企业中同时存在，分布于企业生产经营过程的各个环节。流动资产按其存在形态，可以归结为四种类型，即货币类流动资产、债权类流动资产、实物类流动资产和其他流动资产。

(4) 波动性。波动性流动资产是指那些受季节性、周期性影响的流动资产，如季节性存货、销售和经营旺季的应收账款。

1.1.2　流动资产的评估特点

流动资产本身的特点使流动资产评估与其他资产的评估相比，具有以下特点：

(1) 流动资产评估是单项评估。流动资产评估是以单项资产为评估对象，根据其本身的特点进行评估，单项的流动资产一般不具有综合获利能力，因此，流动资产评估不需要以其综合获利能力进行综合性价值评估。

(2) 流动资产评估时点要尽可能与评估结论使用时点接近。由于流动资产的流动性和价值波动性，使不同形态的流动资产随时都在变化，不可能人为地停止流动资产的运转。因此，流动资产评估对时点的要求比较严格，所选评估基准日应尽可能在会计期末或尽可能与资产评估结论利用的时间一致，并在规定的时间进行盘点和清查，确定流动资产的数量和账面价值，防止重复和遗漏。

(3) 流动资产量大类繁，评估时既要掌握重点，分清主次，又要兼顾一般。在流动资产评估之前必须认真进行资产清查，这直接影响着评估质量的好坏。但是，由于流动资产往往数量较大、种类较多，清查工作量很大，因此，需要同时考虑评估的时间要求和评估成本。流动资产评估往往需要根据不同企业的生产经营特点和流动资产分布的特点，分清主要和次要、重点和一般，选择不同的方法进行清查和评估。清查采用的方法可以是抽查、重点清查或全面盘点。当抽查核实中发现原始资料或清查盘点工作可靠性较差时，要扩大抽查范围，直至核查全部流动资产。

(4) 流动资产的账面价值基本上可以反映其现值。由于流动资产周转快、变现能力强，在物价水平相对比较稳定的情况下，流动资产的账面价值基本上可以反映出流动资产的现值。因此，在特定情况下，可以采用历史成本作为其评估值。这就必然使流动资产的评估对企业会计核算资料的依赖性比较高。同时，评估流动资产时一般不需要考虑资产的功能性贬值因素，其有形损耗(实体性损耗)的计算只适用于诸如低值易耗品、呆滞、积压存货类流动资产的评估。对于货币性资产、无物质形态的债权及票据等，则需要借鉴审计、资信评定等方法核实其实有数额。

1.1.3 流动资产的评估方法

流动资产评估应根据评估目的不同和不同种类流动资产的特点，选择合适的评估方法。

(1) 对货币类流动资产评估，除外币资金按评估基准日的国家外汇牌价进行折算外，其他的清查调整后的账面价值就是现值。

(2) 对实物类流动资产评估，一般可采用历史成本法、成本法和现行市价法。

(3) 债权类流动资产评估，适用于按可变现价值进行评估。

(4) 对其他流动资产应分不同情况进行评估，其中有物资实体的流动资产，应视其价值情形，采用与机器设备等相同或类似的方法进行评估。

1.1.4 流动资产的评估程序

(1) 确定评估对象和评估范围。主要做好下列工作：第一，鉴定流动资产；第二，查核待估流动资产的产权；第三，对被评估流动资产进行抽查核实，验证基础资料。

(2) 对有实物形态的流动资产进行质量检测和技术鉴定。

(3) 对企业的债权、票据、分期收款发出商品等基本情况进行分析。

(4) 合理选择评估方法。评估方法的选择，一是根据评估目的选择；二是根据不同种类流动资产的特点选择。选择方法不同，评估的结果也不同。

(5) 评定估算流动资产，产生评估结论。

情境任务 1.2 存货资产评估

1.2.1 库存材料的评估

1. 库存材料的评估步骤

企业中的材料，按其存放地点可分为库存材料和在用材料。因为在用材料在生产过程中已经形成产成品和半成品，不再作为单独的材料存在，所以，材料评估是对库存材料的评估。库存材料包括原料及主要材料、辅助材料、燃料、修理用备件、外购半成品等。由于低值易耗品和包装物在一定程度上与材料类似，故应采用与材料类似的评估方法。库存材料具有品种多、金额大，而且性质、计量单位、购进时间、自然损耗各不相同等特点。因此，评估时可按下列步骤进行：

(1) 进行实物盘点，使其账实相符。在进行材料的价值评估前，首先应进行材料清查，做到账实相符。库存材料数量的检查，一般应建立在实地盘点的基础上，审查企业是否存在账实不符的情况。企业账实不符的问题有两种，即实际结存数量多于账面结存数量，或账存数量多于实存数量。前者一般是由于外购材料验收入库但未办理估价入账；领用材料退库不办理退库手续；外借人材料未做账务处理；收发料计量不准，多收料，少发料，不报升溢；盘盈未入账等引起的。后者则是外借出、让售、自用、私分材料不结转或少结转材料数量，收料数量以少记多，发料数量以多记少造成的。与此同时，还应查明材料有无霉烂、变质、呆滞、毁损等情况。

对上述问题检查时，应对大宗材料和贵重材料采用实地盘点的方法。按实地盘点的数量与账面结存数量进行一一核对，如发现不符的情况应查明原因。属于料到单未到，按估价入账或借入借出材料没进行账务处理的，应予以调整；属于升溢和盘亏的应分析具体情况，按规定处理；属于多转或少转材料成本应冲转生产成本或销售成本。对于其他材料一般可采用账盘法，以财会部门的明细账为主核对仓库的明细账和车间的保管账，同时与仓库定期报送的“材料收发存月报表”“原材料清查盘点表”相核对，如有疑点或账账不符，应进一步检查有关凭证，查明问题分别情况处理。

(2) 根据待估资产的特点和不同评估目的，选择相应的评估方法。因为材料等流动资产的功效高低取决于其自身，而且是生产过程中的“消费性”资产，所以，即使在发生投资行为的情况下，库存材料更多的是采用成本法或市场法。就这两种方法而言，在某种材料存在活跃市场、供求基本平衡的情况下，成本法和市场法两者可以替代使用。如不具备上述条件，则应分析使用。

(3) 运用存货管理的 ABC 分析法，突出重点。由于企业的材料品种、规格繁多，而且单位价值不等，在实际进行资产评估时，可按照一定的目的和要求，对材料按照 ABC 分析法进行排队，分清主次，突出重点，着重对重点材料进行评估。

2. 库存材料的评估方法

对库存材料进行评估时，可以根据材料购进情况的不同选择相适应的方法。

(1) 近期购进库存材料的评估。近期购进库存材料的库存时间较短，在市场价格变化不大的情况下，应直接以材料的市场价格加上购置费用作为材料的评估值；同时，如果企业采用先进先出的存货核算方法，由于其账面值接近市场购价加购置费用之和，也可以以核实确认无误后的账面值作为评估值。因此，既可以采用市场法，也可以采用成本法，两种评估结果一般相差不大。

【例1-1】 对甲企业的库存材料A进行评估，评估基准日为2017年7月25日，A材料于2017年6月26日从外地购进的，材料明细账的记载为：数量5 000千克，单价400元/千克，运杂费500元。根据材料消耗的原始记录和清查盘点，评估时库存尚有1 000千克。试确定该材料的评估值。

$$A材料评估值 = 1\,000 \times (400 + 500 \div 5\,000) = 400\,100(元)$$

注：对于购进时发生的运杂费的处理，如果是从外地购进的原材料，运杂费数额较大，评估时应将被评估材料分担的运杂费计入评估值；如果是从本地购进，运杂费数额较小，评估时则可以不考虑运杂费。

假设因管理不善导致材料变质，贬值率为3%，要扣除贬值，则

$$A材料评估值 = 1\,000 \times (400 + 500 \div 5\,000) \times (1 - 3\%) = 388\,097(元)$$

(2) 购进批次间隔时间长、价格变化较大的库存材料评估。这种库存材料：一是直接以评估基准日的市场价格作为评估计价基础；二是以最接近市场价格的那批材料账面价格作为评估计价基础。由于各企业对材料的购进时间和购进批次在会计上采用不同的方法，如先进先出法、加权平均法、个别计价法，这使得材料的账面余额不尽相同，但核算方法的差异不应影响评估结果，关键要准确核查库存材料的实际数量，在此基础上确定库存材料的评估价值。

【例1-2】 对乙企业的库存材料B进行评估，评估基准日为2016年12月31日。该材料分两批购进，第一批购进时间为2015年6月，购进1 000吨，单价为500元/吨；第二批购进时间为2016年11月，购进1 000吨，单价为400元/吨。截至评估基准日，2015年购入的还剩200吨，2016年购入的还没有使用。因此，尚需评估的材料数量为1 200吨，应按照现行的市场价格400元/吨计算评估值如下：

$$材料评估值 = 400 \times (200 + 1\,000) = 48\,000(元)$$

[例1-2]中，因评估基准日2016年12月31日与购进时间2016年11月较近，所以直接采用2016年11月购进材料的价格。如果近期内该材料价格变动很大，或者评估基准日与最近一次购进时间间隔较长，且价格变动较大，评估时应采用评估基准日的市价。

(3) 缺乏准确现行市价的库存材料评估。企业库存材料购进时间较早，市场上已脱销，无法直接从市场上找到它的现行价格。企业可以通过如下方法进行：寻找替代品的价格变动资料来修正该材料的价格；通过市场上同类材料的平均物价指数来修正该材料的价格；通过分析该材料在市场上的供需情况的变化来修正该材料的价格。

(4) 呆滞材料价值的评估。呆滞材料是指企业从库存材料中清理出来需要进行处理的材料。这部分材料由于长期积压自然力作用或保管不善等问题使用价值下降。所以，对这类材料的评估首先是对其数量和质量进行核查和鉴定，然后区别不同情况来进行评估。对其中失效、变质、残损、报废、无用的，应通过分析计算，扣除相应的贬值数额后，确定其评估值。

(5) 盘盈、盘亏材料的评估。对于盘盈材料，一般应采用现行市价法或成本法进行评估。对于盘亏材料，一般并无实物，不存在评估的问题，应直接从待估材料申报中剔除。

1.2.2 低值易耗品

1. 低值易耗品的内容及分类

低值易耗品是指单项价值在规定限额以下，或使用期限不满1年，能多次使用而基本保持其实物形态的，不能作为固定资产的劳动资料，包括工具、管理用具、替换设备、劳动保护用品等。不同行业对低值易耗品和固定资产的划分是不同的。例如，学校的课桌椅，单位价值肯定不够固定资产的标准，但它是学校必不可少的物品，所以要按固定资产核算。低值易耗品在使用过程中需要进行维修，报废时也有一定的残值。

低值易耗品种类较多，一般可以分为以下四类：

(1) 经营用具，是指经营中使用的各种用具，如清洁器械、消防器械、绿化器械等。

(2) 管理用具，是指企业管理中的各种家具用具，如保险柜、沙发、椅子、桌子等。

(3) 包装容器，是指物业管理企业在经营过程中使用的周转箱、包装袋等。

(4) 其他用具，是指不属于以上分类的低值易耗品。

基于评估需要，可以按以下标准进行分类：

(1) 按低值易耗品的用途，可以分为一般工具、专用工具、替换设备、管理用具、劳动保护用品和其他低值易耗品等。

(2) 按低值易耗品的使用情况，可以分为在库低值易耗品和在用低值易耗品。

2. 低值易耗品的评估方法

(1) 在库低值易耗品的评估。在库低值易耗品的评估可以根据具体情况，采用与前述库存材料相同的评估方法。

(2) 在用低值易耗品的评估。在用低值易耗品的评估，一般采用成本法，其计算公式为：

$$在用低值易耗品评估值 = 全新低值易耗品的成本价值 \times 成新率 \tag{1-1}$$

全新低值易耗品的成本价值，在物价变动不大时，直接采用账面价值，也可以用现行市价；在价格变动较大时，可直接采用评估基准日的市场价格，或者用账面价值乘以物价变动指数。

由于低值易耗品的使用期限比较短，一般不考虑其功能性损耗和经济性损耗。对于低值易耗品的成新率，应根据其实际损耗确定，一般不能按照其会计上的一次摊销或分次摊销确定。成新率的计算公式为：

$$成新率 = (1 - 低值易耗品实际已使用月数 \div 低值易耗品可使用月数) \times 100\% \tag{1-2}$$

【例 1-3】 某企业的低值易耗品，原价为 850 元，预计使用期限为 1 年，截至评估基准日已使用了 6 个月，该低值易耗品的现行市场价格为 1 000 元，则该项低值易耗品的评估值为：

$$低值易耗品评估值 = 1\,000 \times (1 - 6 \div 12) = 500(元)$$

1.2.3 在产品

在产品是指企业正在制造尚未完工的生产物，包括正在各个生产工序加工的产品和已经加工完毕但尚未检验或已检验但尚未办理入库手续的产品。外购的半成品视同材料评估，可直接对外销售的自制半成品视同产成品评估，一般采用成本法或市场法对在产品进行评估。

1. 成本法

成本法是指根据清查核实、技术鉴定和质量检测的结果，按评估时的相关市场价格、费用水平重置同等级在产品及自制半成品所需投入合理的料工费来确定评估值。该方法主要适用于生产周期较长的在产品评估。对生产周期较短的在产品，主要以其实际发生成本作为评估依据，在变现风险很小的情况下，可根据其账面值进行调整。成本法中的具体方法包括以下三种：价格变动系数调整法、社会平均消耗定额和现行市价法、约当产量法。

(1) 价格变动系数调整法。价格变动系数调整法是指以在产品实际发生的原始成本为基础，根据评估基准日的市场价格变动情况，调整在产品重置成本来确定评估值。该方法主要适用于生产经营正常，会计核算水平较高的企业。具体评估步骤如下：

第一，对被评估在产品进行技术鉴定，将不合格在产品的成本从总成本中剔除。

第二，分析原来成本构成，将不合理费用从总成本中剔除。

第三，分析原成本构成中构成在产品的材料成本从生产准备开始到评估基准日的市场价格变动情况，测算出价格变动系数。

第四，分析原成本中的工资、燃料、动力及制造费用等，从开始生产到评估基准日的变动情况，测算出调整系数。

第五，根据技术鉴定、原始成本分析及价格变动系数的测算，调整成本，确定评估值，或者从变现的角度修正评估值。其计算公式为：

$$\text{在产品评估值} = \text{原合理材料成本} \times \left(1 + \text{价格变动系数}\right) + \text{原合理工资、费用(含借款费用)} \times \left(1 + \text{合理工资、费用变动系数}\right) \quad (1-3)$$

需要说明的是，在产品成本包括直接材料、直接人工和制造费用三部分。制造费用属间接费用，直接人工尽管是直接费用，但在实际计算中较难确定，所以在评估时把它和制造费用等合并作为一项费用来进行测算。

【例 1-4】 某企业在产品 200 件，已知每件产品要消耗钢材 40 千克，每千克钢材单价为 20 元，在产品累计单位工时定额为 30 小时，每定额小时的燃料和动力费用定额为 0.4 元、工资及附加费定额为 8 元、车间经费定额为 1 元、企业管理费用定额为 3 元，该在产品不存在变现风险，则该在产品的评估值计算如下：

原材料成本 = 200 × 40 × 20 = 160 000(元)

工资成本 = 200 × 30 × 8 = 48 000(元)

费用成本 = 200 × 30 × (1 + 3) = 24 000(元)

燃料和动力成本 = 200 × 30 × 0.4 = 2 400(元)

该在产品评估值 = 160 000 + 48 000 + 24 000 + 2 400 = 234 400(元)

(2) 社会平均消耗定额和现行市价法。社会平均消耗定额和现行市价法是指按照重置同类资产的社会平均成本确定被评估资产的价值。当可以取得关于被评估的在产品的社会消耗定额资料，或被评估企业对各道工序上的在产品的定额资料较为齐全、可靠时，使用这种方法比较合适。用此方法对在产品进行评估之前先要掌握以下资料：

第一，被评估在产品的完工程度。

第二，被评估在产品有关工序的工艺定额。

第三，被评估在产品耗用材料的近期市场价格。

第四，被评估在产品的合理工时及单位工时的费用标准(合理工时和单位工时及各自的费用标准应按正常生产经营情况进行测算)。

其计算公式为：

$$\text{在产品评估值} = \text{在产品实有数量} \times \left(\text{该工序单件材料工艺定额} \times \text{单位材料现行市价} + \text{该工序单件工时定额} \times \text{正常工资费用}\right) \quad (1-4)$$

对于各种工艺定额的选取，首先参照行业统一标准；若没有行业统一标准，则按照企业的现行定额标准。

(3) 约当产量法。约当产量法是指将在产品的数量，按其完工程度折算为相当于完工产成品的数量(即约当产量)，然后根据产成品的重置成本和约当产量计算在产品评估值的方法。其计算公式为：

$$在产品评估值 = 产成品重置成本 \times 在产品约当产量 \tag{1-5}$$

$$在产品约当产量 = 在产品数量 \times 在产品完工程度 \tag{1-6}$$

其中在产品的完工程度有很多种确定方法，可以根据已完成工序(工时)占全部工序(工时)的比例来确定，也可以根据生产完成时间占生产周期的比例来确定。

【例1-5】 某工厂在评估时，有在产品40件，材料在生产过程中陆续投入。已知这批在产品的材料投入量为75%，完工程度为60%，该产品的单位定额成本为：材料定额2 000元，工资定额500元，费用定额400元。现确定该批在产品的评估价值如下：

$$在产品材料约当产量 = 40 \times 75\% = 30(件)$$

$$在产品工资、费用约当产量 = 30 \times 60\% = 18(件)$$

$$在产品评估值 = 18 \times 2\,000 + 18 \times (500 + 400) = 52\,200(元)$$

2. 市场法

按同类在产品和半成品的市场价格，扣除销售过程中预计发生的相关费用后计算在产品的评估值。一般来说，该在产品的通用性强，能用于产品配件更换或用于维修等，评估价值也较高；对不能继续生产，又无法通过市场出售或调剂出去的专用配件等，只能按废料回收价格进行评估。其计算公式为：

$$\frac{在产品}{评估值} = \frac{在产品}{实有数量} \times \frac{市场可接受}{不含税单价} - \frac{预计销售过程}{中发生的税费} \tag{1-7}$$

$$报废在产品的评估值 = 可回收废料的重量 \times 废料的单位现行回收价格 \tag{1-8}$$

【例1-6】 甲公司因产品技术落后而全面停产，准备与乙公司合并，现对该企业的在产品进行评估。按在产品状态及通用性分为三类：

第一类：已从仓库中领出，但尚未进行加工的原料，可按实有数量、技术鉴定情况、现行市场价格计算评估值。

第二类：已加工成部件，可通过市场销售且流动性较好的在制品，可根据市场可接受的现行价格、调剂过程中的费用、调剂的风险确定评估值。

第三类：加工成的部件无法销售，也不能继续加工，只能报废处理的在制品，只能按废料的回收价格计算评估值。

根据评估资料可以确定评估结果，如表1-1至表1-3所示。

表1-1 车间已领用尚未加工的原材料

材料名称	编号	计量单位	实有数量	现行单位市价	评估值
A材料	A001	千克	500	200	100 000
B材料	B001	千克	600	300	180 000
合　计					280 000

表1-2 车间已加工成部件并可直接销售的在制品

部件名称	编号	计量单位	实有数量	现行单位市价	评估值
C材料	C001	件	500	100	50 000
D材料	D001	件	600	200	120 000
合　计					170 000

表 1-3　　报废在产品

在产品名称	计量单位	实有数量	可回收废料/(千克/件)	可回收废料数量(元/千克)	回收单价	评估值
E材料	件	10	2	20	5	100
F材料	件	20	3	60	11	660
合　计						760

$$\text{在产品评估值} = 280\,000 + 170\,000 + 760 = 450\,760(\text{元})$$

1.2.4　产成品及库存商品

产成品及库存商品是指已完工入库和已完工并经过质量检验但尚未办理入库手续的产成品和商品流通企业的库存商品。产成品可以直接对外销售，依据其变现能力和市场可接受价格，通常可采用成本法和市场法进行评估。

1. 成本法

采用成本法对生产及加工企业的产成品进行评估，主要根据生产制造该项产成品的成本费用来确定产成品评估值。具体包括以下两种情况：

(1) 评估基准日与产成品完工时间较接近。物价变动不大，且企业的会计核算水平较高时，产成品的账面成本能够反映出产成品完工时的社会正常合理的成本水平，这时可以直接按产成品账面成本确定其评估值，其计算公式为：

$$\text{产成品评估值} = \text{产成品数量} \times \text{产成品账面单位成本} \tag{1-9}$$

(2) 评估基准日与产成品完工时间相距较长。成本费用变化较大，但企业的会计核算水平较高，产成品的账面成本能够反映出产成品完工时的社会正常合理的成本水平，则可采用以下两种公式计算评估值：

$$\begin{matrix}\text{产成品}\\\text{评估值}\end{matrix} = \begin{matrix}\text{产成品}\\\text{实有数量}\end{matrix} \times \left[\begin{matrix}\text{合理材料}\\\text{工艺定额}\end{matrix} \times \begin{matrix}\text{材料单位}\\\text{现行价格}\end{matrix} + \begin{matrix}\text{合理工}\\\text{时定额}\end{matrix} \times \begin{matrix}\text{单位小时合理工时工资、}\\\text{费用(含借款费用)}\end{matrix}\right] \tag{1-10}$$

$$\begin{matrix}\text{产成品}\\\text{评估值}\end{matrix} = \begin{matrix}\text{产成品}\\\text{实际成本}\end{matrix} \times \left[\begin{matrix}\text{材料成}\\\text{本比例}\end{matrix} \times \begin{matrix}\text{材料综合}\\\text{调整系数}\end{matrix} + \begin{matrix}\text{工资、费用(含借款}\\\text{费用)成本比例}\end{matrix} \times \begin{matrix}\text{工资、费用综合}\\\text{调整系数}\end{matrix}\right] \tag{1-11}$$

【例 1-7】 某企业现有产成品 50 件，根据企业的成本资料并结合对行业成本费用资料的分析确定，合理材料工艺定额为 30 千克/件，合理工时定额为 20 小时。评估时，经了解生产该种产品的材料价格已上涨，由原来的 42 元/千克涨至 50 元/千克，单位小时合理工资、费用为 32 元/小时。根据上述分析和有关资料，可以确定该产成品的评估值为：

$$\text{产成品评估值} = 50 \times (30 \times 50 + 20 \times 32) = 107\,000(\text{元})$$

【例 1-8】 某企业评估时产成品实有数量为 200 台，每台实际成本 300 元，根据会计核算资料，该产品生产成本中材料与工资、其他费用的比为 3∶2，根据目前价格变动情况和其他相关资料，确定材料综合调整系数为 1.3，工资、费用综合调整系数为 1.2，由此可以确定该产成品的评估值为：

$$\text{产成品评估值} = 200 \times 300 \times (60\% \times 1.3 + 40\% \times 1.2) = 75\,600(\text{元})$$

2. 市场法

市场法是指以不含价外税的可接受市场价格扣除全部税金、全部销售费用及适当利润后确定产成品评估值的方法。应考虑如下影响因素：

(1) 产成品的使用价值。评估人员应对产品进行质量考察和技术鉴定，明确产品使用价值及技术等级，进而确定合理的市场价格。

(2) 分析产品市场供求状况和被评估产品的前景。

(3) 应选择公开市场的近期交易价格，非正常交易价格不能作为评估依据。

(4) 对于部分残缺的产成品，根据实体性损耗损程度进行调整。

采用市场法进行评估时，要根据不同的评估目的和评估性质具体分析成本、税金、利润等因素。如果评估目的是销售，应直接将现行市价作为评估值，不需要考虑销售费用和税金；如果评估目的是投资，产成品作为投资者权益，是分配收益的依据，应从市价中扣除各种税金和利润作为产成品的评估价值。

情境任务1.3　非实物类流动资产评估

非实物类流动资产包括现金和各项银行存款以及交易性金融资产；债权类流动资产包括应收账款、应收票据、预付费用等，交易性金融资产评估参见学习情境2。

1.3.1　现金和银行存款评估

对现金和银行存款的评估，主要是对数额的清查确认。对现金的评估，实际是对现金进行盘点，将现金日记账和现金总账核对，实现账实相符。对银行存款的评估，实际是通过银行函证与核对，核实后银行存款的实有数额作为评估值；如有外币存款，应按评估基准日的国家外汇牌价折算成人民币计算。

1.3.2　应收账款评估

应收账款是企业在正常的经营过程中因销售商品、产品、提供劳务等业务，应向购买单位收取的款项，包括应由购买单位或接受劳务单位负担的税金、代购买方垫付的各种运杂费等。应收账款评估的本质是对款项回收的“风险损失的预计”和“未来回收价值现值”的确定，而不是账面记录的重新估计。在评估时要关注并分析债务方的经营情况，合理判断其风险，一般应从三方面进行：一是确定应收账款账面价值；二是判断已确定的坏账损失；三是估算预计坏账损失。其计算公式为：

$$\text{应收账款评估值} = \text{应收账款账面余额} - \text{已确定的坏账损失} - \text{预计可能发生的坏账损失} \tag{1-12}$$

应收账款评估的程序和方法如下所述。

1. 确定应收账款的账面余额

确认应收账款账面余额，一般采取账证账表核对，按客户名单发询证函，抽查会计凭证等。查明每项应收账款的发生时间、金额、债务人基本情况，考察信用偿还能力，评估风险损失。对集团内部独立核算的往来要进行双向核对，以免重记、漏记；对企业改制项目，应与注册会计师审定余额核对，避免重评、漏评。

2. 确认已发生的坏账损失

已发生的坏账损失是指在评估时可以确认不能收回的应收账款。通常符合下列条件之一的，确认为坏账：

(1) 债务人死亡或被宣告失踪、死亡，其遗产清偿后仍无法收回的。

(2) 债务人破产、关闭、解散、被撤销，或被依法吊销、注销营业执照后，财产清偿后仍无法收回的。

(3) 债务人较长时间内(如超过 3 年)未履行偿债义务，并有足够证据表明无法收回或收回的可能性极小。

(4) 与债务人达成债务重组协议或法院批准破产重整计划后，无法追偿的。

(5) 因自然灾害、战争等不可抗力导致无法收回的。

对于已确认的坏账损失，在评估时，必须取得相应的工作底稿，直接从应收账款中扣减。

3. 确认可能发生的坏账损失

估算预计坏账损失，即判断应收账款回收的可能性，应收账款一般分为以下四类：一是业务往来较多，债务人结算信用好；二是业务往来较少，债务人结算信用一般；三是偶然发生业务往来，债务人信用状况未能调查清楚；四是有业务往来，但债务人信用状况较差，有长期拖欠贷款记录。

对预计坏账损失的评估方法主要有坏账比例法和账龄分析法。

(1) 坏账比例法。坏账比例法是根据企业前若干年(一般为 3～5 年)的实际坏账损失额占其应收账款发生额的百分比确定坏账比例，然后用核实后的应收账款数额乘以坏账比例，得出坏账损失数额。其计算公式为：

$$坏账损失额 = 核实后的应收账款数额 \times 坏账比例 \quad (1-13)$$

$$坏账比例 = 评估前若干年发生的坏账数额 \div 评估前若干年应收账款余额 \times 100\% \quad (1-14)$$

【例 1-9】 对某企业进行整体资产评估，经核实，截至评估基准日，应收账款的账面余额为 300 万元，前 5 年的应收账款发生情况及坏账损失情况，如表 1-4 所示。

表 1-4　**坏账损失情况表**　单位：万元

年　度	应收账款余额	处理坏账额	备　注
第 1 年	150	20	
第 2 年	200	30	
第 3 年	250	20	
第 4 年	350	25	
第 5 年	350	25	
合　计	1 300	120	

$$前 5 年坏账比例 = (120 \div 1\,300) \times 100\% = 9.23\%$$

$$预计坏账损失额 = 300 \times 9.23\% = 27.69(万元)$$

需要说明两点：①如果坏账是特殊原因造成的，就不能直接累计扣除；②如果应收账款多年未清理，账面上没有坏账处理金额，无法采用上述方法，就要寻求其他方法。

(2) 账龄分析法。账龄是指负债人所欠账款的时间。账龄越长，发生坏账损失的可能性就越大。账龄分析法又称应收账款账龄分析法，是指根据应收账款的时间长短来估计坏账损失的一种方法。采用账龄分析法时，将不同账龄的应收账款进行分组，并根据前期坏账实际发生的有关资料，确定各账龄组的估计坏账损失百分比，再将各账龄组的应收账款金额乘以对应的估计坏账损失百分比数，计算出各组的估计坏账损失额之和，即为当期的坏账损失预计金额。

【例1-10】 某企业进行整体资产评估，2017 年 6 月 31 日为评估基准日，经核实其应收账款的实有数额为 350 万元(具体情况见表 1-5)，则其应收账款评估值为：

$$应收账款评估值 = 550 - 125 = 425(万元)$$

表1-5　　坏账损失计算表　　单位：万元

应收账款账龄	应收账款	预计坏账损失率	坏账金额
未到期	100	1%	1
第 1 年	160	10%	16
第 2 年	120	25%	30
第 3 年	120	40%	48
4 年以上	50	60%	30
合　计	550		125

这种方法的优点是运用简便，并能估计出应收账款不能变现的数额。但是，要注意期初和期末应收款项账龄段的划分，以及各个账龄段应收款项的坏账准备和账面余额之间的对应比例关系，是否与会计报表附注会计政策、会计估计中比例相一致。

1.3.3 应收票据的评估

在我国，应收票据通常是指商业汇票，包括银行承兑汇票和商业承兑汇票两种，商业承兑汇票是付款人签发并承兑，或由收款人签发交由付款人承兑的汇票。银行承兑汇票是由在承兑银行开立存款账户的存款人出票，由承兑银行承兑的票据。根据我国现行法律的规定，商业汇票的付款期限不得超过 6 个月，符合条件的商业汇票的持票人，可以持未到期的商业汇票和贴现凭证向银行申请贴现。

应收票据的评估可采用下列两种方法进行。

1. 按票据的本利和计算

由于商业汇票有带息和不带息之分，所以不带息的商业汇票，其票面金额即为评估值；带息商业汇票的评估值则是本金和利息的和。其计算公式为：

$$有息应收票据评估值 = 票面金额 \times (1 + 利息率 \times 时间) \qquad (1-15)$$

公式中的时间是指从票据签发日至评估基准日。

【例1-11】 某企业持有 1 张商业汇票，期限为 6 个月，票面金额为 5 万元，月利息率为 8‰，评估基准日距付款期尚有 3 个月的时间。由此确定票据的评估值为：

$$评估值 = 5 \times (1 + 8‰ \times 3) = 5.12(万元)$$

2. 按票据的贴现值计算

贴现是指银行承兑汇票的持票人在汇票到期日前，为了取得资金，贴付一定利息将票据权利转让给银行的票据行为，是持票人向银行融通资金的一种方式。这种方法下应收票据的评估值即为按评估基准日到银行贴现可获得的贴现额，这是一种较为保守的估算方法。其计算公式为：

$$应收票据评估值 = 票据到期值 - 贴现利息 \qquad (1-16)$$

其中不带息票据的到期值为票据的面值；带息票据的到期值则为票据到期时的本利和。

$$贴现息 = 票据到期值 \times 贴现率 \times 贴现期 \qquad (1-17)$$

$$贴现期 = 到期天数 - 持票天数$$

【例 1-12】 仍以[例 1-11]的数据为例，假定银行的贴现率为月利息率 10‰，则应收票据评估值为：

$$贴现利息 = 5 \times (1 + 8‰ \times 6) \times 10‰ \times 3 = 0.157\,2(万元)$$

$$应收票据评估值 = 5 \times (1 + 8‰ \times 6) - 0.157\,2 = 5.082\,8(万元)$$

1.3.4 预付费用的评估

预付费用是指在评估日之前企业已经支出，但在评估日之后才能产生效益的特殊资产，如预付的房屋租金、预付保险费等。预付项目的发生，会导致相关经济利益在未来期间流入企业，评估依据主要是未来可产生效益的时间。如果预付费用的效益已在评估日前全部体现，只因发生的数额过大而采取分期摊销的方法，这种预付费用评估一般为零；如果在评估日之后仍将发挥作用的预付费用，才有相应评估价值。

【例 1-13】 对甲企业进行评估，评估基准日为 2017 年 6 月 30 日，经评估人员核实，2016 年 12 月 1 日预付了 1 年保险金 48 万元；预付了房租 60 万元，租期为 3 年，尚有 2 年的使用权。要求对评估基准日的预付费用进行评估。

(1) 预付保险金的评估，根据保险金全年支付金额计算每月的分摊数额，还有 5 个月到期：

$$保险金评估值 = 48 \div 12 \times 5 = 20(万元)$$

(2) 房屋租金评估，按总租金数额和合约规定的租期计算每年租金为 20 万元，房屋租期还有 2 年：

$$房租评估值 = 60 \div 3 \times 2 = 40(万元)$$

$$预付费用评估值 = 20 + 40 = 60(万元)$$

思考与练习

一、单项选择题

1. 外币存款折算为人民币时，一般应按照(　　)折算。

A. 当年最低外汇牌价　　B. 当日外汇牌价

C. 年平均外汇牌价　　D. 月平均外汇牌价

2. 评估流动资产时有时需要考虑其(　　)。

A. 经济性贬值　　B. 功能性贬值

C. 实体性损耗　　D. 各种贬值

3. 采用成本法对低值易耗品进行评估时，成新率应当根据(　　)确定。

A. 已使用月数　　B. 已摊销数额

C. 实际损耗程度　　D. 尚未摊销数额

4. 流动资产评估无需考虑功能性贬值是因为(　　)。

A. 库存数量少　　B. 流动性强

C. 形态多样化　　D. 周转速度快

5. 确定应收账款评估值的基本公式是：应收账款评估值=(　　)。

A. 应收账款账面值－已确定坏账损失－预计坏账损失

B. 应收账款账面值－坏账准备－预计坏账损失

C. 应收账款账面值－已确定坏账损失－坏账损失

D. 应收账款账面值－坏账准备－坏账损失

二、多项选择题

1. 流动资产的实体性贬值可能会出现在(　　)。

A. 在用品　　B. 应收账款

C. 在用低值易耗品　　D. 呆滞、积压物资

2. 在产品的评估一般可以采用(　　)。

A. 成本法　　B. 市场法

C. 收益法　　D. 清算价格法

3. 产成品及库存商品的评估，一般可用(　　)。

A. 年金法　　B. 成本法

C. 市场法　　D. 分段法

4. 评估应收账款及预付账款时，其坏账的确定方法有(　　)。

A. 坏账比例法　　B. 账龄分析法

C. 账面分析法　　D. 财务制度规定的3‰～5‰

5. 对低值易耗品进行评估时，应该考虑的因素主要有(　　)。

A. 市场价格　　B. 实体性贬值

C. 功能性贬值　　D. 经济性贬值

三、判断题

1. 外币存款折算为人民币时，一般应按评估基准日当日外汇牌价折算。(　　)

2. 对于商业企业的库存商品一般以可变现净值作为评估值。(　　)

3. 应收账款、应收票据及预付账款的评估只适用于按市场价格进行评估。(　　)

4. 对购进时间较长或市场已脱销，难以获得市价的库存材料，可根据材料的账面价值进行评估。(　　)

5. 流动性资产由于其周转速度快、变现能力强、形态多样化等原因，一般不考虑其功能性贬值。(　　)

实务训练

1. 实训目标：掌握成本法和市场法在各类流动资产评估中的应用技术，能够独立评定估算流动资产的价值，编制评估工作底稿和报告。

2. 实训地点：资产评估实训室，××资产评估公司。

3. 实训方式：采用角色扮演法，学生按评估工作岗位分组，分工协作查找资料和评定估算，教师根据存在问题有针对性地进行指导。

4. 实训考核评量：制作工作底稿和简单评估报告，用 PPT 展示成果，学生自评与小组互评相结合，教师进行点评。

5. 实训要求：选择评估所采用的方法；明确该方法的评估步骤；掌握使用该方法需要收集的资料；掌握该方法中有关参数的确定方法；能够填写相应的工作底稿；评定估算资产价值；熟悉资产评估报告的格式和内容。

【实训资料】

2017 年 6 月 30 日，对甲企业进行整体资产评估，其流动资产的部分资料如下：

1. 库存材料 A 共两批，2017 年 1 月购入 300 千克，单价 1 000 元，已领用 200 千克；2017 年 5 月购入 200 千克，单价 1 100 元，尚未领用。企业会计采用先进先出法，确定材料 A 的评估值。

2. 产品 C 处于生产加工中尚未完工，数量为 100 个，这部分在制品已经过 20 个小时的加工工序，还需要 5 个工时才能全部完成。已知在评估基准日同类产品的单位重置成本为 120 元，经评估人员确定该产品的成本消耗与生产工时成正比，计算在制品的评估值。

3. 产成品实有数量 80 台，每台实际成本 1 000 元，该产品的材料费与工资、其他费用的比例为 70∶30，根据目前有关资料，材料费用综合调整系数为 1.3，工资、其他费用综合调整系数为 1.1。计算产成品的评估值。

4. 应收账款余额为 120 元，前 5 年应收账款累计余额 400 万元，处理坏账累计额 60 万元，按坏账比例法确定应收账款的评估值。

5. 甲企业向乙企业出售产品，价款 300 万元，乙企业承兑的商业承兑汇票，为期 6 个月。至评估基准日的贴现日期为 3 个月，贴现率为月息的 5‰，计算应收票据的评估值。

6. 甲企业在 4 月初预付了 6 个月的房屋租金 60 万元，确认该预付费用评估值。

相关表格如表 1-6 至表 1-10 所示。

表 1-6　　存货——原材料（库存商品）评估操作表

被评估单位：　　　　评估基准日：　年　月　日　　　　编制人及日期：

序号	名称及规格型号	存放地点	计量单位	账面价值			质量适用状况	调整后账面值	评估价值			单位成本计算					清查调整/因质量、适用状况等造成的贬值/索引号	备注
				数量	单价	金额			实际数量	单价	金额	购置价	运杂费	其他	单位成本合计	资料索引		
本页小计																		
合　计																		

表1-7　　存货——在产品(自制半成品)评估操作表

被评估单位：							评估基准日：　年　月　日								编制人及日期：	
序号	名称及规格型号	放置地点	计量单位	账面价值			调整值后账面值	评估价值			折算为成品评估				其他估算方法/过程/资料依据/索引号	备注
				数量	单价	金额		实际数量	单价	金额	成品率	成品量	产成品评估单价的确定	确定依据/索引号		
本页小计																
合　计																

表1-8　　应收账款评估操作表

被评估单位：						评估基准日：　年　月　日							编制人及日期：	
序号	欠款单位名称(结算对象)	业务内容	发生日期	账龄	账面价值	调整后账面值	评估价值	函证情况				查证/清查调整情况/索引号	可回收性调查情况及结论/索引号	备　注
								已函证	已回函	回函相符	索引号			
本页小计														
合　计														

表1-9　　应收票据评估操作表

被评估单位：						评估基准日：年　月　日				编制人及日期：	
序号	户名(结算对象)	承兑人	票据种类	出票日期	到期日期	票面利率	账面价值	调整后账面值	评估价值	盘核/函证/查证/清查调整/可回收性调查/索引号	备注
本页小计											
合　计											

表 1-10　　　　　　　　　预付账款评估操作表

<table>
<tr><td colspan="6">被评估单位：</td><td colspan="6">评估基准日：　年　月　日</td><td colspan="3">编制人及日期：</td></tr>
<tr><td rowspan="2">序号</td><td rowspan="2">欠款单位名称（结算对象）</td><td rowspan="2">业务内容</td><td rowspan="2">发生日期</td><td rowspan="2">账龄</td><td rowspan="2">账面价值</td><td rowspan="2">调整后账面值</td><td colspan="4">函证情况</td><td rowspan="2">查证/函证/调整情况/及索引号</td><td rowspan="2">可回收资产调查情况及结论/索引号</td><td rowspan="2">评估价值</td><td rowspan="2">备注</td></tr>
<tr><td>已函证</td><td>已回函</td><td>回函相符</td><td>索引号</td></tr>
<tr><td></td><td></td><td></td><td></td><td></td><td></td><td></td><td></td><td></td><td></td><td></td><td></td><td></td><td></td><td></td></tr>
<tr><td></td><td></td><td></td><td></td><td></td><td></td><td></td><td></td><td></td><td></td><td></td><td></td><td></td><td></td><td></td></tr>
<tr><td colspan="3">本页小计</td><td></td><td></td><td></td><td></td><td></td><td></td><td></td><td></td><td></td><td></td><td></td><td></td></tr>
<tr><td colspan="3">合　计</td><td></td><td></td><td></td><td></td><td></td><td></td><td></td><td></td><td></td><td></td><td></td><td></td></tr>
</table>

学习情境 2

长期投资性资产评估

学习目标

读者通过学习，了解长期投资中股票投资、债券投资、股权投资的特点和评估程序，明晰具有控制权股权和缺乏控制权股权特征；掌握股票投资、债券投资、股权投资的评估方法和计算公式；培养分析和解决长期投资性资产评估实际问题的能力。

引导案例

阿里股权结构曝光：马云持股降至 7%

在天猫与京东围绕 618 电商大促风波停息之际，阿里巴巴递交了 2016 年年报。截至 2017 年 6 月 9 日，阿里巴巴董事局主席马云持有公司的股权已降至 7%。马云仍为阿里巴巴第三大股东。阿里巴巴集团副董事长蔡崇信持股降至 2.5%，软银持有阿里巴巴股权为 29.2%，仍为第一大股东，雅虎持有阿里巴巴股权为 15%，为第二大股东。

对比 2015 年阿里巴巴年报发现，软银、马云、蔡崇信都对阿里巴巴进行减持。截至 2016 年 5 月 20 日，软银持有阿里巴巴 32%股权，雅虎持有 15.4%股权，马云持有 7.8%股权、蔡崇信持有 3.2%股权。过去一年，软银持股从 32%降至 29.2%，下降了 3.8 个百分点，马云持股下降了 0.8 个百分点，蔡崇信持股降低了 0.7 个百分点。上述三人减持阿里股权，共套现超过上百亿美元。

阿里公司业务架构曝光。阿里巴巴架构分核心电商业务、云计算、阿里大文娱、阿里创新及其他业务。阿里核心电商业务包括淘宝、天猫、农村淘宝、阿里巴巴、AliExpress、天猫全球、东南亚电商 lazada 等。阿里大文娱业务包括优酷土豆、UC、阿里音乐、阿里体育。阿里创新业务包括高德地图、钉钉等。这些业务之外，阿里还有蚂蚁金服、菜鸟网络、口碑、阿里影业等关联业务。截至 2017 年 3 月 31 日，淘宝、天猫在过去一年的 GMV 是 3.767 万亿(5 470 亿美元)，有 4.54 亿的活跃买家。

持有饿了么约 23%股权。2016 年 8 月，阿里巴巴和蚂蚁金服一起向饿了么投资了 12.5

亿美元，其中，阿里巴巴投资了9亿美元。2017年4月，阿里巴巴和蚂蚁金服又进一步增持了饿了么，总投资金额为4亿美元，其中，阿里巴巴投资了2.88亿美元，剩下的1.12亿美元由蚂蚁金服出资。截至此次阿里巴巴年报公布日，阿里巴巴持有饿了么约23%的股权。由于阿里巴巴和蚂蚁金服两次都是共同出资，且出资比例均为72∶28，由此可计算出蚂蚁金服持股为8.94%。阿里系对饿了么持股为32.94%，已取代饿了么管理团队成饿了么最大股东。

口碑在2017年1月完成11亿美元的融资，此轮融资领投方包括银湖资本（Silver Lake）、鼎晖投资（CDH Investments）、云锋基金（Yunfeng Capital）和春华资本（Primavera Capital）。截至2017年6月9日，阿里巴巴持有口碑38%的股权，由于阿里巴巴和蚂蚁金服最初是分别投了30亿元，以此计算，蚂蚁金服也持有口碑38%的股权。这意味着阿里和蚂蚁金服共持有76%股权，剩下24%股权归其他投资人所有。若24%股权均归这一轮11亿美元进入投资者，则口碑投后估值为45.83亿美元。

在2016年6月，阿里巴巴对滴滴出行投资了2亿美元，截至阿里年报公告日，阿里持有滴滴发行约6%的股权，阿里一共对滴滴出行的总投入为6.45亿美元。

请同学们根据案例和下列图表讨论阿里巴巴股权投资相关问题：

1. 根据阿里巴巴投资结构和变迁，讨论马云股权投资控制与转让方面的利益约定和特点。

2. 基于阿里巴巴股票市场行情图，依据现行市价法，分析评估基准日各部分股权价值。

3. 根据评估目的、评估范围及股权比例变化，如何分别选择市场法、资产基础法、收益法等对股票和股权资产进行评估。

资料来源：新浪财经 新浪综合2017年06月22日　雷帝网 雷建平报道 http://tech.sina.com.cn/i/2017-06-21/doc-ifyhmtcf2728589.shtml

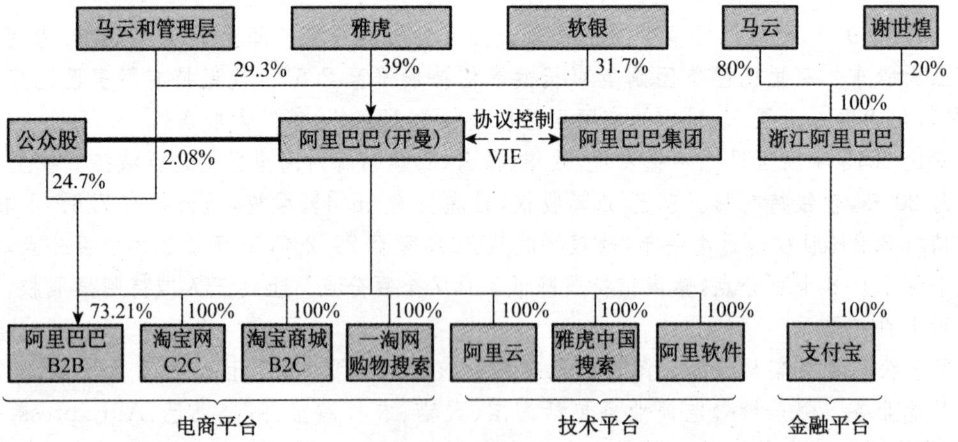

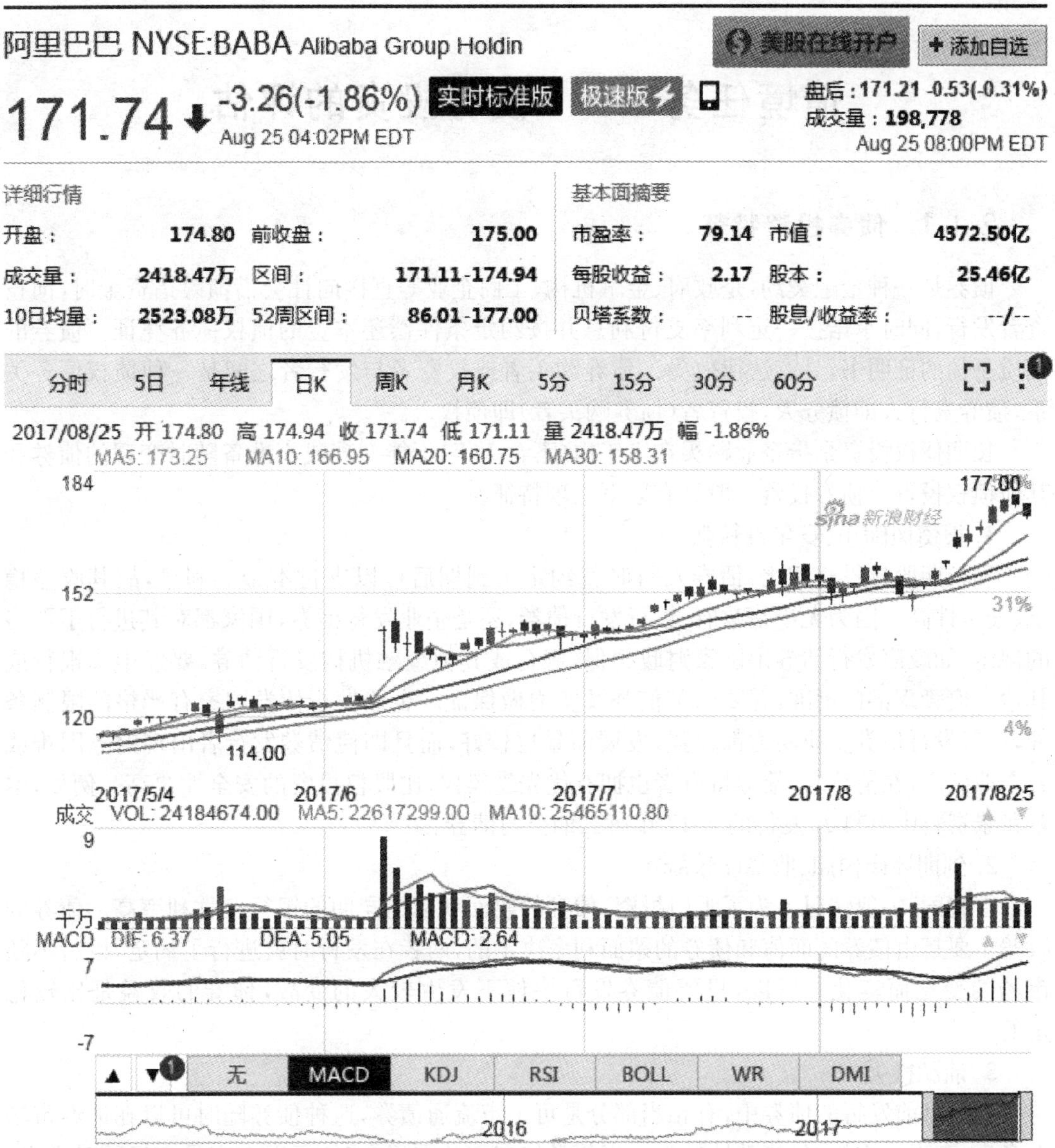

图片来源：新浪财经＞行情中心＞美股＞阿里巴巴 2017. 8. 25 http://stock.finance.sina.com.cn/usstock/quotes/BABA.html

情境任务 2.1　债券投资的评估

2.1.1　债券投资特征

债券是一种金融契约，是政府、金融机构、工商企业等直接向社会借债筹措资金时，向投资者发行，同时承诺按一定利率支付利息并按约定条件偿还本金的债权债务凭证。债券的本质是债的证明书，具有法律效力。债券购买者或投资者与发行者之间是一种债权债务关系，债券发行人即债务人，投资者（债券购买者）即债权人。

长期债权投资是指企业购买在 1 年内（不含 1 年）不能变现或不准备随时变现的债券和其他债权投资。债券投资一般具有以下三项特征。

1. 投资风险小，安全性较强

和长期股权投资相比，债券发行时就约定了到期后可以支付本金和利息，故其收益稳定、安全性高。因为无论是政府、银行发行债券，还是企业发行债券，国家都对其进行了严格的规定，如政府发行债券由国家财政担保，银行或其他金融机构发行债券，要经中央银行或其他政府管理部门批准，并要以其信誉及实力做保证。企业发行债券国家有严格的限制条件，一般发行债券企业实力都较强，发展前景也较好，而且即使债券发行者出现财务困难或者企业破产，在清算时，债券持有者也拥有优先受偿权，比股权投资的安全性要高。例如，本章背景资料中万科 A 发行的 2017 年第二期公司债券。

2. 到期还本付息，收益比较稳定

在我国，一般情况下为了吸引投资，债券的票面利率比同期的银行存款利率高。债券的收益主要是由债券的面值和债券的票面利率决定的，两者在发行时就进行了约定，以后不随市场的变化而变化。所以，只要债券发行主体不发生较大的变故，债券的收益是比较稳定的。

3. 流动性强

我国目前发行的债券中，有相当部分是可上市流通债券，这种债券随时可以在证券市场上变现，变现能力较好，流动性较强。当债券持有人急需资金时，可以在交易市场随时卖出，而且随着金融市场的进一步开放，债券的流动性将会不断加强。因此，债券作为投资工具，最适合想长期获取固定收入的投资人。

长期持有债券投资评估是对被投资企业偿债能力的评估。持有长期债券的投资者重点关注到期能否将投资收回，而被投资企业偿债能力的大小直接影响着投资企业债券投资到期收回本息的可能性。因此，被投资企业的偿债能力就成为长期持有债券投资评估的决定因素。

2.1.2　债券投资的评估程序

1. 明确债券投资项目的具体内容

在进行债券投资资产评估时，首先需要验证待评估资产的基础资料，评估人员要明确长期投资性资产的有关具体内容，应掌握的主要资料有：投资种类、原始投资额、评估基准日余额、投资收益计算方法、历史收益额、长期股权投资占被投资企业实收资本的比例以及相关会计核算方法。对长期持有的债券投资，应掌握债券名称、数量、利率、票面价值、取得成本、取得日期等。

2. 对债券投资资产进行核查和鉴定

评估人员要审核委托方提供的资产负债表和相应的债券投资资产清单，通过实施全面清查或局部抽查，验证委托方提供的资料与财务记录是否吻合，核查债券投资中的明细账、总账余额与债券投资资产清单所列余额是否相符，判断债券投资资产投出和预计收回金额计算的正确性和合理性，判断其在被投资企业资产负债表上列示的余额的准确性。

3. 选择适当的评估方法

根据债券投资资产的特点和种类，选择相应的评估方法。可上市交易的债券一般采用现行市价法进行评估，按评估基准日的收盘价确定评估值；非上市交易的债券一般采用收益现值法，不能采用现行市价法评估，根据综合因素选择适宜的折现率，确定其评估价值。

4. 评定测算债券投资资产，得出评估结论

评估师综合分析评估方法的相关性和恰当性、相关参数选取的合理性，形成资产评估结论，并进行必要复核，然后编制和提交评估报告。

2.1.3　债券投资的评估方法

假设债券能在市场上自由买卖，债券的市场价格就是债券的评估值，因为债券作为一种有价证券，从理论上来说，它的市场价格应反映其收益现值。其适用条件为：一是债券具有高度的流动性，即可在市场上自由买卖、贴现；二是市场交易情况正常，不存在垄断和过度投机行为。如果债券不能在市场上自由交易，理论上的价格就不能实现，就要采用其他方法进行评估。因此，债券评估方法有两种：上市交易债券的评估采用现行市价法（市场法）和非上市交易债券的评估采用收益现值法。

1. 上市交易债券的评估

上市交易的债券是指经政府管理部门批准，可以在证券交易所内买卖的债券，也叫挂牌债券，它可以在市场上自由交易、买卖。在市场交易正常的情况下，此类债券一般用市场法进行评估，该债券的现行市价就可作为该债券的评估值，评估基准日的收盘价即为它的评估值。采用市场法进行评估时，应该在评估报告书中说明所用评估方法和结论与评估基准日的关系，并申明该评估结果应随市场价格变化而调整。需要注意的是，不论按什么方法评估可上市交易债券，其评估值一般不应高于证券交易所的同种债券的卖出价。

市场法下债券评估值的计算公式为：

$$\text{债券评估值} = \text{债券数量} \times \text{评估基准日债券的收盘价} \qquad (2-1)$$

【例2-1】　评估公司对甲企业持有的债券投资进行评估，3年期的国库券2 000张，每张面值100元，年利率为7%，该债券已上市交易。评估人员进行市场调查，评估基准日的收盘价为110元/张，经分析认为该价格比较合理，则其评估值为：

$$\text{债券评估值} = 2\,000 \times 110 = 220\,000(\text{元})$$

如果在某些特殊情况下市场价格被严重扭曲，已不能反映债券的内在价值，就不能再用市场法进行评估，而应采用非上市交易债券的评估方法进行。例如，背景资料中我国两种国债，即11国债19（019119）和15国债22（019522）价格大幅波动遭临时停牌，偶然因素引起的市场价格波动，就不可以作为市场法价格依据。

【背景资料】

两国债价格大幅波动遭临时停牌

2017 年 8 月 1 日上午，11 国债 19(019119)成交价格由 107.50 元跌至 96.72 元;2 日下午，15 国债 22(019522)价格由 100.00 元上涨至 110.00 元。两只债券价格波动均达到或超过 10%，根据《上海证券交易所证券异常交易实时监控细则》的规定，上交所对上述两只债券实施盘中临时停牌。上交所表示，经核查，上述两只国债成交价格大幅下跌或上涨，均系个别个人投资者以较低价格卖出或以较高价格买入所致，所涉交易金额较小，成交价格偏离债券估值较多。出现这种现象的原因是多方面的，既反映出债券二级市场流动性不足，债券交易价格失真，也反映出一些投资者不熟悉债券交易特性或不遵守债券交易规则。

近年来，上交所一直高度重视债券二级市场建设，不断加强债券交易监管，将债券品种纳入异常交易实时监控，实施盘中临时停牌等监管制度，从实践效果看，这对稳定债券价格、引导投资者理性交易债券起到一定积极作用。(周松林)

资料来源：中国证券报 http://www.cs.com.cn/zqxw/2017 年 08 月 05 日

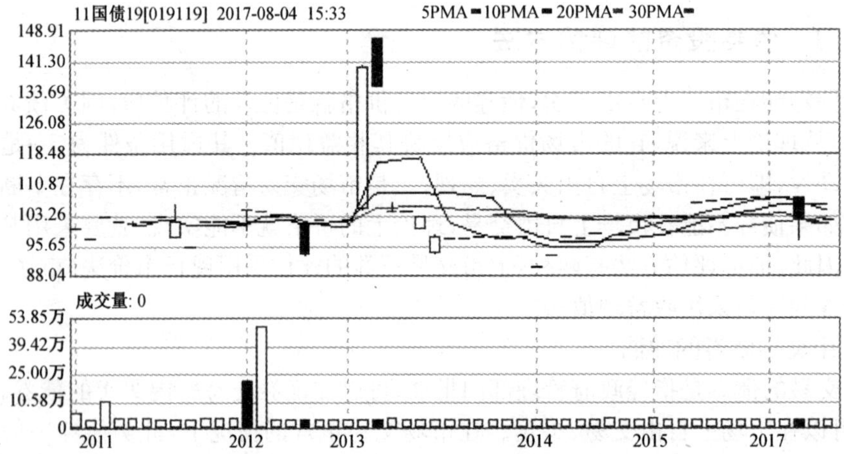

图片来源：东方财富行情中心 11 国债 19019119
http://quote.eastmoney.com/sh019119.html

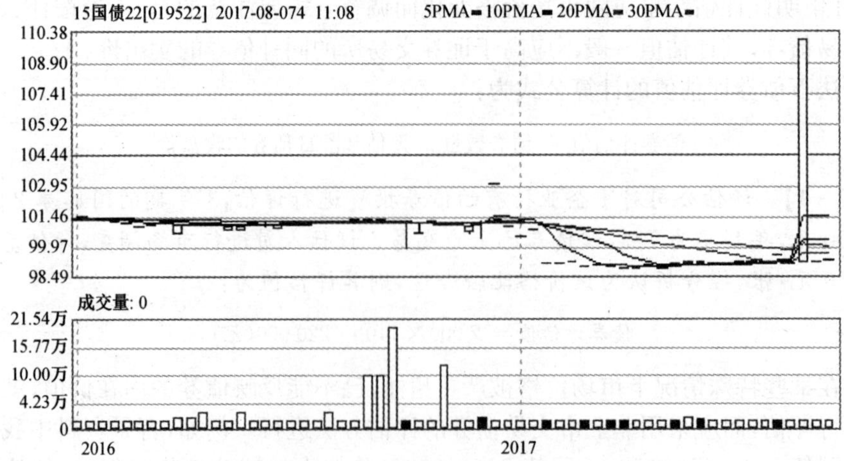

图片来源：东方财富行情中心 11 国债 15019522
http://quote.eastmoney.com/sh019522.html

2. 非上市交易债券的评估

非上市交易债券不能在证券市场上进行交易，只能在场外交易，流动性差，因此，不能用市场法进行评估，一般采用收益现值法。另外，上市交易债券在市场投机严重、债券价格严重扭曲的情况下，也应采用收益现值法进行评估，收益现值法是评估债券价格的基本方法。

收益现值法是在考虑债券风险的前提下，按适当的资本化率折现预期收益的方法。由于债券的利率、还本期限、利息支付方式等都是事先约定的，因此，计算债券的预期收益并不困难，较为复杂的是如何确定适当的资本化率。债券的资本化率一般由无风险报酬率和风险报酬率两部分组成。无风险报酬率在市场经济较完善的国家一般以市场利率为准，而我国目前以官方利率(即银行存款利率或政府债券利率)作为无风险报酬率。风险报酬率可根据债券发行企业的信用评级确定，级别越低，风险报酬率越高，若无信用评级，则可根据债券发行企业的经营、财务、信用、行业等多种状况判断。此外，风险报酬率的确定还需考虑通货膨胀率。

非上市交易债券评估主要包括三种情况：一是距评估基准日 1 年内到期的债券，根据本金加上持有期间的利息确定其评估值；二是超过 1 年到期的债券需要考虑资金时间价值，根据本利和的现值计算；三是不能按期收回本金和利息的债券，评估人员应在充分调查取证的基础上，通过分析预测，合理确定评估值。

根据债券付息方式不同，分为到期一次还本付息债券和分次付息、到期一次还本债券，评估时应采用不同的评估方法。

(1) 到期一次还本付息债券的评估。到期一次还本付息债券是指平时不支付利息，到期后连本带利一次性支付的债券。这类债券评估时，是将债券到期时一次性支付的本利和折现计算评估值。

到期一次还本付息债券的评估计算公式为：

$$P = F/(1+r)^n \qquad (2-2)$$

式中：P——债券的评估值；

F——债券到期时的本利和；

r——折现率；

n——评估基准日到债券到期日的时间间隔(以年或月为单位)。

债券到期时的本利和 F 的计算要区分单利和复利两种情况。

第一，债券到期时的本利和 F 采用单利计算。其计算公式为：

$$F = A(1+m\times r) \qquad (2-3)$$

第二，债券到期时的本利和 F 用复利计算。其计算公式为：

$$F = A(1+r)^m \qquad (2-4)$$

式中：A——债券面值；

m——债券的计息次数；

r——债券利息率。

上式中债券面值、债券的计息次数、债券利息率在债券上均有明确记载，它们在债券发行时就已经约定，因此很容易取得数据，但折现率的确定则比较困难，需要评估人员根据评估时的具体情况和社会环境分析确定。

债券评估的折现率由两部分构成，即无风险报酬率和风险报酬率。无风险报酬率通常以同期银行存款利率、国库券利率或政府发放短期债券的利率为准；而风险报酬率则需要评估人员根据经验和专业知识结合发行债券企业的经营状况、行业风险和通货膨胀率等因素综合确定。一般来说，国库券、金融债券等有良好的担保条件，风险报酬率一般较低。如果发行企业经营业绩好，风险报酬率就较低；否则，应以较高风险报酬率调整。评估时，还可以参考信用评定机构对债券的评定等级来确定风险报酬率。

【例 2-2】 对甲企业持有的 A 公司债券进行评估，债券账面余额为 80 000 元，为 A 公司发行的 3 年期的到期一次还本付息债券，年利率为 5%，单利计息，评估基准日距到期日还有 2 年，当时国库券利率为 4%。评估人员对 A 公司经营状况进行分析调查，确认盈利能力稳健，财务状况较好，风险较低，故取 2%的风险报酬率，无风险报酬率按国库券利率计算。该债券的评估值为：

$$F = A(1+m\times r) = 80\,000\times(1+3\times5\%) = 92\,000(\text{元})$$

$$r = 4\% + 2\% = 6\%$$

$$P = F/(1+r)^n = 92\,000/(1+6\%)^2 = 92\,000\times0.89 = 81\,880(\text{元})$$

(2) 分次付息，到期一次还本债券的评估。定期付息到期一次还本债券的评估适宜采用收益法，债券价值由债券预期现金流量的现值总和决定。债券预期现金流量是债券持有人获得的预期利息收益和到期收回的本金，其现值的计算公式为：

$$p = \sum_{i=1}^{n}[R_i(1+r)^{-i} + A(1+r)^{-n}] \tag{2-5}$$

式中：P——债券的评估值；

R_i——第 i 年的预期利息收益；

r——折现率；

A——债券面值；

t——评估基准日距收取利息日期限；

n——评估基准日距到期还本日期限。

【例 2-3】 仍以[例 2-2]的资料为例，假定该债券是每年付一次利息，债券到期一次还本，第一年利息已收，则债券的评估值为：

$$\begin{aligned} p &= \sum_{i=1}^{n}[R_i(1+r)^{-i} + A(1+r)^{-n}] \\ &= 80\,000\times5\%\times(1+6\%)^{-1} + 80\,000\times5\%\times(1+6\%)^{-2} + 80\,000\times(1+6\%)^{-2} \\ &= 4\,000\times0.943\,4 + 4\,000\times0.890\,0 + 80\,000\times0.89 \\ &= 78\,533.6(\text{元}) \end{aligned}$$

情境任务 2.2　股票投资的评估

2.2.1　股票概念及分类

股票是股份公司筹集资本时向出资人发行的，用以证明投资者股东身份及权益，并据以获得股息和红利的有价证券。企业实行股票投资既可取得股利收入，又可按其股份占被投资企业总股份的比例参与被投资企业的经营管理。由于股票投资不能要求股票发行公司还本，并且投资收益需根据股票发行公司的盈利水平和股市行情来确定，因此，与债权投资相比，股票投资具有风险大、盈利高、价格波动大的特点。股票的种类很多，按不同的分类标准，可以分为以下几类。

1. 按股东权利分为普通股、优先股

普通股是随着企业利润变动而变动的一种股份，是股份公司资本构成中最普通、最基本的股份，是股份企业资金的基础部分。

优先股是指在利润分红及剩余财产分配的权利方面，优先于普通股。优先股是相对于普通股而言的，优先股股东没有选举及被选举权，一般来说，对公司的经营没有参与权，优先股股东不能退股，只能通过优先股的赎回条款被公司赎回，但是能稳定分红的股份。

混合股是指在股息分配方面优先和在剩余财产分配方面劣后的两种权利混合起来的股票。

普通股的基本特点是其投资收益(股息和分红)不是在购买时约定，而是事后根据股票发行公司的经营业绩来确定。公司的经营业绩好，普通股的收益就高；反之，若经营业绩差，普通股的收益就低。普通股是股份公司资本构成中最重要、最基本的股份，亦是风险最大的一种股份，但又是股票中最基本、最常见的一种。在我国上交所与深交所上市的股票都是普通股。普通股的特点如下：

(1) 持有普通股的股东有权获得股利，但必须是在公司支付了债息和优先股的股息之后才能分得。普通股的股利是不固定的，一般视公司净利润的多少而定。当公司经营有方、利润不断递增时，普通股能够比优先股多分得股利，股利率甚至可以超过 50%；但赶上公司经营不善的年头，也可能连一分钱都得不到，甚至可能连本也赔掉。

(2) 当公司因破产或结业而进行清算时，普通股东有权分得公司剩余资产，但普通股东必须在公司的债权人、优先股股东之后才能分得财产，财产多时多分，少时少分，没有则只能作罢。由此可见，普通股东与公司的命运更加息息相关，荣辱与共。当公司获得暴利时，普通股东是主要的受益者；而当公司亏损时，他们又是主要的受损者。

(3) 普通股东一般都拥有发言权和表决权，即有权就公司重大问题进行发言和投票表决。普通股东持有一股便有一股的投票权，持有两股者便有两股的投票权。任何普通股东都有资格参加公司最高级会议，即每年一次的股东大会，但如果不愿参加，也可以委托代理人来行使其投票权。

(4) 普通股东一般具有优先认股权，即当公司增发新普通股时，现有股东有权优先(可能还以低价)购买新发行的股票，以保持其对企业所有权的原百分比不变，从而维持其在公司中的权益。比如某公司原有 1 万股普通股，而你拥有 100 股，占 1%，现在公司决定增发 10%的普通股，即增发 1 000 股，那么你就有权以低于市场的价格购买其中 1%即 10 股，以便保持你持有股票的比例不变。在发行新股票时，具有优先认股权的股东既可以行使其优先认股权，认购新增发的股票，也可以出售、转让其认股权。当然，在股东认为购买新股无利可图，而转让或出售认股权又比较困难或获利甚微时，也可以听任优先认股权过期而失效。

综上所述，由普通股的前两个特点不难看出，普通股的股利和剩余资产分配可能大起大落，因此，普通股东所担的风险最大。既然如此，普通股东当然也就更关心公司的经营状况和发展前景，而普通股的后两个特性恰恰使这一愿望变成现实——即提供和保证了普通股东关心公司经营状况与发展前景的权力的手段。然而还值得注意的是，在投资股和优先股向一般投资者公开发行时，公司应使投资者感到普通股比优先股能获得较高的股利，否则，普通股既在投资上冒风险，又不能在股利上比优先股多得，那么还有谁愿购买普通股呢？一般公司发行优先股，主要是以“保险安全”型投资者为发行对象，对于那些比较富有“冒险精神”的投资者，普通股才更具魅力。总之，发行这两种不同性质的股票，目的在于更多地吸引具有不同兴趣的资本。

2. 按股票持有者分为国家股、法人股、个人股

国家股是指国家投资或国有资产经过评估并经国有资产管理部门确认的国有资产折成的股份。国家股的股权所有者是国家，国家股的股权由国有资产管理机构或其授权单位、主管部门行使国有资产的所有权职能。从资金来源看，国家股主要包括三部分：一是国有企业由国家计划投资所形成的固定资产，国拨流动资金和各种专用拨款；二是各级政府的财政部门、经济主管部门对企业的投资所形成的股份；三是原有行政性公司的资金所形成的企业固定资产。国家有三种持股策略方式，即控制企业100%的股份、控制企业50%以上的股份和控制企业50%以下的股份。国家控股程度，通常因企业与国计民生的关切程度不同而异。

法人股是指企业法人或具有法人资格的事业单位和社会团体，以其依法可支配的资产，向股份有限公司非上市流通股权部分投资所形成的股份。在我国上市公司的股权结构中，法人股平均占20%左右。根据法人股认购的对象，可将法人股进一步分为境内发起法人股、外资法人股和募集法人股三个部分。日常股市中说的C股，就是进入协议转让的法人股。

个人股是指公民个人以自己的合法财产投资于股份制企业的股份。在我国，个人股分两种：一种是股份制企业内部职工认购本企业的股份，称为“职工股”；另一种是股份制企业向社会公众招募的个人股，这种个人股又称为“私人股”。

3. 按上市地点分为A股、B股、H股、S股、N股

A股是指境内的公司发行，供境内机构、组织或个人(不含港、澳、台投资者)以人民币认购和交易的普通股股票。

B股是指那些在中国大陆注册、在中国大陆上市的特种股票。

H股是指国有企业在香港上市的股票。

S股是指那些生产或者经营在中国大陆，注册地在新加坡或者其他国家和地区，但是在新加坡交易所上市挂牌的企业股票。

N股是指在中国大陆注册、在纽约上市的外资股票。

4. 按板块分为行业、概念、地区

按行业分，即根据行业大类分，如煤炭、纺织、医药等。

按概念分，即根据权重、热点、特色题材划分的，如一带一路、雄安新区等。

按地区分，即根据身份直辖市区域划分的，如湖北板块、广东板块等。

5. 按票面形式可分为有面额、无面额及有记名、无记名

有面额是指在股票票面上记载一定金额的股票。

无面额是指在股票票面上没有记载金额的股票。

有记名是指在股票票面和股份公司的股东名册上记载股东姓名的股票。

无记名：与有记名相对应。

6. 按享受投票权益可分为单权、多权及无权

单权股是指每张股票仅有一份表决权。

多权股，与单权股相对应的股票。

无权股，即无表决权股股票，是指根据法律和公司章程的规定，对股份有限公司的经营管理事务不享有表决权的股票。

7. 其他

如红筹股、蓝筹股、ST 股、中概股、成长股等按性质分。

2.2.2 股票价格

股票是虚拟资本的一种形式，它本身没有价值。从本质上讲，股票仅是一个拥有某一种所有权的凭证。股票之所以能够有价，是因为股票的持有人，即股东，不但可以参加股东大会，对股份公司的经营决策施加影响，还享有参与分红与派息的权利，获得相应的经济利益。同理，凭借某一单位数量的股票，其持有人所能获得的经济收益越大，股票的价格相应的也就越高。股票的价格可分为：面值、净值、发行价、清算价格、内在价值和市价等。

1. 股票面值

股票面值是股份有限公司在发行股票时，标明的每股股票的票面金额。它以元/股为单位，其作用是用来表明每一张股票所包含的资本数额。在我国上海和深圳证券交易所流通的股票的面值均为 1 元，即每股 1 元。

股票面值的作用之一是表明股票的认购者在股份公司的投资中所占的比例，作为确定股东权利的依据。例如，某上市公司的总股本为 1 000 000 元，则持有 10 000 股股票就表示在该公司占有的股份为 1%。第二个作用就是在首次发行股票时，将股票的面值作为发行定价的一个依据。实际发行时，一张股票的价格已往往超过 1 元，超出部分就会以溢价的方式成为公司的资本。虽然一张股票依然代表一份权利，但这份权利的价值已经超过 1 元了。换句话说，股票的面值只是一个计价符号，在实际上没有多大实在意义，股票市场投资者想把股价炒到多高，它就有多高。

2. 股票净值

股票净值又称账面价值，也称每股净资产，是用会计统计的方法计算出来的每股股票所包含的资产净值，包括资本公积金、资本公益金、法定公积金、任意公积金、未分配盈余等项目。股票净值代表全体股东共同享有的权益，股份公司的经营业绩越好，其资产增值越快，股票净值就越高，股东所拥有的权益也越多。其计算方法是用公司的净资产（包括注册资金、各种公积金、累积盈余等，不包括债务）除以总股本，得到的就是每股的净值。股份公司的账面价值越高，则股东实际拥有的资产就越多。由于账面价值是财务统计、计算的结果，数据较精确而且可信度很高，所以它是股票投资者评估和分析上市公司实力的重要依据之一。其计算公式为：

$$\text{股票净值总额} = \text{公司资本金} + \text{法定公积金} + \text{资本公积金} + \text{特别公积金} + \text{累积盈余} - \text{累积亏损} \tag{2-6}$$

$$\text{股票的账面价格} = \left(\text{某时点公司总资产} - \text{公司总负债}\right) \Big/ \text{该时点普通股总股数} \tag{2-7}$$

$$\text{每股净值} = \text{净值总额} / \text{发行股份总数} \tag{2-8}$$

3. 发行价格

发行价格是指股份有限公司在发行股票时的出售价格，主要有面额发行、溢价发行和折价发行。溢价发行股票，就是以同样的股份可以筹集到比按票面金额计算的更多的资金，从而增加了公司的资本，因此，以超过票面金额发行股票所得溢价款列入公司资本公积金，表现为公司股东的权益，即所有权归属于投资者。在股票发行中，溢价发行或者等价发行都是允许的，但是不允许以低于股票票面的价格发行，又称折价发行，因为这种发行价格会使公司实有资本少于公司应有的资本，致使公司资本中存在着虚数，不符合公司资本充实原则；另一方面，公司以低于票面金额的价格发行股票，实际上就意味着公司对债权人有负债行为，不利于保护债权人的利益。

发行定价方法包括两种：市盈率定价法和净资产倍率法。市盈率定价法是指依据注册会计师审核后的发行人的盈利情况计算发行人的每股收益，然后根据二级市场的平均市盈率、发行人的行业状况、经营状况和未来的成长情况拟定其市盈率，是新股发行定价方式的一种。净资产倍率法又称资产净值法，是指通过资产评估和相关会计手段，确定发行公司拟募股资产的每股净资产值，然后根据证券市场的状况将每股净资产值乘以一定的倍率，以此确定股票发行价格的方法。以净资产倍率法确定发行股票价格的计算公式是发行价格等于每股净资产值乘以溢价倍数。

4. 清算价格

清算价格是指一旦股份公司破产或倒闭后进行清算时，每股股票所代表的实际价值。从理论上讲，股票的每股清算价格应与股票的账面价值相一致，但企业在破产清算时，其财产价值是以实际的销售价格来计算的，而在进行财产处置时，其售价一般都会低于实际价值。所以，股票的清算价格就会与股票的净值不相一致。股票的清算价格只是在股份公司因破产或其他原因丧失法人资格而进行清算时才被作为确定股票价格的依据，在股票的发行和流通过程中没有意义。

5. 内在价值

内在价值是一种理论价值或模拟市场价值，它是根据评估人员对股票未来收益的预测经过折现后得到的股票价格。股票的内在价值主要取决于公司的经营状况、发展前景、财务状况及获利风险等因素，但是在评估实践中，这些因素往往具有一定的不确定性，数据的选择也带有评估人员的主观判断，因此常常会影响评估结果的可信度。

6. 市价

股票的市价是指股票在交易过程中交易双方达成的成交价，通常所指的股票价格就是指市价。股票的市价直接反映着股票市场的行情，是股民购买股票的依据。由于受众多因素的影响，股票的市价处于经常性的变化之中。在证券市场发育较成熟，并且较稳定的情况下，股票的市场价格基本上能反映其内在价值。但是，在证券市场发育不成熟、股市交易处于非正常情况下形成的市场价格，缺乏现行市价标准所要求的公平市场的前提，从而缺乏公正性，此时，股票的市场价格与其内在价值就会脱节，市场价格就不能作为评估股票价值的依据。

综上几种股票价格中，与股票的价值评估有密切联系的是股票的清算价格、内在价值、市场价格，而另外三种价格与评估的关系并不大。总体而言，股票的价值主要体现在每股权益比率和对公司成长的预期上，如果每股权益比率越高，那么相应的股票价值越高；反之，越低。如果公司发展非常好，规模不断扩大，效益不断提高，能够不断分红，那么，股票价值就越高；反之，越低。

2.2.3 股票评估原则

股票的收益基本上取决于发行企业的经营效果，如果是上市股票，股市行情也会影响到股票收益。针对股票的基本特点，在股票评估时，应遵循以下基本原则。

1. 内在价值原则

内在价值原则所强调的是，在股票的评估过程中要充分注意股票发行主体的经营绩效及预期收益。股票是典型的虚拟资本，股票的价格基础（内在价值）是股票发行主体的生产能力和获利能力。

2. 收益本金化原则

股票作为一种虚拟资本，它的重估价格就是股票预期收益的本金化价格。

3. 实际变现原则

实际变现原则是指对于可上市流通的股票的评估，可以其变现值作为评估的依据。完善成熟的证券市场接近于理论上的完全竞争市场，股票作为在这个市场中交易的商品，其价值可根据股票的变现值来确定。

2.2.4 上市交易股票的评估方法

对股票价值的评估，一般分上市交易股票和非上市交易股票来进行。

上市交易股票是指企业公开发行的，可以在证券市场上自由交易的股票，由于市场情况的不同，评估方法也有所不同。

正常市场条件下，可以采用市场法进行评估，这时股票的市场价格可以代表评估时点被评估股票的价值，所以被评估股票的评估值等于评估基准日该股票收盘价。所谓正常市场条件是指股票市场发育正常，股票可以自由交易，不存在各种非法歪曲股票市场价格的情况。

非正常市场条件下，应采用与非上市交易股票相同的评估方法，即收益现值法来进行评估。非正常市场条件主要是指存在政治、公众心理、人为的市场炒作等非常因素而使市场价格不能反映股票价值的情况，这时就要以股票的内在价值作为评估股票价值的依据。

这里需要注意的是，以控股为目的持有的上市公司股票一般也用收益现值法来进行评估。

用现行市价法对上市股票进行评估的计算公式为：

$$\text{股票评估值} = \text{股票股数} \times \text{评估基准日该股票市场收盘价} \quad (2-9)$$

【例2-4】 甲企业持有A公司上市股票60万股，评估基准日该股票的收盘价为每股12元，则：

$$\text{股票评估值} = 60 \times 12 = 720(\text{万元})$$

依据股票市场价格进行评估时，在评估报告中应说明所用的评估方法和结论，而且由于上市股票的价格在证券市场经常处于变动之中，因此，在评估报告书中还应申明评估结果随市场价格变化而加以调整。

2.2.5 非上市交易股票的评估方法

非上市交易的股票，一般采用收益现值法进行评估。股票带给投资者的现金流入包括两部分：股利收入和出售时的资本利得。因此，评估人员需要综合分析股票发行主体的经营状况及风险、历史利润水平和分红情况、行业收益水平等因素，合理预测股票投资的未来收益，并选择适宜的折现率进行折现来确定评估值。

非上市交易股票的评估要区分普通股和优先股来进行。与优先股股东相比，普通股股东是公司的真正所有者，享有公司收益的剩余索取权。在正常经营时，企业利润首先支付债务利息，其次缴纳所得税，然后支付优先股股息，最后的剩余部分归普通股股东所有。在企业破产清算时，普通股股东是经营风险的最终承担者，优先股的求偿权在债权人之后、普通股股东之前。由此可见，优先股在分派股息与清偿剩余资产方面比普通股具有优先权。正是由于普通股与优先股在所享有的权益与所承担的风险方面具有差异，因此，具体评估方法也有所不同。

1. 普通股股票的评估

对非上市普通股股票的价值，一般采用收益法评估，通过预测普通股股票的预期收益，并将预期收益折算成评估时点的价值，关键要确定折现率和预期收益。因此，要对股票发行企业有一个客观准确的了解与分析，具体包括以下四项：一是股票发行企业的经营历史，包括盈利水平、收益分配情况等；二是股票发行企业的发展前景，包括资产质量、创利能力、市场竞争力、管理人员素质和创新能力等；三是股票发行企业所在行业和宏观经济的现状、前景、经营风险，这有助于折现率的确定；四是股票发行企业的股利分配政策。

普通股的未来红利收入一般是不确定的，取决于企业的经营状况和股利政策。当企业经营状况良好，又没有更好的投资机会时，可能大量分发红利；当企业经营状况不佳，或者虽然经营状况良好但存在着投资机会时，可能不发或少发红利。

股票发行企业的股利分配政策通常划分为固定红利模型、红利增长模型和分段模型，股利分配政策直接影响着被评估股票的价值，不同类型的分配政策所对应的具体评估方法也不相同。

(1) 固定红利模型。固定红利模型也称零增长模型，固定红利模型股利分配政策是假定股票发行企业生产经营一直比较稳定，每年分配的股利是固定的，并持续保持下去。在这种假设条件下，普通股股票评估应采用年金法。其计算公式为：

$$P=\sum_{i=1}^{\infty}\frac{D}{(1+r)^i}=\frac{D}{r} \qquad (2-10)$$

式中：P——股票评估值；

D——股票每期的固定股利；

r——折现率；

i——持股期限。

【例 2-5】 被评估的单位为甲企业，拥有乙企业发行的非上市普通股股票 60 000 股，每股面值 1 元，经评估人员调查分析，乙企业生产经营状况稳定，管理科学规范，行业前景好，预计未来收益和股利分配均能保持稳定，预计收益率每年平均 15% 左右。在评估基准日，国库券预计利率为 4%，考虑到通货膨胀等因素确定风险报酬率为 4%，折现率为 8%，则股票的评估价值为：

$$p=\frac{D}{r}=\frac{60\,000\times15\%}{4\%+4\%}=112\,500(\text{元})$$

(2) 红利增长模型。红利增长模型适用于成长型股票的评估，是指股票发行企业有很大的发展潜力，在今后若干年，股票的收益率会逐渐提高，红利呈增长趋势。这一政策的假设前提是股票发行企业并未将全部的剩余收益以红利的形式分配给股东，而是将一部分用于追加投资扩大生产经营规模，增加企业获利能力，从而使股东的潜在获利能力增大，红利呈增长趋势。在这种假设的前提下，普通股股票价值评估应考虑将股票收益的预期增长率包含在资本化率中。股票评估值的计算公式为：

$$p = R/(r-g) \tag{2-11}$$

$$p = \frac{D_1}{r-g} = \frac{D_0(1+g)}{r-g} \quad (r>g) \tag{2-12}$$

式中：P——股票评估值；

D_1——未来第一年该股票的股利；

D_0——本年度该股票的股利；

r——折现率；

g——股利增长率。

在运用红利增长模型时，对股利增长率 g 的估计要特别慎重，因为某一企业当前的股利增长率可能很高，但这绝不意味着该企业能一直保持这种增长率，对股利增长率 g 的计算方法主要有两种：一种是统计分析法，即根据过去股利的数据，用统计学的方法计算出红利历年的平均增长速度，可采用算术平均法也可采用几何平均法；另一种是发展趋势分析法，即以企业剩余收益中用于再投资的比率与企业净资产利润率相乘来确定红利增长率。无论采用何种方法计算股利增长率，都必须满足股利增长率 g 小于折现率 r 的要求。

【例2-6】 甲企业拥有乙企业发行的非上市普通股股票90 000股，每股面值1元，发行企业前3年的股票年收益率分别为10%、11%、12%。评估人员经过分析调查了解到，乙企业经过3年的发展，目前生产经营状况比较稳定，企业所处的行业也相对比较稳定，预计今后能保持每年平均12%的收益率，当前国库券预计利率为5%，考虑到通货膨胀等因素确定风险报酬率为3%，折现率8%，则股票的评估价值为：

$$p = \frac{90\,000 \times 12\%}{5\% + 3\%} = 135\,000(\text{元})$$

[例2-6]中，如果预计下一年股票收益率为12%，以后每年以2%的比率增长，则股票评估价值为：

$$p = \frac{90\,000 \times 12\%}{5\% + 3\% - 2\%} = 180\,000(\text{元})$$

(3) 分段模型。固定红利模型强调红利波动很小，红利增长模型强调红利不断增长，两种模型都太过于模式化，与实际情况不符，很难适用所有的股票评估。在实际中可能出现这种情况，即股利波动较大，但又没有呈现出不断增长的趋势。

分段型股利政策下股票价值评估的原理是：第一段，是指能够较为客观预测股票的收益期间或股票发行企业某一经营周期；第二段，以不易预测收益的时间为起点，以企业持续经营到永续为第二段。将两段收益现值相加，得出评估值。实际计算时，第一段以预测收益直接折现；第二段可以采用固定红利型或红利增长型，收益额采用趋势分析法或其他方法确定，先资本化再折现。

【例2-7】 甲企业持有乙企业非上市普通股10 000股，每股面值1元。经评估人员调查了解，乙企业在未来3年中因各种原因收益极不稳定，预计第一年红利收益率为10%，第二年红利收益率为8%，第三年红利收益率为9%。从第四年起，因生产销售步入正轨，产品进入成熟期，因此红利收益率可达到12%，并将持续下去。当前国债利率为4%，乙企业风险报酬率为4%，则该普通股评估值为：

$$
\begin{aligned}
p &= \text{前3年收益的折现值} + \text{第四年后收益的折现值} \\
&= 10\,000 \times 1 \times \left[\frac{10\%}{1+8\%} + \frac{8\%}{(1+8\%)^2} + \frac{9\%}{(1+8\%)^3} + \frac{12\%}{8\% \times (1+8\%)^3}\right] \\
&= 10\,000 \times (10\% \times 0.925\,9 + 8\% \times 0.857\,3 + 9\% \times 0.793\,8 + 12\% \times 7.876\,5) \\
&= 11\,777.87(\text{元})
\end{aligned}
$$

2. 优先股股票的评估

优先股股票是介于债券和普通股股票之间的证券品种，其股息一般是固定的，且比债券收益高，但不享受公司利润增长的收益。由于优先股股息率事先设定(其实是上限)，所以优先股的股息一般不会根据公司经营情况而增减，而且一般也不能参与公司的剩余利润的分红，也不享有除自身价格以外的所有者权益，如资不抵债的情况下，优先股会有损失的。

对公司来说，由于股息相对固定，它不影响公司的利润分配。优先股股东不能要求退股，却可以依照优先股股票上所附的赎回条款，由股份有限公司予以赎回。大多数优先股股票都附有赎回条款。在公司解散，分配剩余财产时，即优先股的索偿权先于普通股，而次于债权人，其评估方法可以参考债券的评估，但由于优先股股票的投资风险相对于债券的投资风险来说比较大，因此在确定折现率时应充分考虑这个因素，而且优先股的收益也有其自身的特点，优先股收益一般包括以下四项：①按约定在普通股之前分派定额股息；②按约定在取得定额股息后，参加剩余利润的分配；③按约定条款转换为普通股所获得的收益；④公司终结时按约定分配财产。

优先股拥有两种权利：第一，公司分配盈利时，拥有优先股票的股东比持有普通股票的股东，分配在先，而且享受固定数额的股息，即优先股的股息率都是固定的，普通股的红利却不固定，视公司盈利情况而定，利多多分，利少少分，无利不分，上不封顶，下不保底。第二，在公司解散，分配剩余财产时，优先股在普通股之前分配。优先股一般不上市流通，也无权干涉企业经营，不具有表决权。

优先股按其包含的权利不同，可以分为累积优先股、参与优先股和可转换优先股。

累积优先股，即本年未支付的股息，可累积到下一年或以后的盈利年度支付，并且优先股股息未付清之前，普通股无权分发红利。参与优先股，即不仅能按规定分得额定股息，而且还有权与普通股一起参与公司剩余利润的分配。可转换优先股，即优先股持有人可在规定的条件下把所持有的优先股股票转换成普通股股票。

优先股评估主要考虑两大要素：一是评估优先股的风险；二是按优先股的性质和条款确定预期收益。由于优先股在发行时就已规定了股息率，所以对优先股风险的评估主要是判断股票发行主体是否有足够的税后利润用于优先股的股息分配。这种判断是建立在对股票发行企业全面了解与分析的基础之上的，包括股票发行企业生产经营情况、利润实现情况、股本构成中优先股所占比重及负债情况等。如果发行企业经营情况较好，且具有较强的支付能力，表明优先股基本上具备了"准企业债券"的性质。评估人员可根据事先确定的股息率计算优先股的年收益额，然后进行折现，即可得出评估值。

若优先股股东不打算转让优先股，则评估优先股价值的计算公式为：

$$p = \sum_{i=1}^{\infty}[R_i(1+r)^{-i}] = A/r \qquad (2-13)$$

式中：P——股票评估值；

R_i——第 i 年的股息；

A——优先股的年等额股息收益；

r——折现率；

i——持股期限。

假设非上市优先股若干年后上市，股东有转售意向，则优先股的计算公式为：

$$p=\sum_{i=1}^{\infty}[R_i(1+r)^{-i}]+F(1+r)^{-n} \tag{2-14}$$

式中：P——股票评估值；

R_i——第 i 年的股息；

F——优先股的预期变现价格；

r——折现率；

n——优先股的持有期限。

【例 2-8】 甲公司持有乙公司优先股 10 000 股，每股面值为 15 元，年股息率为 8%，评估时，国债利率为 4%，评估人员经过调查分析，确定风险报酬率为 4%，则该优先股评估值为：

$$P=\frac{A}{r}=\frac{10\ 000\times 16\times 9\%}{8\%}=180\ 000(\text{元})$$

情境任务 2.3 股权投资的评估

2.3.1 股权投资评估

股权投资是指通过投资取得被投资单位的股份。企业（或者个人）购买的其他企业（准备上市、未上市公司）的股票或以货币资金、无形资产和其他实物资产直接投资于其他单位，最终目的是为了获得较大的经济利益，这种经济利益可以通过分得利润或股利获取，也可以通过其他方式取得。

股权投资通常是为长期（至少在 1 年以上）持有一个公司的股票或长期的投资一个公司，以期达到控制被投资单位，或对被投资单位施加重大影响，或为了与被投资单位建立密切关系，以分散经营风险的目的。如被投资单位生产的产品为投资企业生产所需的原材料，在市场上这种原材料的价格波动较大，且不能保证供应。在这种情况下，投资企业通过所持股份，达到控制或对被投资单位施加重大影响，使其生产所需的原材料能够直接从被投资单位取得，而且价格比较稳定，保证其生产经营的顺利进行。但是，如果被投资单位经营状况不佳，或者进行破产清算时，投资企业作为股东，也需要承担相应的投资损失。股权投资通常具有投资大、投资期限长、风险大以及能为企业带来较大的利益等特点。股权投资的利润空间相当广阔，一是企业的分红，二是一旦企业上市则会有更为丰厚的回报。同时还可享受企业的配股、送股等一系列优惠措施。

股权投资通常分为以下四种类型：控制是指有权决定一个企业的财务和经营政策，并能据以从该企业的经营活动中获取利益;共同控制是指按合同约定对某项经济活动所共有的控制;重大影响是指对一个企业的财务和经营政策有参与决策的权力,但并不决定这些政策;无控制是指无共同控制且无重大影响。

股权投资按投资比例还可分为非控股型股权投资和控股型股权投资两大类,因此,股权投资评估可分为如下两大类:控股型股权投资评估和非控股型股权投资(少数股权)评估。

2.3.2 具有控制权股权的评估

控股型股权投资是指投资企业的股权投资数额超过被投资企业全部资本投资的50%,或者事实上达到能够影响甚至决定被投资企业的生产经营的股权投资。

1. 具有控制权股权评估的特点

(1) 评估程序及评估方法不受限制。对于具有控制权股权的评估,由于母子公司在行业产品有相同或相近之处,被投资单位在配合实施评估程序和评估方法选择方面与母公司基本相同,有利于评估工作的开展。

(2) 关注重要资产权属资料完善情况。对于具有控制权股权的评估,需关注被投资单位土地、房屋建筑物及无形资产等重要资产的权属和使用状况。对重要资产权属资料不全面的,应关注企业是否已经妥善解决。关注是否有账外资产、或有负债,土地、车辆等权利人与实际使用人是否一致,是否存在隐匿或遗漏等。

(3) 可能存在控制权溢价因素。控制权溢价通常是指一个投资者为了获得公司普通股的控制权益而愿意付出比市场流通的少数权益价值更高的附加价值。例如,控股方能够控制董事会,任命关键管理人员,决定公司发展战略、发展方向、重大投资决策、股利政策等。

2. 评估程序

(1) 明确评估范围。明确评估范围是对长期股权投资实施评估程序的首要步骤。评估范围通常为被投资单位法人全部资产,包括企业拥有权属清晰并投入经营或未投入经营的资产,企业实际拥有但尚未办理产权登记的资产。对于股权投资单位持有的长期股权投资中具有控制权的被投资单位,仍需采用同样的评估程序"向下"延伸。

(2) 核实投资(并购)协议、账面记录。收集股权投资初始协议,了解长期股权投资取得方式和初始计量方法,核对会计核算是否正确,核实评估基准日的企业信息,包括企业名称、注册地、业务性质、主要财务信息、与子公司、合营企业及联营企业投资相关的或有负债等。

(3) 核对持股比例。收集股权投资企业在工商登记部门备案的公司章程,核对注册资本、出资额、母公司对该企业的持股比例和表决权比例。

(4) 选择评估方法,编制评估计划。对被投资企业的会计信息进行全面了解分析,与委托人商谈评估程序实施是否受限等,根据评估目的、评估对象、价值类型、资料收集情况等相关条件,分析收益法、市场法和资产基础法三种资产评估基本方法的适用性,综合判断来选择评估方法。编制评估计划需充分考虑评估对象的性质、所处行业特点及发展趋势、资产规模及分布、评估所需资料收集状况、评估专业人员的独立性及专业胜任能力、与其他专业机构的工作衔接配合等诸多因素,明确评估过程的主要工作步骤、预计时间、人员安排、配合要求等,恰当编制评估计划。

(5) 确定股权评估值。选择确定基本评估方法后,确定相关评估参数,开展评定估算工作。在对各种方法使用的信息资料及参数数量和质量进行对比分析后,最终确定股权评估值。

3. 清查核实方法

（1）核对。主要核对被投资企业法人资产数量、使用状态、法律权属状态及其他影响评估作价的重要因素，针对不同的资产类型分别采取不同的核实方法。

（2）抽查会计凭证。

第一，随机抽查。在实施评估程序时，从被评估的长期股权投资单位总体会计凭证中，根据重要程度，随机选取一定数量的样本进行抽查，以便核实其历史成本或核算入账的背景。

第二，重点抽查。若发现资产权责不对应、资产权属或边界不清晰的，需抽取母子公司相关会计凭证，查证问题，并提交企业会计负责人及审计师，共同商讨解决办法，将处理结果归纳整理到工作底稿。包括如下四种情况：

一是母公司已将某项资产作价投入子公司，但仍将其在母公司账上核算，而子公司账上未核算该项资产或核算内容为对该资产的追加投资。

二是母公司将为子公司对外垫付费用等款项核算在对子公司投资中而子公司未入账。

三是母公司替子公司购买资产支付款项并记长期股权投资而子公司未将资产入账。

四是母子公司往来账余额不一致等情形。

（3）尽职调查。尽职调查是对被投资单位的历史数据和文档资料、管理层背景、市场风险、管理风险、技术风险和资金风险等做全面调查，对企业做初步定性评价，并对评估基准日各项资产负债全面清查。具体方式如下：

第一，调查问卷。向企业相关管理职能部门发放和回收问卷，回收问卷及调查记录归纳整理到工作底稿。问卷内容主要包括公司及股东各方基本情况、公司组织结构、采购供应、业务和产品、销售、研发、固定资产、财务核算体系、债权和债务、投资项目、涉诉事项、行业背景资料等部分，每部分结合企业情况提出若干具体问题。

第二，独立调查。评估人员可以直接从证券市场等渠道独立获取资料，或者从委托方、产权持有者、政府部门、各类专业机构等获取资料。具体包括查询记录、询价结果、检查记录、行业资讯、分析资料、鉴定报告、专业报告及政府文件等。

第三，企业各项资产负债全面清查。评估人员可以对评估基准日各项资产负债的清查。通常通过获取资料、询问、函证、核对、监盘、勘查、检查等方式对各项资产及负债进行清查核实，重点关注影响资产价值的各项因素，并对资产的权属状况、使用状况等进行调查。

（4）访谈。评估师通过对企业高管及财务、销售、人力、技术研发等职能部门负责人的访谈，了解企业基本信息，对财务数据和经营参数具体分析；通过了解企业历史经营状况及未来发展趋势，就盈利预测相关内容与管理人员讨论。

访谈内容一般包括企业的总体概况、经营状况、生产能力、收益能力、市场状况和发展规划等基本情况。侧重于主要产品或服务的应用领域，市场环境，生命周期、先进性、竞争优势及风险，采购销售渠道，知识产权及研发能力，管理层及员工薪酬计划、各部门的管控目标等。

4. 评估结论的确定

国外评估准则的基本理念是，假如采用一种以上的评估方法并形成不同的初步评估结果，就必须对各种评估结果所依据的资料数据质量和数量进行考虑分析。根据我国现行评估执业准则和规定，企业价值评估通常需要采用两种以上的评估方法，需要对不同评估方法下形成的初步评估结果进行分析，提供合乎逻辑的依据，确定最终的评估结论。重点考虑因素有:各种方法的评估范围及价值内涵是否一致;不同方法与评估目的及评估结果的用途是否匹配;不同方法依据的信息资料质量和可靠性;不同行业企业及资产使用状况对评估影响等。

(1) 资产基础法和收益法。

第一,应考虑两者评估对象与评估范围的一致性。资产基础法是以被评估企业资产负债表为基础,合理评估企业表内及表外各项资产、负债价值,确定评估对象价值的评估方法。有一个必须考虑的重要因素就是企业表内及表外的资产和负债,是否列为资产负债表内资产和负债取决于企业会计准则的规定,即符合资产定义同时满足两个条件:一是与该资源有关的经济利益很可能流入企业;二是该资源的成本或价值能够可靠计量。对于上市公司重大资产重组,可能还包含了表外资产的贡献,特别是轻资产公司,采用收益法的评估结果可能与账面资产不能对应。

第二,应关注资产基础法评估结果是否涵盖了企业全部有形资产和无形资产价值。如果资产基础法未考虑无形资产,则可能导致资产基础法评估结果小于收益法。其次,处于成长期企业或预期业绩将出现高增长的企业,资产基础法评估结果通常无法充分体现其价值,而收益法评估结果必然会高于资产基础法评估结果。

第三,当收益法评估结果低于资产基础法评估结果时,应关注企业的收益和资产使用状况,判断持续经营前提下企业经营性资产是否存在经济性贬值。对评估基准日前后资产价格处于较大波动中的企业,应关注该波动对评估结果的影响程度。对长期处于亏损状态的企业,或者现金流为负数的企业,预期的未来亏损也无法客观地体现在资产基础法评估结果中,其收益法结果必然会低于资产基础法结果。

【例 2-9】 甲公司持有乙公司部分股权,委托评估机构评估,在评估基准日,乙公司账面总资产 500 万元,其中流动资产 100 万元、固定资产 300 万元、无形资产 100 万元。负债合计 300 万元。企业在前 3 年分别实现主营业务收入 1 100 万元、950 万元、850 万元,净利润分别为 55 万元、50 万元、45 万元。经评估人员分析,资产基础法中固定资产评估值为 400 万元,评估增值 100 万元;无形资产评估值 250 元,评估增值 150 万元,采用资产基础法评估结果为 450 万元。采用收益法评估结果为 400 万元。

假设甲公司拥有乙公司的控制权股权,则应选择资产基础法评估结果 450 万元,因为控股股东可以实现股东权益最大化为目标分享资产处置收益。假设甲公司对乙公司持有的是缺乏控制权的股权,则应选择收益法评估结果 400 万元,因为处置公司资产要获得多数股东同意,在不出售该资产的前提下少数股东无法分享评估增值,无实际控制权的甲公司无法分享各类资产的市场价值,只能收获利润分配,收益法评估结果会更合理地体现非控股股权的价值。美国评估师也认为在持有 100%股权时采用资产基础法,在评估少数股东权益时需考虑少数股权折扣以及缺乏流动性折扣,收益法更合理。

(2) 市场法和收益法。在用市场法和收益法组合时,应关注以下几个方面问题:

第一,关注收益法估算折现率时对风险的评估与市场法调整价值比率所隐含的风险评估是否匹配。

第二,关注收益法预测的明确增长假设与市场法中的隐含增长假设是否一致。

第三,关注两种方法对非经营性、溢余资产负债的判断是否一致。

第四,当某些上市公司股票市场交易价格严重偏离其价值时,应考虑将其作为可比企业是否合适。

第五，市场法中交易案例与评估对象的实际相似性、会计政策及税收差异、二手数据的可靠性、特殊交易背景或动机、交易价中的协同效应、差异因素修正等影响。

此外，还要考虑诸如企业生产周期及税收优惠政策的持续性等问题。

(3) 市场法和资产基础法。市场法的价值比率选取了市净率时，与资产基础法如何衔接的问题就更加突出。应当关注资产基础法中的溢余和闲置资产、非经营性资产、存在经济性贬值的经营性资产等，在市场法中是否直接作为企业净资产乘以市净率价值比率或单独处理。

2.3.3 缺乏控制权股权的评估

1. 缺乏控制权股权评估的特点

(1) 评估程序及评估方法选择可能受到限制。在实际评估工作中，由于缺乏控制权的股权，被评估单位配合实施的评估程序和评估方法可能会受到限制，具有局限性，不利于评估工作的开展。

(2) 当被评估股权的市场价格不活跃或流动性受限制时，如处于 IPO 限售期内股权，其流动性因素会影响价值评估。因此，期权估值模型在评估实际工作中应用发展较快。

2. 评估程序

缺乏控制权的股权投资单位能否单独评估，取决于该投资的重要程度、委托人的管控程度、被评估投资单位的配合意愿等。如果能够单独评估，其评估程序和核查方法与上述具有控制权股权评估基本一致。如果缺乏控制权的股权不能单独评估，其评估程序如下：

(1) 非单独评估时，缺乏控制权的股权评估范围可以是被投资单位的全部资产和负债，也可以是长期股权投资本身。

(2) 核实投资协议和账面记录。非单独评估时，应向母公司取得股权投资的初始协议，了解长期股权投资取得方式和初始计量方法，核对会计核算是否准确无误，核实长期股权投资企业在评估基准日近期的会计信息，包括企业名称、注册地、业务性质、当期的主要财务信息。

(3) 核实持股比例。一般应向母公司取得股权投资企业在工商登记部门备案的公司章程，核实母公司对其持股比例和表决权比例。

(4) 主要根据被投资企业所处细分行业市场及竞争态势、业绩表现、股利分配、近期规划，判断选择市场法及收益法。

(5) 按比例计算股权评估值。对各种评估方法使用的参数数量和质量进行比对分析，最终确定缺乏控制权的股权评估值。

3. 清查核实方法

(1) 核对。非单独评估时，核对工作主要针对母公司核算及管控的长期股权投资的全部档案资料，必要时也需要向被投资企业发函确认近期财务报告。

(2) 抽查会计凭证。抽查主要针对母公司长期股权投资的各期会计凭证，以及母子公司关联往来科目的会计凭证，核实其历史成本或核算入账的背景以及关联往来情况。若发现母公司权益法核算问题、母子公司往来账余额不一致等问题，应该提交企业会计负责人及审计师，共同商讨解决办法，并将处理结果归纳整理到工作底稿。

(3) 尽职调查。非单独评估时，考虑被评估企业配合意愿较低，很难完成调查问卷的回收，通常以独立调查为主、调查问卷为辅。

(4) 访谈。非单独评估时,访谈对象主要为母公司负责该长期股权投资核算的财务人员及母公司派驻投资单位任职的高管。访谈内容及目标与上述具有控制权股权的评估相同。

4. 评估方法

由于资产基础法的评估程序复杂,对于缺乏控制权股权的评估通常不采用此法,但对已停业或拟清算的长期股权投资企业只能采用资产基础法评估,并要重点关注债权申报和税务清算等进程,合理确认负债。如果采用收益法或市场法,需要将预期股利进行折现,或者查找可比上市公司,以确定评估对象价值。

对于缺乏控制权的股权无法单独评估时,可使用被投资企业评估基准日财务报表净资产数据确定长期股权投资评估价值。此时应说明不能单独评估的理由和使用财务报表分析确定股东权益价值的过程。一般包括以下四种情况:

(1) 若被投资企业属重资产类且近期盈利不佳,可对资产负债表做分析,重点估算固定资产及无形资产的增减值。

(2) 若被投资企业属轻资产类且近期盈利较好,可采用收益法评估,关注历年财务报表及利润分配情况。

(3) 若设立时间较短的非控股长期股权投资,可直接采用评估基准日经核实后的企业账面投资成本评估。

(4) 若评估基准日近期收购的非控股长期股权投资,应分析投资成本即收购价格与被投资企业账面净资产存在差异的原因及对商誉的影响。

【例2-10】 A公司对B、C、D、E四个公司进行了长期股权投资,目前,由于并购重组需要对A公司的股东权益价值进行评估,评估基准日的基本信息分析及评估结果,如表2-1所示。

表2-1　　被投资公司基本信息表

被投资公司	所属行业	经营情况	持股比例	账面值(万元)	评估值(万元)
B	金属冶炼	连年亏损	20%	800	240
C	物流运输	盈利较好	30%	300	750
D	电子信息	新设立	25%	250	250
E	高新技术	成长期	18%	180	239

(1) B公司属于金属冶炼行业企业,近年连年亏损,采用资产负债表分析法。截至评估基准日,资产合计4 000万元,负债3 000万元,净资产账面价值1 000万元,土地使用权评估可增值约200万元。评估价值约1 200万元。因而其20%股权的评估价值为240万元。

(2) C公司业务稳定,客户资源好,近3年净利润稳定增长,根据历年财务报表及尽职调查情况采用简单收益法。截至评估基准日,账面资产合计2 000万元,实收资本1 000万元,未分配利润600万元。预测未来年均收益为300万元,折现率取12%,M公司股东权益价值为2 500万元(300÷12%)。其30%股权的评估价值为750万元,评估增值450万元,增值率为150%。

(3) D公司设立半年,尚未开展业务,截至评估基准日,账面资产合计1 000万元,无负债,实收资本1 000万元。A公司持有的25%股权,按其实收资本计算,股权价值为250万元,评估无增减值变化。

(4) E公司属于高新技术企业,处于成长期,截至评估基准日,账面资产合计5 000万元,投资时总股本1 000万股,实收资本1 000万元。采用实物期权模型评估P未来上市股票发行价格现值为1.328元/股，故该股权投资评估价值为239万元(1 000×18%×1.328)，评估增值59万元，增值率为33%。

思考与练习

一、单项选择题

1. 上市交易的债券最适合运用(　　)进行评估。

A. 成本法　　B. 市场法　　C. 收益法　　D. 价格指数法

2. 从理论上讲，风险报酬率是受(　　)影响的。

A. 资金的机会成本　　B. 资金的投资成本

C. 资金的时间成本　　D. 资金的使用成本

3. 被评估债券为2015年发行的，面值为100元，年利率为10%，3年期。2017年评估时，债券市场上同类面值100元债券的交易价格为110元，则该债券的评估值接近于(　　)元。

A. 98　　B. 100　　C. 110　　D. 120

4. 在股市发育较好的情况下，股票评估值的基本依据是(　　)。

A. 票面价格　　B. 发行价格　　C. 内在价值　　D. 市场价格

5. 股票的清算价格是指(　　)。

A. 企业的净资产总额与企业股票总数的比值

B. 企业的净资产总额与企业股票总数的比值再乘以一个折现系数

C. 企业的资产总额与企业股票总数的比值

D. 企业的资产总额与企业股票总数的比值再乘以一个折现系数

二、多项选择题

1. 非上市债券作为一种投资工具和股票投资相比，具有(　　)的特点。

A. 风险较小　　B. 投资报酬率高　　C. 流动性强　　D. 收益相对稳定

2. 债券评估的折现率包含(　　)。

A. 无风险报酬率　　B. 企业收益率　　C. 风险报酬率　　D. 债券利息

3. 非上市普通股票评估的基本类型有(　　)。

A. 到期一次还本型　　B. 红利增长模型　　C. 固定红利模型　　D. 分段模型

4. 长期股权投资评估是对被投资方(　　)。

A. 资本金的评估　　B. 偿债能力的评估　　C. 获利能力的评估　　D. 变现能力的评估

5. 股票评估通常与股票的(　　)估测有关。

A. 内在价值　　B. 账面价值　　C. 市场价格　　D. 清算价格

三、判断题

1. 国债由政府的信用作担保，所以不存在任何风险。(　　)

2. 在市场利率大于票面利率时，债券的发行价格大于其面值。(　　)

3. 长期债券与短期债券相比，其投资风险比较大。(　　)

4. 由于优先股在分配公司盈利、剩余财产权等方面有优先权，所以，一般来说，其收益要高于普通股。(　　)

5. 缺乏控制权的股权投资单位能否单独评估，取决于该投资的重要程度、委托人的管控程度、被评估投资单位的配合意愿等。(　　)

实务训练

【实训资料 2-1】

万科 A:2017 年面向合格投资者公开发行公司债券(第二期)发行公告

公告日期:2017 年 08 月 01 日　　公告编号:〈万〉2017-085

股票简称:万科 A、万科 H　　股票代码:000002、299903

主承销商/簿记管理人/债券受托管理人　　中信证券股份有限公司

1. 万科企业股份有限公司经中国证券监督管理委员会"证监许可〔2015〕1915 号"文核准向合格投资者公开发行面值总额不超过人民币 90 亿元的公司债券。

万科股份本次债券采取分期发行的方式,其中万科企业股份有限公司 2015 年公司债券(第一期)债券简称"15 万科 01",发行规模为 50 亿元,已于 2015 年 9 月 28 日发行完成,万科企业股份有限公司 2017 年面向合格投资者公开发行公司债券(第一期)简称"17 万科 01",最终发行规模为 30 亿元,已于 2017 年 7 月 18 日发行完成。本期债券为本次债券的第三期发行,发行规模 10 亿元。

2. 本期债券简称"17 万科 02",债券代码为 112561,发行人本期债券发行面值为人民币 10 亿元,每张面值为 100 元,共计 1 000 万张,发行价格为 100 元/张。

3. 发行人主体信用等级为 AAA,本期债券信用等级为 AAA。本期债券发行前,发行人截至 2017 年 3 月末的净资产为 1 619.86 亿元(截至 2017 年 3 月 31 日未经审计的合并报表中所有者权益合计数)。本期债券发行前,发行人最近 3 个会计年度实现的年均可分配利润为 182.96 亿元(2014—2016 年度经审计的合并报表中归属于母公司所有者的净利润平均值),预计不少于本期债券 1 年利息的 1.5 倍。本期债券发行及挂牌上市安排请参见发行公告。发行人在本次发行前的财务指标符合相关规定。

4. 发行人截至 2017 年 3 月末合并财务报表资产负债率 81.73%(截至 2017 年 3 月 31 日未经审计的合并财务报表数据计算),合并财务报表扣除预收账款后的资产负债率 44.75%,母公司财务报表资产负债率 74.36%(截至 2017 年 3 月 31 日未经审计的母公司财务报表数据计算)。

5. 本期债券无担保。

6. 本期债券为 5 年期品种(附第 3 年年末发行人调整票面利率选择权和投资者回售选择权)。

7. 本期债券票面利率询价区间为 4.00%～5.00%。本期债券最终票面利率将根据网下询价簿记结果,由发行人与簿记管理人按照国家有关规定在利率询价区间内以簿记建档方式确定。发行人和簿记管理人将于 2017 年 8 月 2 日(T—1 日)向网下投资者进行利率询价,并根据询价结果确定本期债券的最终票面利率。发行人于 2017 年 8 月 3 日(T 日)在《证券时报》等信息披露媒体、巨潮资讯网(http://www.cninfo.com.cn)及深交所网站(http://www.szse.cn)上公告本期债券的最终票面利率,敬请投资者关注。

8. 本公司主体信用等级为 AAA,本期债券信用等级为 AAA,本期债券符合进行质押式回购交易的基本条件,具体折算率等事宜将按证券登记机构的相关规定执行。

9. 本期债券发行采取网下面向《公司债券发行与交易管理办法》(以下简称"《管理办法》")规定且在中国证券登记结算有限责任公司深圳分公司开立合格 A 股证券账户的合格

投资者询价配售的方式。网下申购由簿记管理人根据簿记建档情况进行配售。具体发行安排将根据深圳证券交易所的相关规定进行。

10. 网下发行面向在中国证券登记结算有限责任公司深圳分公司开立合格A股证券账户的合格投资者。合格投资者通过向主承销商(簿记管理人)提交《网下询价及认购申请表》的方式参与网下询价申购。合格投资者网下最低申购金额为1 000万元(含1 000万元),超过1 000万元的必须是100万元的整数倍。

11. 投资者不得非法利用他人账户或资金进行认购,也不得违规融资或替他人违规融资认购。投资者认购并持有本期债券应遵守相关法律法规和中国证监会有关规定,并自行承担相应的法律责任。

资料来源:http://data.eastmoney.com 东方财富网>数据中心>公告大全>万科A公告一览

1. 实训要求

根据[实训资料2-1]万科A 2017年公开发行公司债券(第二期)发行公告,填写评估工作底稿,计算甲企业持有该债券在兑付日的评估值。

(1) 填写评估工作底稿,明确以下规定:债券名称、债券期限、调整票面利率、发行规模、债券利率及其确定方式、债券票面金额、发行价格、起息日、付息债权登记日、付息日、兑付日、还本付息方式及支付金额。

(2) 假设甲企业在发行初期认购了万科A 2017年第二期公司债券1 000万元,在2020年8月4日,万科对这部分债券进行回购,试计算甲企业持有该债券在兑付日的评估值。

2. 实训地点

资产评估教学做一体化实训室。

3. 实训教学形式

采用角色扮演法,学生按评估工作岗位分组,分工协作上网查找万科(000002)股票和债券资料,评定估算,教师根据存在问题有针对性地进行指导。

4. 实训考核评量

填写下列债券相关的工作底稿,制作简单评估报告,用PPT展示成果,学生自评与小组互评相结合,教师进行点评。

【实训资料2-2】

万科股权事件圆满解决,“轨道+物业”开启新时代

万科A(000002)强强联手深铁“基石股东”,股权纷争圆满解决。通过受让华润和恒大所持公司股份,深铁持股万科29.38%,成第一大股东。其余股东宝能、万科管理层(金鹏、德赢1号)、安邦、刘元生、万科工会分别持股25.4%、7.12%、6.18%、1.21%和0.61%,剔除H股、证金、汇金后,万科A剩余流通股只占总股本的12.04%。新董事会完成换届,郁亮顺利接任董事长并兼任总裁,管理层平稳过渡进入“郁亮”时代。

深铁全面支持万科发展模式,包括支持万科混合所有制结构、万科城市配套服务商战略和事业合伙人机制、万科管理团队按照既定战略目标实施运营和管理、支持深化“轨道+物业”发展模式等。深铁入驻表示看好公司发展前景,将有利于公司经营及团队稳定。

龙头强者恒强,销售再超预期。2017年1～6月销售额在2016年增长50%以上的基础

再度增长 45%，经过 5 年市场份额 2%～3% 的盘整，2016 年开始市占率由 3.1% 跳升至 2017 年 1～5 月的 5.2%，充分彰显行业优胜劣汰背景下龙头强者恒强的优势，已实现销售额可充分抵御调控压力。销售额 1～6 月 2 727.5 亿元再超预期，全年销售额有望超计划（计划 4 200 亿元，+15%）。

纷争消除，“轨道+物业”新模型打开估值空间。万科深铁强强联合、优势互补，新轨道线拓展大量开发机会，公司有望成为全国轨道交通 PPP 模式建设标杆，优先抢占新一轮城市圈轨交物业制高点。市占率加速提升，行业龙头赢家通吃优势突出（近期 551 亿拿下广州荔湾·越秀区约 221 万方开发土地），充分受益“粤港澳大湾区”城市群红利。RNAV22.38 元/股，2017—2019 年 EPS2.36 元，2.79 元，3.18 元，对应 PEIV9/8 倍。综合内房股龙头恒大 15XPE.碧桂园 10XPE，美股龙头 DR.HORTON13XPE（PSL.03），给予公司 15XPE，对应 PS0.92（以 2017 年计划 4 200 亿计），对应 6～12 月目标价 35.4 元，上调评级至“推荐”。

风险提示：调控持续致销售低于预期：新进入股东干预经营，新管理层及团队执行力降低等：7 月 15 日宝能所持股份解禁可售出售致股价波动。

资料来源：东方财富网 www.eastmoney.com 2017 年 07 月 03 日 中投证券 李少明，谢余胤

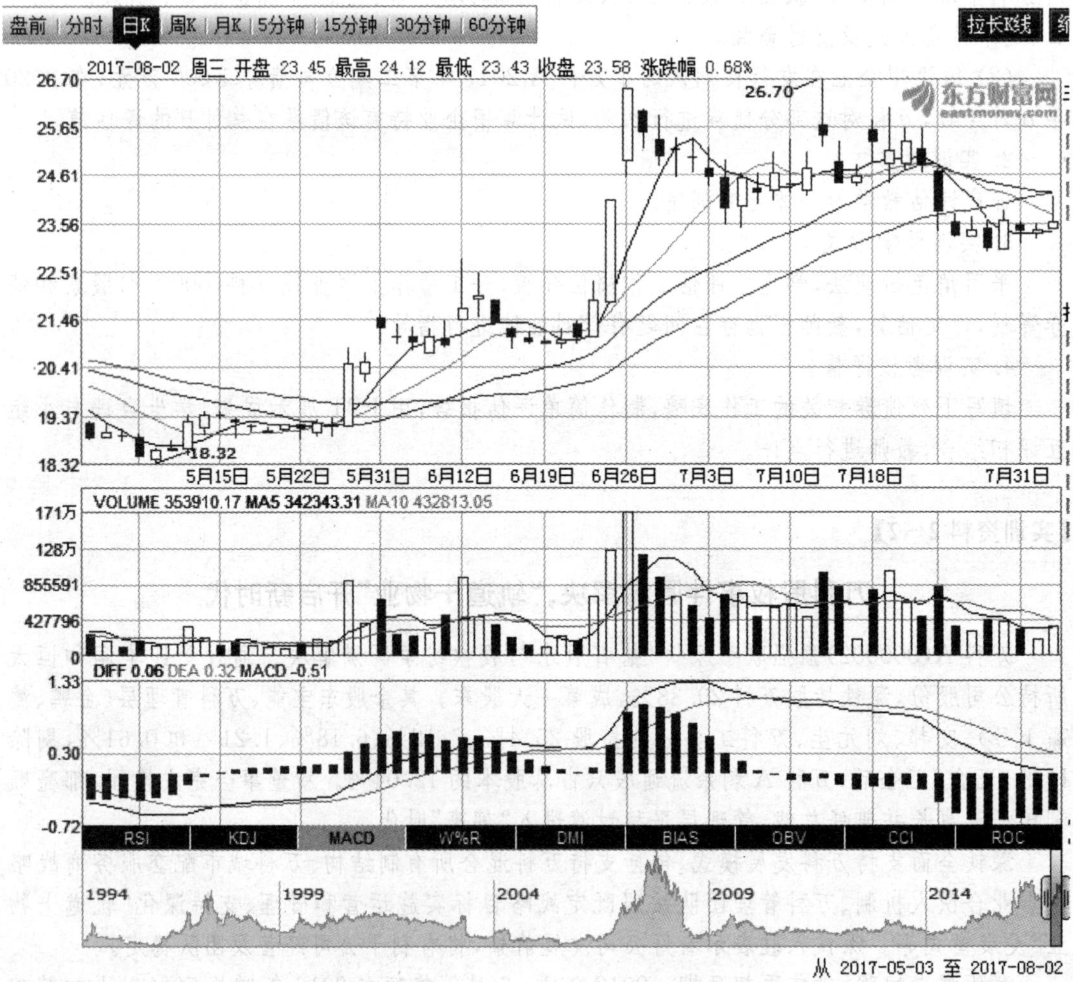

实训要求：

根据[实训资料 2－2]可知，万科股权事件圆满解决，通过受让华润和恒大所持公司股份，深铁持股万科 29.38%，成第一大股东。其余股东宝能、万科管理层(金鹏、德赢 1 号)、安邦、刘元生、万科工会分别持股 25.4%、7.12%、6.18%、1.21%和 0.61%。假设上一个证券交易日是评估基准日，采用市场法，根据上一交易日万科收盘价，计算确认 7 大股东持有万科股权评估值，并填写(如表 2－2 至表 2－8 所示)股权评估的各项工作底稿，编制股权评估报告。

表 2－2　　股票投资明细表

被评估企业：　　　　评估基准日：　年　月　日　　　　编制人及日期：

序号	被投资单位名称	股票性质	投资日期	持股数量	基准日市价	取得成本	账面价值	评估价值	增减值	增长率	备注
减：可供出售金融资产减值准备											
合　计											

表 2－3　　股票投资价值表

被评估企业：　　　　评估基准日：　年　月　日　　　　编制人及日期：

有价证券名称	投资日期	评估方法	数　量	评估基准日股票收盘价	评估值
合　计					

表 2－4　　股票投资评估操作底稿

被评估企业：　　　　评估基准日：　年　月　日　　　　编制人及日期：

证券名称	投资日期	票面价值	利率	数量	期限	账面价值	调整后账面值	评估值	备注
合　计									

表 2－5　　程序复核表

评　估　程　序	评估人员	审核人员
1. 取得被评估企业填制的持有至到期投资评估申请表		
2. 明确被评估对象与种类，填制持有至到期投资评估明细表中相关内容		
3. 对持有至到期投资进行账账，账表核对，填制账账，账表核对记录表		
4. 收集持有至到期投资评估所需要的相关资料		

续 表

评估程序	评估人员	审核人员
5. 评定估算		
6. 编写持有至到期投资评估说明		
7. 编写本实训项目的评估程序复核表		

表 2-6　　长期投资性资产评估汇总表

被评估企业：　　评估基准日：　年　月　日　　金额单位：元

序号	科目名称	账面价值	评估价值	增减值	增长率
1	股票投资				
2	债券投资				
3	股权投资				
合　计					

表 2-7　　债券投资评估操作底稿

被评估企业：　　评估基准日：　年　月　日　　编制人及日期：

序号	被投资单位名称	投资形成日期	协议投资期限	协议回报率及收款方式	账面价值	调整后账面价值	有关资料查证及特殊约定事项简要说明、函证情况说明索引号	回收风险判断及评估值确定方法	评估价值	清查调整事项其他备注事项索引号
本页小计										
合　计										

表 2-8　　股权投资评估操作底稿

被评估企业：　　评估基准日：　年　月　日　　编制人及日期：

序号	被投资单位名称	投资形成日期	协议投资期限	股权比例	被投资企业基准日账面净资产	账面价值	调整后账面价值	有关资料查证及特殊约定事项简要说明及索引号	控股被投资企业整体评估净资产	评估值确定方法	评估价值	清查调整事项其他备注事项
合　计												

学习情境3
机器设备评估

学习目标

读者通过学习，了解机器设备的概念及评估特点，掌握机器设备重置成本构成内容，掌握机器设备类资产评估基本步骤和评估方法，能够分析和解决设备类资产评估的实际问题。

引导案例

甲、乙两家企业作为发起人，拟共同出资组建A设备制造公司。按照发起人商定的出资协议，甲企业以货币出资，乙企业以自有的正在使用的生产设备出资。根据我国公司法要求，对于作为出资的非货币财产应当评估作价。甲、乙两企业共同委托V评估机构对本次组建公司涉及的设备类资产进行评估。V评估机构经过了解经济行为及所涉及资产基本事项，决定承接该项评估业务，并委派你作为本项目评估人员。你需要思考如何顺利完成此次评估任务?

情境任务 3.1　机器设备评估认知

3.1.1　机器设备的概念和分类

1. 机器设备的概念

在不同领域，机器设备的定义是不同的。

在自然科学领域，机器设备是特指“利用机械原理制造的装置，是将机械能或非机械能转换成为便于人们利用的机械能，以及将机械能转换为某种非机械能，或利用机械能来做一定工作的装备或器具”，并且要符合三个基本特征：①由零件和部件组成；②零件、部件之间有确定的相对运动和力的传递；③有机械能的转换和机械能的利用。

在资产评估领域，根据《资产评估准则——机器设备》的定义，机器设备是指人类利用机械原理和其他科学原理制造的、特定主体拥有或者控制的有形资产，包括机器、仪器、器械、装置、附属的特殊建筑物等资产。

在机器设备评估工作中，凡是企业作为机器设备进行管理和使用的资产，应纳入机器设备评估的范围。具有机器设备的重要特性，但未作为机器设备进行管理的资产，可以作为机器设备进行评估，但应予以专项说明。

在对工厂、车间进行整体评估时，机器设备与建筑物、构筑物的评估范围界限并不一定是特别清晰的，对于房屋建筑物和在建工程中的附属设备，在不重复、不遗漏、评估方法相同、评估结果一致的情况下，可视需要归入机器设备或房屋建筑物的评估范围。融资租赁的机器设备一般可以作为机器设备进行评估，但应予以专项说明。

2. 机器设备的分类

企业在生产经营活动中使用的机器设备由于企业性质的不同及设备本身的用途不同，在其形状、大小、性能等方面是极不相同的。为了使机器设备评估工作能有效地进行，而将机器设备进行合理的分类。

(1) 按机器设备的适用范围分类，将机器设备分为通用机器设备和专用机器设备。通用机器设备是指在国民经济各个部门广泛使用的机器设备，如各种机床、起重运输设备等。专用机器设备是指在国民经济各部门或行业为完成某个特定的生产环节、特定的产品而专门设计、制造的机器设备，这些机器设备只能在特定领域使用，不具有广泛的应用能力，如冶金设备、纺织设备等。

(2) 按机器设备的用途分类，将机器设备分为十大类，即动力机械、金属切削机床、金属成型机床、交通运输机械、起重运输机械、工程机械、农业机械、通用机械、轻工机械、专用机械。

(3) 按使用性质分类，将机器设备分为六大类，即生产用机器设备、非生产用机器设备、租出机器设备、未使用机器设备、不需用机器设备、融资租入机器设备。

(4) 按机器设备的组合程度分类，可分为：①单台机器设备(独立设备)；②机组，如组合机床、发电机组等；③成套机器设备(包括生产线)，将若干不同设备按生产工艺过程进行布置，形成一个完成某产品生产的全部或主要生产过程的机器体系，如合成氨成套设备、胶合板生产线等。

(5) 其他分类,我国机械制造企业通常按工艺性质将机器设备分为两大类十大项,两大类为机械设备和动力设备。机械设备又分为金属切削机床、锻压设备、起重运输设备、铸造设备、专业生产设备和其他机械设备六大项。动力设备分为动能发生设备、电器设备、工业炉窑及其他动力设备四大项。每大项都可以再细分类。

资产评估实践中,设备类资产通常分为机器设备、车辆和电子设备。

正确理解和运用机器设备的分类对于做好机器设备的评估工作非常重要,评估人员应根据机器设备评估工作的需要和被评估企业的实际情况,对机器设备进行灵活有效的分类。

3.1.2 机器设备评估及其特点

机器设备评估是指评估人员依据相关法律、法规和资产评估准则,对单独的机器设备或者作为企业资产组成部分的机器设备的价值进行分析、估算,并发表专业意见的行为和过程。机器设备的评估具有以下特点:

(1) 机器设备类资产一般是企业整体资产的一个组成部分,它通常与企业的其他资产,如房屋建筑物、土地、流动资产、无形资产等,共同完成某项特定的生产目的,一般不具备独立的获得能力,所以在进行机器设备评估时,收益法的使用受到很大限制,通常采用成本法和市场法。

(2) 对于整体性的机器设备组合,如一条生产线、一个生产车间或者一个工厂等,它是为了实现某种功能,由若干机器设备组成的有机整体,其整体的价值并非是单台设备的简单相加。

(3) 在机器设备中,部分属于动产,部分属于不动产或介于动产与不动产之间的固置物。属于动产的不需安装就可以移动使用。属于不动产中介于动产与不动产之间的固置物,需要永久地或在一段时间内以某种方式安装在土地或建筑物上,移动这些资产将可能导致机器设备的部分损失或完全失效。

(4) 影响机器设备磨损的因素很多,设备的磨损、失效规律不易确定,个体差异较大。确定贬值往往需要逐台对设备的实体状态进行调查、鉴定。

(5) 设备的贬值因素比较复杂,除实体性贬值外,往往还存在功能性贬值和经济性贬值。

3.1.3 机器设备评估的基本步骤

明确评估基本事项是所有评估业务开始前的首要工作,包括明确评估目的、确定价值类型、明确评估假设、明确评估对象和评估范围等事项。随着评估机构接受业务委托,项目组制订评估工作计划,评估工作进入实质性程序步骤。

1. 评估准备

(1) 指导委托方做好机器设备评估的基础工作。在评估的现场工作开始以前,委托方要做大量的基础工作,如填写机器设备评估申报表,对机器设备进行全面清查,对盘盈和盘亏的机器设备及时进行处理,将机器设备的明细账、实物卡片和有关技术资料准备好。

(2) 分析研究委托方提供的机器设备评估申报表及相关表格。评估人员应对委托方提供的待评估资产清册及相关表格进行审核和分析,审核委托方提供的有关资料是否满足评估工作的需要,有无错误和遗漏;同时根据委托方提供的资料,确定评估重点,制订评估方案,安排评估人员。

(3) 收集资料。广泛收集与本次机器设备评估有关的数据资料，为机器设备价值评估做好准备。

2. 现场工作

现场工作阶段是机器设备评估的第二个阶段，是机器设备评估的一个十分重要的步骤，在机器设备评估的现场工作中，要确定机器设备的实物与机器设备评估申报表是否相符，要对待评估机器设备进行必要的观察和技术鉴定，了解待评估机器设备的现状、磨损程度等情况。

(1) 核实评估对象。现场工作的第一项工作是对待评估机器设备进行清查核实，以确保评估对象的真实可靠。

(2) 按照评估重点，对待评估机器设备进行分类。在评估过程中，若机器设备的数量和种类较多，应突出重点，对待评估机器设备进行必要的分类。一种是按照机器设备的重要性进行分类，如ABC分类法，把价值大的设备作为A类；把价值小而数量多的设备作为C类；把介于A类和C类之间的设备作为B类。根据时间要求，对A、B、C三类设备投入不同的精力进行评估。另一种分类方法是按照设备的性质分为通用机器设备和专用机器设备，这样有利于资料搜集和合理配备评估人员。

(3) 对机器设备进行技术鉴定。对机器设备进行技术鉴定是现场工作的重点，其包括：①对机器设备的技术状况进行鉴定。其主要是对机器设备满足生产工艺的程度、生产精度和废品率，以及各种消耗和污染情况的鉴定，判断设备是否存在技术过时和功能落后情况。②对机器设备的使用情况进行鉴定。其主要是为了了解机器设备是否处于在用状态或闲置状态，了解在用机器设备的运行参数、故障率、零配件保证率；了解闲置机器设备闲置的原因、闲置机器设备的维护情况等。③对机器设备的质量进行鉴定。其主要是为了了解机器设备的制造质量、机器设备所处的环境对其质量的影响、机器设备的完整性等。④对机器设备的损耗程度进行鉴定。其主要是为了判断机器设备的有形损耗和无形损耗，有形损耗包括锈蚀、损伤、精度下降；无形损耗包括功能不足和功能过剩。

现场工作必须有详细完整的工作记录，这些记录将是价值评定的重要依据，也是重要的评估工作底稿。

3. 确定机器设备评估所需要的各种经济技术参数

在评估活动中，机器设备评估所需要的各种经济技术参数的确定取决于评估目的，因为评估目的不同，采用的评估方法也就不同，进而决定所需要的经济技术参数也就不同。评估人员应根据评估结果的具体用途、评估项目对评估结果的要求和评估方法，科学合理地确定评估所需要的各种经济技术参数。

4. 评定估算

机器设备评估应根据评估目的、价值类型及评估时所面临的各种条件，选择适宜的评估方法和途径，运用恰当的经济技术参数对待评估的机器设备的价值进行估算。在选择评估方法时，尽量选择高效、直接的方法。在评定估算时，有必要与委托方相关人员进行沟通，在保证资产评估工作独立性的前提下，可以听取委托方相关人员的合理化建议，以提高评估工作的效率和评估结果的相对合理性。

5. 撰写评估报告及评估说明

在评定估算阶段结束后，根据委托方的要求和行业管理机构的规定，撰写评估报告和评估说明。评估报告和评估说明的撰写应遵守中国资产评估协会制定的《资产评估准则——评估报告》。

6. 评估报告的审核和报出

评估报告撰写完成后，应经过评估机构三级复核，即项目负责人审核、部门经理审核和评估机构负责人审核。经审核确认评估报告无重大问题后，由资产评估师签字盖章和评估机构法定代表人签字并加盖评估机构公章，将评估报告送达委托人。

情境任务3.2　成本法在机器设备评估中的应用

成本法是指先确定资产的重置成本，然后扣除资产的各种贬值因素来估算资产价值的评估方法。采用成本法评估机器设备价值的计算公式为：

$$\text{机器设备的评估价值} = \text{机器设备的重置成本} - \text{机器设备实体性贬值额} - \text{机器设备功能性贬值额} - \text{机器设备经济性贬值额} \quad (3-1)$$

3.2.1　机器设备重置成本及其估算

1. 机器设备重置成市的构成

(1) 外购机器设备重置成本的构成。外购机器设备的重置成本主要包括机器设备自身的购置价格、运杂费、安装调试费等三项费用。由于外购机器设备包括国产机器设备和进口机器设备，其重置成本的构成也有一定的区别。

国产机器设备重置成本主要包括机器设备自身的购置价格、运杂费、安装调试费、大型机器设备在一定期限内的资金成本、其他必要合理的费用等。

进口机器设备的重置成本除包括国产机器设备重置成本的项目外，还包括进口机器设备时支付的有关税费，如关税、银行手续费等。

(2) 自制机器设备重置成本的构成。自制机器设备的重置成本主要包括制造成本、安装调试费用、大型自制设备合理的资金成本、合理利润、其他合理必要的费用(如设计论证等前期费用)等。

自制机器设备也可分为标准机器设备和非标准机器设备，对于标准机器设备的重置成本应参考专业生产厂家的标准机器设备的价格，运用替代原则合理确定自制标准机器设备的重置成本。

(3) 车辆重置成本。其计算公式为：

$$\text{国内购置车辆重置成本} = \text{车辆不含增值税价格} + \text{增值税} + \text{车辆购置税} + \text{运杂费} + \text{证照费} \quad (3-2)$$

其中：

$$\text{车辆购置税} = \text{车辆不含增值税价格} \times \text{车辆购置税税率} \quad (3-3)$$

通常，我们在汽车销售市场查询到的车辆销售价格为包含增值税的售价，计算车辆购置税时采用以下公式更为简便：

$$\begin{aligned}\text{车辆购置税} &= (\text{车辆含增值税售价} - \text{增值税}) \times \text{车辆购置税税率} \\ &= [\text{车辆含增值税售价} / (1 + \text{增值税税率})] \times \text{车辆购置税税率} \quad (3-4)\end{aligned}$$

$$\text{进口车辆重置成本} = \text{车辆价格(CIF)} + \text{进口关税} + \text{增值税} + \text{消费税} + \text{车辆购置税} + \text{国内运杂费} + \text{证照费}$$

【例3-1】 评估人员对某车辆进行评估，经调查该车辆发动机排气量为4L，在评估基准日市场售价为1 000 000元(含增值税售价)，增值税税率为17%，车辆购置税税率10%，证照费为4 000元，计算该车辆的重置成本。

$$\begin{aligned}\text{重置成本} &= 1\,000\,000 + [1\,000\,000/(1+17\%)] \times 10\% + 4\,000 \\ &= 1\,000\,000 + 85\,470 + 4\,000 \\ &= 1\,089\,470(\text{元})\end{aligned}$$

2. 外购国产机器设备重置成本的估算

外购国产机器设备是指企业购置的由国内厂家生产的各种通用机器设备及专用机器设备。该类机器设备在企业的机器设备中所占比例较大，是机器设备评估中的主要内容。对该类机器设备重置成本的估算应根据不同的情况采用不同的方法。

(1) 对于能够取得现行购置价格的机器设备，可采用市场询价法确定被评估机器设备的重置成本。该方法是通过市场调查，从生产厂家或销售部门取得被评估机器设备的购置价格，在此基础上再加上合理的运杂费、安装调试费以及其他费用估算被评估机器设备的重置成本。如果机器设备安装调试周期较长，则应考虑机器设备购置、安装调试过程中所占用的资金的利息。具体估算过程如下：

第一，外购单台不需安装机器设备重置成本的估算。其计算公式为：

$$\text{重置成本} = \text{全新机器设备评估基准日的公开市场成交价格} + \text{运杂费} \quad (3-5)$$

或：

$$= \text{全新机器设备评估基准日的公开市场成交价格} \times (1 + \text{运杂费费率}) \quad (3-6)$$

第二，外购单台需安装机器设备重置成本的估算。其计算公式为：

$$\text{重置成本} = \text{全新机器设备评估基准日的公开市场成交价格} + \text{运杂费} + \text{安装调试费} \quad (3-7)$$

或：

$$= \begin{matrix}\text{全新机器设备评估}\\\text{基准日的公开市场成交价格}\end{matrix} \times \left(1 + \begin{matrix}\text{运杂}\\\text{费率}\end{matrix} + \begin{matrix}\text{安装调}\\\text{试费率}\end{matrix}\right) \quad (3-8)$$

国产机器设备运杂费的估算。国产机器设备的运杂费是从生产厂家到安装使用地点所发生的装卸、运输、保管、保险及其他有关费用。机器设备运杂费的计算方法有两种：一种方法是根据机器设备的生产地点、使用地点以及重量、体积、运输方式和铁路、公路、船运、航空等部门的运输计费标准计算；另一种方法是以机器设备的原价的一定比率作为设备的运杂费率，以此来计算设备的运杂费。其计算公式为：

$$\text{国产机器设备运杂费} = \text{国产机器设备原价} \times \text{国产机器设备运杂费率} \quad (3-9)$$

表3-1为机械行业国产机器设备运杂费率表。

表3-1　　机械行业国产机器设备运杂费率表

地区类别	建设单位所在地	运杂费率	备　注
一类	北京、天津、河北、山西、山东、江苏、上海、浙江、安徽、辽宁	5%	指标中包括建设单位仓库离车站或码头50千米以内的短途运输费。但超过50千米时，按每超50千米增加0.5个百分点计算，不足50千米者，按50千米计算
二类	湖南、湖北、福建、江西、广东、河南、陕西、四川、甘肃、吉林、黑龙江、海南	7%	
三类	广西、贵州、青海、宁夏、内蒙古	8%	
四类	云南、新疆、西藏	10%	

国产机器设备安装调试费。国产机器设备的安装调试费的计算公式如下：

$$国产机器设备安装调试费 = 国产机器设备原价 \times 国产机器设备安装调试费率 \quad (3-10)$$

由于机器设备的性能及存在形式不同，其安装调试费用差异较大，安装调试费率，如表3-2所示。

表3-2 机器设备安装调试费率表

序 号	设 备 名 称	安装调试费率(按设备原价计)
1	轻型通用设备	0.5%～1%
2	一般机械加工设备	0.5%～2%
3	大型机械加工设备	2%～4%
4	数控机械及精密加工设备	2%～4.5%
5	铸造设备	3%～6%
6	锻造、冲压设备	4%～7%
7	焊接设备	0.5%～1.5%
8	起重设备	5%～8%
9	工业窑炉及冶炼设备	10%～20%
10	电梯	10%～25%
11	供、配电设备	10%～15%
12	蒸汽及热水锅炉(以主机价计算)	6%～12%
13	化工设备	8%～40%
14	快装锅炉	6%～12%
15	热处理设备	1.5%～4.5%
16	压缩机	10%～13%
17	冷却塔	10%～12%
18	泵站内设备	8%～12%

表3-2中费率包含设备的基础费用以及距离设备1.5米以内管路、由设备至配电箱之间的电气线路等。机组及成套设备的安装费未涉及。表3-2中安装调试费浮动率要根据具体的安装对象的安装工作量、难易程度来确定。

【例3-2】 某企业2012年购置一台设备，账面原值320 000元，评估基准日2017年8月31日进行评估，经过市场询价，得知该设备2017年评估基准日的市场销售价格为350 000元，运杂费2 500元，安装调试费6 500元。计算该设备的重置成本。

$$重置成本 = 350\,000 + 2\,500 + 6\,500 = 359\,000(元)$$

第三，外购成套需安装机器设备重置成本的估算。成套设备是指由多台(什)机器设备所组成的，具有相对独立的生产能力和一定收益能力的生产装置。对于成套设备重置成本的估算可采用一般单台设备重置成本的确定方法，但是由于成套设备中设备较多，建设过程中发生的一些整体费用，如设计费用、建设期利息等，很难分配计入各单台设备的评估值。因而，采用分项评估再加总的评估方式在实际应用中存在一定的不足。所以，应将成套设备作为一个完整的生产系统，采用成本法对成套设备整体确定评估值。其计算公式为：

$$\text{重置成本} = \text{单台未安装国产机器设备重置成本总和} + \text{工器具重置成本} + \text{安装工程费} + \text{工程监理费} + \text{软件重置成本} + \text{设计费} + \text{资金成本} \quad (3-11)$$

(2) 对于无法取得现行购置价格的机器设备,可采用功能价值类比法估算其重置成本。该方法是根据被评估机器设备的具体情况,寻找现有同类机器设备的市价、运杂费、安装调试费,得到同类机器设备的重置成本,然后将被评估机器设备的功能与同类机器设备的功能进行比较,调整得出被评估机器设备的重置成本。具体应用时包括生产能力比例法和规模经济效益指数法。

第一,生产能力比例法。当机器设备的功能与其成本呈线性关系时,可采用生产能力比例法估算机器设备的重置成本。其计算公式为:

$$\text{重置成本} = \text{参照物机器设备重置成本} \times \left(\text{被评估机器设备的功能} / \text{参照物机器设备的功能}\right) \quad (3-12)$$

式中,机器设备的功能一般用年产量(件、台、千瓦/时、吨)等表示。

【例3-3】 被评估机器设备的年生产能力为100吨,选择的与被评估机器设备具有相同性质和用途的全新参照物机器设备的年生产能力为120吨,参照物机器设备的重置成本(包括设备价格、运杂费和安装调试费)为12万元,经评估人员分析该类机器设备的功能和成本之间呈线性关系,计算该机器设备的重置成本。

$$\text{重置成本} = 12 \times (100/120) = 10(\text{万元})$$

第二,规模经济效益指数法。当机器设备的功能与其成本呈指数关系时,可采用规模经济效益指数法估算机器设备的重置成本。其计算公式为:

$$\text{重置成本} = \text{参照物机器设备重置成本} \times \left(\text{被评估机器设备的功能} / \text{参照物机器设备的功能}\right)^{x} \quad (3-13)$$

式中,x为规模经济效益指数,规模经济效益指数是通过统计分析取得的。在国外经过大量数据的测算,在机器设备评估中x取值一般在0.6~0.8。

【例3-4】 某被评估机组已使用3年,年生产能力为80 000件,评估时,选择了一套与被评估资产相似的机组,年生产能力为100 000件,重置成本为500万元,经查询该类机组的规模经济效益指数为0.66,计算被评估机组的重置成本。

$$\begin{aligned}\text{重置成本} &= 500 \times (80\,000/100\,000)^{0.66} \\ &= 500 \times 0.863\,1 \\ &= 431.53(\text{万元})\end{aligned}$$

(3) 对于无法取得机器设备现行购置价格,也无法获取同类机器设备重置成本的,可采用价格指数法估算被评估机器设备的重置成本。其计算公式为:

$$\text{重置成本} = \text{机器设备的历史成本} \times \left(\text{评估时该类机器设备的价格指数} / \text{购建时该类机器设备的价格指数}\right) \quad (3-14)$$

【例3-5】 某被评估机器设备购建于2007年,账面原值80 000元,购建时该类资产的价格指数为120%,2009年评估时价格指数为150%,计算该机器设备的重置成本。

$$\text{重置成本} = 80\,000 \times (150\% \div 120\%) = 100\,000(\text{元})$$

3. 进口机器设备重置成本的估算

进口机器设备重置成本的估算原理与国产机器设备重置成本的估算没有太大的区别，但是进口机器设备重置成本的构成比国产机器设备复杂一些，在评估过程中，如果能通过询价的方式查询到进口机器设备的现行离岸价(FOB)或到岸价(CIF)，是确定进口机器设备重置成本的最直接的方法，其计算公式为：

$$\text{重置成本}=\left(\text{FOB价格}+\text{境外途中保险费}+\text{境外运杂费}\right)\times\text{现行外汇汇率}+\text{进口关税}+\text{银行和其他手续费}+\text{国内运杂费}+\text{安装调试费} \quad (3-15)$$

$$\text{进口机器设备 CIF 价格}=\text{FOB价格}+\text{境外途中保险费}+\text{境外运杂费} \quad (3-16)$$

$$\text{进口关税}=\text{CIF 价格}\times\text{进口关税税率} \quad (3-17)$$

【例 3-6】 评估对象为 2006 年从美国进口的一台设备，评估人员了解到，现行该设备从美国进口的 FOB 价格为 1 600 万美元，境外运杂费为 FOB 价格的 5%，境外途中保险费为 FOB 价格的 4‰，该设备现行进口关税税率为 10%，增值税税率为 17%，银行财务费用约占 CIF 价格的 4‰，公司代理费约占 CIF 价格的 1%，国内运杂费占 CIF 价格的 1%，安装调试费占 CIF 价格的 1%，设备基础费占 CIF 价格的 2%。设备从订货到安装完毕投入使用需要 2 年时间，第一年投入的资金比例为 30%，第二年投入的资金比例为 70%，假设每年的资金为均匀投入，银行贷款利率 5%，评估基准日 2016 年美元兑换人民币的汇率为 6.825，试计算该进口设备的重置成本。

该设备的重置成本包括设备的货价、海外运输费用、海外保险费用、关税、增值税、银行财务费用、公司代理手续费、国内运杂费、安装调试费、基础费、资金成本。其计算过程，如表 3-3所示。

表 3-3　　进口机器设备重置成本计算表

序号	项　目	计费基数	费率	计算公式	金额
1	设备离岸价	FOB 价			US$16 000 000
2	国外海运费	FOB 价	5%	计费基数×海运费率	US$800 000
3	国外运输保险费	FOB 价＋海运费	0.40%	计费基数×保险费率	US$67 200
	到岸价(CIF)外币合计				US$16 867 200
一	CIF 人民币合计	外币额	6.825	CIF 价×外汇汇率	¥115 118 640
4	关税	CIF 价	10%	CIF 价×关税税率	¥11 511 864
5	增值税	CIF 价＋关税	17%	(CIF 价＋关税)×增值税率	¥21 527 185.68
6	银行财务费用	FOB 价	0.40%	FOB 价×银行手续费费率	¥436 800
7	公司代理手续费	CIF 价	1.00%	CIF 价×公司代理费费率	¥1 151 186.4
8	国内运杂费	CIF 价	1.00%	CIF 价×国内运杂费费率	¥1 151 186.4
9	安装费	CIF 价	0.60%	CIF 价×安装费费率	¥690 711.84
10	基础费	CIF 价	2.00%	CIF 价×基础费费率	¥2 302 372.8
二	合计				¥153 889 947.12
11	资金成本		5.00%	资金合计×30%×5%×(1＋1/2)＋资金合计×70%×5%×1/2	¥6 155 597.88
	重置成本合计	一＋二＋11			¥160 045 545

如果在评估过程中无法查询到进口机器设备的现行FOB价格或CIF价格，但可以获取国外替代机器设备的现行FOB价格或CIF价格，可采用功能价值类比法估算进口机器设备的重置成本。如果没有国外替代产品的现行FOB或CIF价格，也可利用国内替代机器设备的现行市场价格或重置成本推算被评估进口机器设备的重置成本。如果上述方法均不可行，可以采用价格指数法估算进口机器设备的重置成本，其计算公式为：

$$\begin{aligned}\text{重置成本}=&\left(\frac{\text{账面价值中用外币支付的机器设备部分的价值}}{\text{进口时的外汇汇率}}\times\text{进口机器设备生产国同类资产价格指数}\right.\\&\left.+\frac{\text{账面原值中用外币支付的境外运杂费部分的价值}}{\text{进口时的外汇汇率}}\times\text{境外运杂费及保险费价格指数}\right)\\&\times\text{评估基准日的外汇汇率}\times(1+\text{现行关税税率})\times(1+\text{其他税费率})\\&+\text{账面原值中用人民币支付的国内运杂费及安装调试费部分的价值}\times(1+\text{国内同类资产或费用价格变动指数})\end{aligned}\tag{3-18}$$

【例3-7】 某企业2014年8月从美国进口了一套设备，账面原值为865万元人民币。购建时以外汇支付部分为750万元，其中设备价款为655万元，境外运杂费及保险费为35万元，国内运费8万元，安装调试费为38万元。2016年对该进口设备进行评估，经调查分析得知，该类设备目前在美国市场的销售价格比2014年提高了10%，境外运杂费及保险费之和比2014年提高了5%，评估基准日2016年美元兑换人民币的汇率为6.825，2016年关税税率为10%，其他税费率为1.5%，2016年国内运杂费比2014年提高了6%，安装调试费提高了8%，计算该进口设备的重置成本。

经过评估人员查询，2014年8月中国银行外汇交易价格，美元与人民币的比价为1∶6.156。

$$\begin{aligned}\text{重置成本}&=\left[\frac{655}{6.156}\times(1+10\%)+\frac{35}{6.156}\times(1+5\%)\right]\times6.825\times(1+10\%)\times(1+1.5\%)\\&\quad+10\times(1+6\%)+38\times(1+8\%)\\&=937.35+10.60+41.04\\&=988.99(\text{万元})\end{aligned}$$

【例3-8】 某企业2010年从美国进口了一台设备，2016年进行评估。评估人员认为该设备的技术无论在国内还是在国外仍居先进水平，准备采用价格指数法对该设备的重置成本进行估算。经调查了解，从设备进口到评估基准日，进口设备在其生产国的价格提高了20%，境外运杂费及保险费提高了10%，国内运杂费及安装调试费提高了15%。在评估基准日按国家政策规定，该进口设备的进口关税税率为5%，评估基准日美元对人民币的汇率为6.825 0。从进口设备进口合同中得知，进口设备FOB价格为200万美元，境外运杂费及保险费为25万美元，从其他会计凭证中查出国内运杂费和安装调试费为80万元人民币，计算该进口设备的重置成本。

$$\begin{aligned}\text{重置成本}&=[200\times(1+20\%)+25\times(1+10\%)]\times6.825\,0\times(1+5\%)+80\times(1+15\%)\\&=2\,008.97(\text{万元})\end{aligned}$$

4. 自制机器设备重置成本的估算

自制机器设备是企业根据自身的需要，自行设计并制造或委托制造的机器设备。由于自制的机器设备一般为非标准机器设备，属于非通用机器设备，很难采用市场询价法估算其重置成本。如果市场上有相同功能的替代设备，可以将替代设备作为参照物，采用功能价值类比法估算重置成本。如果市场上没有相同功能的替代设备，一般采用重置核算法估算其重置成本。

重置核算法是利用成本核算的原理，根据机器设备建造时所消耗的材料、工时及其他费用，按现行价格或费用标准计算设备现行的制造成本及安装调试费用，然后加上合理的利息、利润，来确定被评估机器设备重置成本的方法。其计算公式为：

$$\text{重置成本}=\text{材料成本}+\text{人工成本}+\text{制造费用}+\text{安装调试费用}+\text{资金成本}+\text{合理利润} \tag{3-19}$$

【例3-9】 对某企业一台自制设备进行评估，评估人员从企业提供的会计资料中得知，该自制设备制造成本和安装调试费用，如表3-4和表3-5所示。

表3-4　　自制设备制造成本表

料、工、费消耗	数　量	单价(元)	金额(元)
钢材	20吨	2 000	40 000
铸铁	15吨	800	12 000
外协件	5吨	3 000	15 000
工时	5 000定额工时	30	150 000
制造费用	5 000定额工时	10	50 000
合　计			267 000

表3-5　　自制设备安装调试费用表

料、工、费消耗	数　量	单价(元)	金额(元)
水泥	10吨	300	3 000
钢材	2吨	2 000	4 000
工时	500定额工时	30	15 000
工程管理费用	500定额工时	10	5 000
合　计			27 000

评估人员经过市场调查和测算，在评估基准日钢材价格为3 500元/吨，铸铁价格为1 600元/吨，外协件价格为4 500元/吨，水泥价格为650元/吨，每定额工时工资为50元，每定额工时分别负担制造费用和工程管理费20元，由于该设备制造和安装调试时间较短，本次评估不考虑资金成本，该类企业平均成本利润率为20%，计算该自制设备的重置成本，如表3-6和表3-7所示。

表3-6　　自制设备制造成本及利润评估测算表

料、工、费消耗	数量	单价(元)	金额(元)
钢材	20吨	3 500	70 000
铸铁	15吨	1 600	24 000
外协件	5吨	4 500	22 500

续 表

料、工、费消耗	数量	单价(元)	金额(元)
工时	5 000 定额工时	50	250 000
制造费用	5 000 定额工时	20	100 000
制造成本合计			466 500
制造利润	20%	466 500	93 300

表 3-7　　自制设备安装调试费用评估测算表

料、工、费消耗	数量	单价(元)	金额(元)
水泥	10 吨	650	6 500
钢材	2 吨	3 500	7 000
工时	500 定额工时	50	25 000
工程管理费用	500 定额工时	20	10 000
安装调试费合计			48 500

$$\text{制造成本} = 20\times 3\,500 + 15\times 1\,600 + 5\times 4\,500 + 5\,000\times 50 + 5\,000\times 20 = 466\,500(\text{元})$$

$$\text{制造利润} = 466\,500\times 20\% = 93\,300(\text{元})$$

$$\text{安装调试费用} = 10\times 650 + 2\times 3\,500 + 500\times 50 + 500\times 20 = 48\,500(\text{元})$$

$$\text{重置成本} = 466\,500 + 93\,300 + 48\,500 = 608\,300(\text{元})$$

【例 3-10】 2017 年 6 月某企业拟以设备抵押，需要对非标准设备 M 的重置成本进行计算。其计算过程如下：

根据设备图纸，该设备主材主要是钢材，其净耗量为 12 吨，评估基准日钢材单价为不含税价格 4 800 元，设备构成中的主要外购件(电机、泵阀、风机等)不含税价格为 56 800 元。根据有关部门公布的概算取费标准：主材利用率为 85%，成本主材费率为 58%，成本利润率为 12%，销售税金率为 18.7%，设计费率为 15%，共生产量 3 台。

首先确定该设备主材费用：

$$\text{主材费} = \frac{12}{85\%}\times 4\,800 = 67\,764.71(\text{元})$$

$$\text{设备重置成本} = \left(\frac{67\,764.71}{58\%} + 56\,800\right)\times(1+12\%)\times(1+18.7\%)\times\left(1+\frac{15\%}{3}\right) = 242\,380.16(\text{元})$$

3.2.2　机器设备实体性贬值的估算

机器设备的实体性贬值，是指由于使用磨损和自然损耗而造成的贬值。机器设备在使用过程中，由于零部件受到摩擦、冲击、振动等，使得零件或部件产生磨损、疲劳等破坏，其结果是零部件的几何尺寸发生变化，精度降低，寿命缩短。机器设备在闲置过程中，由于受自然界中的有害气体、雨水、射线、高温、低温等的侵蚀，也会出现腐蚀、老化、生锈、变质等现象。机器设备的实体性贬值从制造完毕后就开始发生。即使没有投入使用，在闲置和存放过程中也会产生损耗，这种损耗与闲置存放的时间、存放的环境、条件有关。机器设备在使用过程中产生的损耗与其工作负荷、工作条件、维修保养状况有关。

机器设备实体性贬值的程度可以用实体性贬值额和实体性贬值率来反映。实体性贬值率是指实体性贬值额与重置成本的比率。其计算公式为：

$$实体性贬值率 = 实体性贬值额 / 重置成本 \quad (3-20)$$

全新机器设备的实体性贬值率为零，完全报废机器设备（假定无报废残值）的实体性贬值率为 100%。

机器设备的成新率是指其现时价值与重置成本的比率。它可以反映出被评估机器设备在评估基准日的新旧程度。机器设备的实体性贬值率与成新率的关系为：

$$实体性贬值率 = 1 - 成新率 \quad (3-21)$$

机器设备实体性贬值率、成新率的估算通常采用观察法、使用年限法和修复费用法进行确定。估算实体性贬值率、成新率时，要求评估人员拥有丰富的工程技术方向的知识与经验，不可机械地套用公式。

1. 观察法

观察法是评估人员根据对机器设备的现场技术检测和观察，结合机器设备的使用时间、实际技术状况、负荷程度、制造质量等因素，综合分析估算机器设备成新率的方法。机器设备的磨损一般会引起一些外在状况的变化，如振动和噪音增大、温度升高、精度下降、生产能力下降、能耗增大、故障率升高等。评估人员通过现场观察，查阅机器设备的历史资料，向操作人员询问机器设备的使用情况、使用精度、故障率、磨损情况、维修保养情况、工作负荷等，对所获得的信息进行分析、归纳、综合，依据经验判断机器设备的磨损程度及贬值率。有时也会使用一些简单的测量手段作为判断贬值的参考。在不具备测试条件的情况下，这种方法是比较常用的。

（1）在采用观察法估测机器设备成新率时，评估人员应注意观察以下情况：①机器设备的现时技术状态。②机器设备的实际使用时间。③机器设备的正常负荷率。④机器设备的原始制造质量。⑤机器设备的维修保养状况。⑥机器设备重大故障经历。⑦机器设备大修、技术改造情况。⑧机器设备工作环境及条件。⑨机器设备的外观和完整性。⑩评估人员认为需要考虑的其他情况。

（2）观察法的基本思路。运用观察法估测机器设备的成新率，在实际操作中有直接观察法和打分法两种具体方法。

第一，直接观察法。在运用该方法时，评估人员首先应确定和划分不同档次机器设备成新率的标准。一般是先确定两头，即全新或投入使用不久基本完好的机器设备和待淘汰报废处理的机器设备。然后再根据机器设备评估工作的要求，在全新机器设备和待报废机器设备之间划分若干个档次，并规定不同档次机器设备的技术经济参数标准。机器设备成新率评估参考表，如表 3-8 所示。

表 3-8　　机器设备成新率评估参考表

类别	新旧情况	技术参数标准参考说明	成新率
1	新设备及使用不久设备	新设备及使用不久设备。在用状况良好。能按设计要求正常使用，无异常情况	90%～100%
2	较新设备	已使用 1 年以上或经过第一次大修恢复原设计性能使用不久的设备，在用状态良好，能满足设计要求，未出现较大故障	65%～89%
3	半新设备	已使用 2 年以上或大修后已使用一段时间的设备，在用状态较好，基本上能达到设备设计要求，需经常维修以保证正常使用	40%～64%

续 表

类 别	新旧情况	技术参数标准参考说明	成新率
4	旧设备	已使用较长时间或经过几次大修，目前仍能维持使用的设备。在用状态一般，性能明显下降，使用中故障较多，经维护能满足工艺要求，可以安全使用	15%～39%
5	待报废处理设备	已超过规定使用年限或性能严重劣化，目前已不能正常使用或停用，即将报废等待更新	15%以下

评估人员根据《机器设备成新率评估参考表》，对照被评估机器设备的现状，判断机器设备的成新率。《机器设备成新率评估参考表》仅仅是机器设备成新率判断的经验数据，评估人员在实际评判机器设备成新率时，应广泛听取机器设备操作人员、管理人员和维修人员对机器设备的介绍和评判，切不可将该表作为确定成新率的唯一标准。

直接观察法的特点是相对简便、省时、易行，但主观性较强，精确度较差。一般适用于单位价值小、数最少、技术性不是很强的机器设备成新率的确定。

第二，打分法。打分法是按机器设备的构成部分分项，按各项的价值比重或贡献程度确定标准分（满分 100 分），然后根据对设备各部分实际状况的技术鉴定，通过打分来确定被评估机器设备的成新率。这种方法的特点是使单项设备的成新率的确定定量化，在一定程度上克服了主观随意性，使成新率的确定更加科学、合理。

【例 3-11】 评估一台车床，评估人员采用打分的方法确定该车床的成新率，如表 3-9 所示。

表 3-9　　机器设备（车床）成新率鉴定表

被评估单位：××机械制造有限公司　评估基准日：2016 年 10 月 31 日

设备名称	车床	规格型号	C6140	制造厂家	沈阳机床厂
购置时间	2014 年 8 月	已使用年限	2 年	大修情况	无

序号	项目	标准分	鉴定内容及使用情况	实际打分
1	机床精度	55	(1) 几何精度，如溜板在垂直平面内的直线度，主轴锥孔中心线径向跳动等指标是否达到设计及有关要求 (2) 工作精度，如精车轴类零件外圆的圆度和圆柱度、精车端面的平面度等指标是否达到有关要求	50
2	操作系统	5	变速及溜板操作手轮或手柄是否灵活轻便，丝杠和螺母之间的间隙是否过大	5
3	运动系统	10	包括主轴箱、进给箱的齿轮传动系统，各部位轴承有无振动及发热，各滑动面有无拉伤	9
4	润滑系统	10	润滑油泵出口压力是否达到额定值，油管是否泄漏，油路是否畅通	8
5	电气系统	15	电控箱中电流开断装置，如磁力启动器、交流接触器、空气断路器以及各种继电器触电有无烧损或接触不良，工作是否正常。电动机在运转中是否有发热升温超过正常值	12
6	外观及其他	5	机床附件是否齐全，安全保护装置是否完好，外观有无锈蚀、碰伤及油漆脱落等情况	5
合 计		100	成新率　88%	88

运用直接观察法和打分法估测机器设备成新率时，评估人员的专业水平和评估经验非常重要，评估机构应选派具有职业胜任能力的评估人员，必要时可聘请工程技术人员协助评

估人员的工作，以保证机器设备成新率估测的合理性。

2. 使用年限法

使用年限法是从机器设备使用寿命的角度来估算实体性贬值。这种方法假设机器设备有一定的使用寿命，在使用过程中，机器设备的价值随着使用年限的增加而同比例损耗。因而，机器设备的实体性贬值率可以用已使用年限与总使用年限之比来表示。使用年限法是假定机器设备在整个使用寿命期内，实体性贬值随时间的推移呈线性增长。其计算公式为：

$$\text{成新率}=\text{机器设备尚可使用年限}\Big/\left(\text{机器设备已使用年限}+\text{机器设备尚可使用年限}\right)\times 100\% \qquad (3-22)$$

从上式中可知，估算机器设备的成新率涉及三个参数：机器设备的总使用年限、机器设备的已使用年限和机器设备的尚可使用年限。

(1) 机器设备的总使用年限。机器设备的总使用年限即机器设备的使用寿命。机器设备的使用寿命分为物理寿命、技术寿命和经济寿命。机器设备的物理寿命是指机器设备从开始使用到报废为止所经过的时间。机器设备的物理寿命的长短取决于其自身质量、使用和维修状况等。机器设备的技术寿命是指机器设备从开始使用到因技术过时而退出使用所经过的时间。机器设备的技术寿命的长短取决于技术进步和技术更新的速度和周期。机器设备的经济寿命是指机器设备从开始使用到因继续使用该机器设备在经济上不合算而退出使用所经过的时间。机器设备的经济寿命与设备自身的物理性能、技术进步速度和机器设备使用的外部环境都有关系。

在进行机器设备评估时，机器设备总使用年限的确定首选经济寿命，这是国际评估行业通行的做法。

(2) 机器设备的已使用年限。机器设备的已使用年限是指机器设备从开始使用到评估基准日为止所经过的时间。在估算机器设备成新率时，机器设备已使用年限的选取应注意以下几个问题：

第一，已使用年限是机器设备已运行时间或已完成工作量的一种计量。它必须以设备的正常使用为前提，包括正常的使用时间和使用强度。例如，各种加工设备一般是以两班制生产为前提的。

第二，关于将已提折旧年限作为设备已使用年限的问题。折旧年限综合考虑了机器设备的物理寿命、技术进步因素、企业和国家税收的承受能力。但折旧年限不一定能完全反映出机器设备的磨损程度，因而机器设备的已提折旧年限与估算成新率时的机器设备已使用年限不完全相等。

在评估实践中，机器设备的已使用年限的确定，应综合考虑机器设备的名义使用年限、使用班次、使用强度和维修保养水平。

(3) 机器设备的尚可使用年限。机器设备的尚可使用年限，即机器设备的剩余使用寿命。从技术角度讲，应通过技术检测和鉴定来确定，但是，在资产评估工作中，对机器设备逐台(件)进行技术检测和鉴定是很难做到的。简便易行的办法是用机器设备的总使用年限减去已使用年限来求得尚可使用年限。这种方法对已使用年限较长的老设备不太适用，因为许多老设备的已使用年限甚至超过了机器设备预计总使用年限。这时必须直接估算其尚可使用年限，估算的依据是机器设备的实际状态和评估人员的专业经验。

对于国家明文限期淘汰禁止超期使用的机器设备，其尚可使用年限不能超过国家规定的时间，而不论该机器设备的现时技术状态如何。

对于经过大修，尤其是经过技术改造的机器设备，应适当延长其尚可使用年限或减少其已使用年限，这要根据技术人员的专业判断，也可采用以下公式计算：

$$成新率 = \frac{机器设备尚可使用年限}{}\bigg/\left(\frac{机器设备加权}{平均已使用年限}+\frac{机器设备尚}{可使用年限}\right)\times 100\% \tag{3-23}$$

机器设备加权平均已使用年限是以机器设备在购买和各次技术改造时的投资金额为权数以从每次投资到评估基准日的年限为已使用年限计算的加权平均已使用年限。

【例3-12】 被评估设备购建于2006年，账面原值为300 000元，2011年和2013年进行了两次技术改造，主要是增添了一些新的装置，投资额分别为50 000元和80 000元，以2016年12月31日为评估基准日对该资产进行评估，假设2006—2016年该类设备每年的价格上升率为5%，该设备尚可使用年限为5年，计算该设备的成新率。

(1) 调整计算设备的现行成本，计算过程，如表3-10所示。

表3-10　　该设备各年的现行成本表

投资日期	原始投资额(元)	价值变动系数	现行成本(元)
2006年	300 000	$(1+5\%)^{(2016-2006)}=1.63$	489 000
2011年	50 000	$(1+5\%)^{(2016-2011)}=1.28$	64 000
2013年	80 000	$(1+5\%)^{(2016-2013)}=1.16$	92 800
合　计	430 000		645 800

(2) 计算加权投资成本，计算过程，如表3-11所示。

表3-11　　该设备各年加权投资成本表

投资日期	现行成本(元)	投资年限(年)	加权投资成本(元)
1999	489 000	10	4 890 000
2004	64 000	5	320 000
2006	92 800	3	278 400
合　计	645 800		5 488 400

(3) 计算加权平均已使用年限。

$$加权平均已使用年限 = 5\,488\,400 \div 645\,800 = 8.50(年)$$

(4) 计算成新率。

$$成新率 = 5 \div (8.50+5)\times 100\% = 37.04\%$$

3. 修复费用法

修复费用法是以修复机器设备的实体性损耗，以便使之达到全新状态所需要支出的金额，作为被修复机器设备的实体性贬值的一种方法。修复费用法是假设机器设备所发生的实体性损耗是可以补偿的，则机器设备的实体性贬值就应该等于补偿实体性损耗所发生的费用。所用的补偿手段一般是通过修理或更换损坏部分。例如，某汽车的轮胎损坏，如果这辆汽车不存在其他贬值，则更换轮胎的费用即为该汽车的实体性贬值额。

使用修复费用法，评估人员要注意区分可修复性损耗和不可修复性损耗。可修复性损耗是指可以用经济上可行的方法修复的损耗，即修复这些损耗在经济上是合理的，而不只是指在技术方面是否可以修复。有些损耗尽管在技术上可以修复，但在经济上是不合算的，这种损耗是不可修复性损耗。不可修复性损耗不能用修复费用法计算贬值，一般可使用观察法或使用年限法计算。在大多数情况下，机器设备的可修复性损耗和不可修复性损耗是并存的，评估人员应分别计算它们的实体性贬值。

$$\text{实体性贬值额} = \text{机器设备可修复性损耗额} + \text{机器设备不可修复性损耗额} = \text{机器设备按修复费用法计算的实体性贬值额} + \text{机器设备按观察法或使用年限法计算的实体性贬值额} \quad (3-24)$$

$$\text{实体性贬值率} = \text{机器设备实体性贬值额} / \text{机器设备重置成本} \times 100\% \quad (3-25)$$

【例3-13】 评估一台数控铣床，重置成本300万元，已使用2年，其经济使用寿命为20年，该机器的数控部分已损坏，更换数控部分的费用为30万元，其他部分正常，计算该评估机器设备的实体性贬值额和实体性贬值率。

可修复性损耗：数控部分的损坏是可修复的，修复费用为20万元。按修复费用法确定的实体性贬值额为30万元。

不可修复性损耗：设备使用2年形成的磨损为不可修复性损耗。按使用年限法确定实体性贬值率为3/30=10%，按使用年限法确定的实体性贬值额为：

$$\text{不可修复性损耗额} = (300-30) \times 10\% = 27(\text{万元})$$
$$\text{实体性贬值额} = \text{可修复性损耗额} + \text{不可修复性损耗额} = 30 + 27 = 57(\text{万元})$$
$$\text{实体性贬值率} = 57/300 \times 100\% = 19\%$$

在使用修复费用法时，应注意修复费用中是否包含了机器设备更新改造的支出，以避免在功能性贬值计算中漏计或重计。

修复费用法在机器设备评估中广泛使用，特别是对定期需更换易损件的机器设备，如纺织机械、生产线等机器设备成新率的计算更为适用。

3.2.3　机器设备功能性贬值的估算

机器设备的功能性贬值主要是由于技术进步所引起的，主要表现为两种形式：第一种功能性贬值是由于技术进步引起劳动生产率的提高，使得生产与原功能相同的机器设备的社会必要劳动时间减少，成本降低，造成原有机器设备的贬值。这种功能性贬值具体表现为原有价值中超额投资成本将不被社会承认。第二种功能贬值是由于技术进步出现了新的、性能更好的机器设备，使原来的机器设备相对贬值。这种功能性贬值具体表现为在完成相同生产任务时，消耗的原材料、燃料、动力和人工成本增加，形成了超额运营成本。因而，机器设备的超额投资成本和超额运营成本是分析判断功能性贬值的基本依据。

1. 超额投资成市形成的功能性贬值的估算

机器设备的超额投资成本等于该机器设备的更新重置成本与其复原重置成本的差额。由于超额投资成本形成的功能性贬值的计算公式为：

$$\text{机器设备功能性贬值} = \text{机器设备复原重置成本} - \text{机器设备更新重置成本} \quad (3-26)$$

机器设备的复原重置成本很难直接获得，在评估时，也不一定要取得机器设备的复原重置成本，因为若将机器设备的更新重置成本作为机器设备的重置成本，那么，重置成本中就已经剔除了被评估机器设备中的超额投资成本。在评估时，如果可以直接确定机器设备的更新重置成本，则不需要再计算机器设备的复原重置成本，超额投资成本引起的功能性贬值也不需要单独计算。

2. 超额运营成本形成的功能性贬值的估算

超额运营成本形成的功能性贬值一般按以下几个步骤测算：

(1) 选择参照物，将参照物的年运营成本与被评估机器设备年运营成本进行对比，计算出被评估机器设备的年超额运营成本。

(2) 估算被评估机器设备的剩余使用年限或剩余工作量。

(3) 按被评估机器设备所在企业适用的所得税税率计算因超额运营成本而抵减的所得税，从而计算出年净超额运营成本额。

(4) 选择适当的折现率将被评估机器设备在剩余使用年限中每年的净超额运营成本折现并累加，即可计算出被评估机器设备的功能性贬值额。

【例3-14】 某被评估企业有一条生产线，正常生产时需要5名操作人员，当前同类生产线仅需2名操作人员，经调查该生产线操作人员年工资费用为15 000元，该生产线与参照物在运营成本其他项目方面基本一致，估计该生产线尚可使用5年，所得税税率为25%，折现率为8%，计算该生产线的功能性贬值额。

(1) 计算该生产线的年超额运营成本。

$$年超额运营成本 = 15\,000 \times (5-2) = 45\,000(元)$$

(2) 计算该生产线年净超额运营成本。

$$年净超额运营成本 = 45\,000 \times (1-25\%) = 33\,750(元)$$

(3) 根据年净超额运营成本计算该生产线的功能性贬值。

$$功能性贬值 = 33\,750 \times (P/A, 8\%, 5) = 33\,750 \times 3.992\,7 = 134\,753.62(元)$$

功能性贬值是在采用成本法评估机器设备时需要考虑的一个因素，机器设备的功能性贬值一般多发生在新兴产业、高技术产业以及技术含量较高的机器设备上，评估人员在评估这些机器设备时应关注是否存在功能性贬值。

3.2.4 机器设备经济性贬值的估算

机器设备的经济性贬值是因外界因素影响而引起的机器设备贬值。例如，产品需求的减少、市场竞争的加剧、原材料供应情况的变化、通货膨胀、高利率、政府法律和政策的变化以及环境保护因素等。它最终表现为机器设备利用率下降、闲置、使用年限缩短、获取的收益额减少等。

机器设备经济性贬值的估算主要是以评估基准日以后是否闲置、停用或利用不足为估算依据。计算经济性贬值的对象包括生产线或机组、大型重要设备等。对小型单台设备、季节使用设备、辅助生产设备通常不单独计算经济性贬值。在评估基准日以后将不再使用的机器设备由于按其变现价值作为评估值，不计算其经济性贬值。

由于设备利用率下降而使设备相对闲置造成其原有投资额损失的，经济性贬值率计算公式为：

$$\text{经济性贬值率} = \left[1 - \left(\frac{\text{机器设备预计可被利用的生产能力}}{\text{机器设备原设计生产能力}}\right)^x\right] \times 100\% \quad (3-27)$$

其中，x 为规模经济效益指数，在实践中一般采用经验数据。在机器设备评估中，x 的取值一般为0.6～0.8。

经济性贬值额一般是以机器设备的重置成本乘以经济性贬值率获得的。其计算公式为：

$$\text{经济性贬值额} = \text{重置成本} \times \text{经济性贬值率} \quad (3-28)$$

【例3-15】 某家电生产企业，其电冰箱生产线年生产能力为50 000台，由于市场竞争的加剧，企业不得不将电冰箱的产量限定在30 000台(假定销售价格和其他销售条件未变)，这种情况在可以预见的将来不会改变，规模经济效益指数取0.6，计算该生产线的经济性贬值率。

$$\text{经济性贬值率} = [1 - (30\,000 \div 50\,000)^{0.6}] \times 100\% = (1 - 0.74) \times 100\% = 26\%$$

假如该生产线的重置成本为5 500万元，则该生产线的经济性贬值额为：

$$\text{经济性贬值额} = 5\,500 \times 26\% = 1\,430(\text{万元})$$

如果机器设备由于外界因素变化所造成的收益额的减少能够测算出来，可以按机器设备继续使用期间每年的收益损失额的现值累加得出机器设备的经济性贬值额。其计算公式为：

$$\text{经济性贬值额} = \text{机器设备年收益损失额} \times (1 - \text{所得税税率}) \times (P/A, r, n) \quad (3-29)$$

【例3-16】 依上例，若该企业不降低电冰箱的生产量，要将产品销售出去，估计单台产品须降价100元，经估计该生产线还能使用5年，企业所在行业的投资回报率为8%，销售税费率为5%，所得税税率为25%，计算该生产线的经济性贬值额。

$$\begin{aligned}\text{经济性贬值额} &= (50\,000 \times 100) \times (1 - 5\%) \times (1 - 25\%) \times (P/A, 8\%, 5) \\ &= 5\,000\,000 \times 0.95 \times 0.75 \times 3.992\,7 = 14\,223\,993(\text{元})\end{aligned}$$

在实际评估工作中，机器设备的功能性贬值和经济性贬值有时可以单独计算，有时不能单独计算，这就要分析在机器设备的重置成本和成新率的估算中考虑了哪些因素。在评估过程中，要避免重评和漏评贬值因素。

情境任务3.3　市场法和收益法在机器设备评估中的应用

机器设备评估除采用成本法外，还可以采用市场法和收益法进行评估。

3.3.1　市场法在机器设备评估中的应用

机器设备评估的市场法是指通过对市场近期同类或类似机器设备的成交价格进行分析、对比调整计算出被评估机器设备的评估值。市场法适用于对有成熟的市场、交易比较活跃的机器设备的评估，如汽车、飞机、计算机等。

1. 机器设备评估市场法的比较因素

在使用市场法评估机器设备的过程中，很重要的一项工作是将参照物与评估对象进行比较。在比较之前，评估人员首先要确定哪些因素可能影响机器设备的价值。一般来讲，机器设备的比较因素可分为四大类，即个别因素、交易因素、时间因素和地域因素。

(1) 个别因素。机器设备的个别因素一般指反映机器设备在结构、形状、尺寸、性能、生产能力、安装、质量、经济性等方面差异的因素。个别因素具体包括机器设备的名称、型号规格、生产能力、制造厂家、技术指标、附件、设备的出厂日期、役龄、安装方式、实体状态等。

(2) 交易因素。机器设备的交易因素是指交易动机和交易背景对交易价格的影响，不同的交易动机和交易背景都会对设备的出售价格产生影响。例如，以清偿、快速变现或带有一定优惠条件的出售，其售价往往低于正常的交易价格。另外，交易数量也是影响机器设备售价的一个重要因素，大批的购买价格一般要低于单台购买价格。

(3) 时间因素。不同交易时间的市场供求关系、物价水平等不同，评估人员应选择交易日期与评估基准日接近的交易实例作为参照物，并对参照物的时间影响因素做出调整。

(4) 地域因素。由于不同地区市场供求条件等因素的不同，机器设备的交易价格也会受到影响，参照物应尽可能与被评估对象在同一地区。如果评估对象与参照物存在地区差异，则需要做出调整。

2. 采用市场法评估机器设备的步骤

(1) 收集有关机器设备的交易资料。评估人员应进行市场调查，收集与评估对象相同或类似的机器设备的交易实例资料。所收集的资料包括机器设备的交易价格、交易日期、规格型号、生产厂家、生产日期、已使用时间以及机器设备的性能结构、新旧程度等。同时，对收集的资料进行查实，保证所收集资料的真实性和可靠性。

(2) 选择可供比较的交易实例作为参照物。根据评估的特定目的和被评估机器设备的有关技术经济指标，按照可比性原则，选取参照物。选取参照物时，首先考虑将市场上已成交的相同或相似的机器设备作为参照物。如果市场上没有与被评估机器设备相同或相似的成交机器设备，也可以考虑有标价或报价的相同或相似机器设备作为参照物，但要剔除标价或报价中不实的部分。

(3) 量化和调整交易情况差异。机器设备的交易价格会受到供求状况、交易数量、付款方式的影响。对于因交易情况因素引起的价格偏高或偏低的情况进行量化和调整。

(4) 量化和调整品牌、质量等方面的差异。同一类型的机器设备由于生产厂家的不同，产品质量和销售价格也存在差别。评估人员应对因生产厂家、品牌、质量等对交易价格的影响进行量化，并对这些因素进行调整。

(5) 量化和调整结构、性能等方面的差异。机器设备规格、型号及结构上的差异会反映在机器设备的功能和性能的差异上，如生产能力、生产效率、运营成本等方面的差异。评估人员运用功能价值法和超额运营成本折现法可以将被评估机器设备与参照物在结构、规格、型号、性能等方面的差异进行量化和调整。

(6) 量化和调整新旧程度方面的差异。由于被评估机器设备与参照物在新旧程度上往往不一致，评估人员要考虑新旧程度的不同对机器设备成交价格的影响。其计算公式为：

$$\text{新旧程度差异} = \text{参照物交易价格} \times (\text{被评估机器设备成新率} / \text{参照物成新率}) \quad (3-30)$$

上述公式在机器设备交易价格与其成新率呈线性关系的假设下成立，在实际评估业务中，只有当成新率变动幅度较小的情况下，机器设备的价值与其成新率才能近似看成线性关系，因此，要求被评估机器设备与参照物的成新率相差不能太大。

(7) 量化和调整交易日期的差异。评估人员应尽可能选择离评估基准日较近的交易实例，这样就可以减少对交易日期因素差异的调整。如果交易日的交易价格与评估基准日的交易价格发生变化，可利用同类机器设备的价格指数进行调整。其计算公式为：

$$\text{修正为评估基准日的参照物价格} = \text{参照物交易日的成交价} \times \left(\frac{\text{评估基准日价格指数}}{\text{交易日价格指数}}\right) \quad (3-31)$$

(8) 确定被评估机器设备的评估值。对上述各差异因素量化和调整后，得出初步评估结果。对初步评估结果进行分析，采用加权平均法或算术平均法确定最终评估结果。

3. 采用市场法评估机器设备举例

【例3-17】　对某企业一台机床进行评估，评估人员经过市场调查，选择本地区近几个月已经成交的同种机床的3个交易实例作为参照物，评估对象和参照物的情况，如表3-12所示。

表3-12　评估对象和参照物情况表

项　目	参照物A	参照物B	参照物C	评估现象
交易价格	20 000	13 000	21 000	
交易状况	公开市场	公开市场	公开市场	公开市场
生产厂家	上海	济南	上海	沈阳
交易时间	6个月前	5个月前	1个月前	
成新率	80%	60%	75%	70%

评估人员经过调查分析，上述3个交易实例均是在公开市场上销售的，不存在受交易状况因素影响，影响交易价格的因素主要是生产厂家(品牌)、交易时间和成新率。

(1) 生产厂家(品牌)因素分析和调整。经评估人员调查，在机床行业，上海某机床厂生产的机床比国内其他机床厂生产的同类机床销售价格高25%。则参照物A、B、C的修正系数分别为100/125、100/100、100/125。

(2) 交易时间因素分析和调整。经评估人员调查，近半年来，该类机床的销售价格每月上升2%左右。则参照物的修正系数为：

$$\text{参照物A的修正系数} = (1+2\%)^6 = 1.126\,2$$

$$\text{参照物B的修正系数} = (1+2\%)^5 = 1.104\,1$$

$$\text{参照物C的修正系数} = (1+2\%)^1 = 1.02$$

(3) 成新率因素分析和调整。参照物A、B、C的修正系数分别为70/80、70/60、70/75。

(4) 计算参照物A、B、C因素修正后的价格，得出初步评估结果。

$$\text{参照物A修正后的价格} = 20\,000 \times 100/125 \times 1.126\,2 \times 70/80 = 157\,66.80(\text{元})$$

$$\text{参照物B修正后的价格} = 13\,000 \times 100/100 \times 1.104\,1 \times 70/60 = 16\,745.52(\text{元})$$

$$\text{参照物C修正后的价格} = 21\,000 \times 100/125 \times 1.02 \times 70/75 = 15\,993.60(\text{元})$$

(5) 确定评估价值。由于参照物A、B、C修正后的价格比较接近，说明均为有效参照物，评估人员决定采用算术平均法计算最终评估价值。

$$\text{被评估设备的评估价值} = (15\,766.80 + 16\,745.52 + 15\,993.60)/3 = 16\,168.64(\text{元})$$

3.3.2 收益法在机器设备评估中的应用

利用收益法评估机器设备是通过预测机器设备的获利能力，对其未来的净利润或净现金流量按一定的折现率折算为现值，作为被评估机器设备的价值。使用这种方法的前提条件有两个：一是要能够确定被评估机器设备的净利润或净现金流量；二是能够确定合理的折现率。一般来讲，大部分单项设备不具有独立的获利能力，所以单项设备通常不采用收益法评估。对于自成体系的成套设备、生产线和可以单独作业的车辆等设备，可以采用收益法进行评估。另外，用于出租的机器设备，其价值可以采用收益法评估。

【例3-18】 评估某用于出租的机器设备，评估人员决定采用收益法。评估人员根据市场调查，被评估机器设备的年租金为20 000元，根据被评估机器设备的现状，确定该用于出租的机器设备的收益期为10年，该机器设备使用到期报废时，可收回残值5 000元，若折现率为10%，计算该机器设备的评估值。

$$\begin{aligned}\text{机器设备的评估价值} &= 20\,000 \times (P/A, 10\%, 10) + 5\,000 \times (P/F, 10\%, 10) \\ &= 20\,000 \times 6.144\,6 + 5\,000 \times 0.385\,5 = 124\,819.50(\text{元})\end{aligned}$$

【案例3-1】 成本法机器设备评估

1. 评估目的：冰城工具厂拟进行股份制改制，须对该企业的机器设备进行评估。

2. 评估基准日：2016年12月31日。

3. 评估方法的选择：本次机器设备的评估采用成本法。

4. 评估取价依据：

(1) 国家机电产品价格中心编《2016年机电产品报价手册》。

(2) 评估基准日当月《全国汽车报价及评估》《电子市场》。

(3)《资产评估常用数据与参数手册》北京科学技术出版社。

(4) 向生产厂家及经销商询价。

5. 评估对象说明。

冰城工具厂是国家量刃具行业重点制造企业，1956年建厂，1958年正式投产，是我国生产精密复杂刀具的大型骨干企业，产品包括滚齿、拉削、铣刀、绞刀、钻头、车刀等8个大类，185个品种，2万余规格。

冰城工具厂拥有各类主要生产设备2 100台(套)。其中：大型、精密、数控设备193台，设备分布在全厂锻工、滚齿刀具、拉削刀具等16个生产分厂和21个管理部室，设备类别包括冶炼、锻造、动力、热处理和专用工具生产设备以及通讯、运输、仪器仪表、计算机、办公等设备13大类，设备原值1 766 256 262.96元，设备净值896 863 823.36元，其中车辆原值：8 396 478.65元，净值5 375 938.52元。

上述设备多数为建厂初期购置的通用机械和专用刀具生产设备和部分早期进口设备，20世纪80年代以前购置的设备约占55%，这些设备由于使用时间长，多数技术老化，磨损严重，精度丧失，加之刀具行业加工切削量大，加工对象多为硬质合金钢，机床负荷大、振动大、速度快，传动零件极易磨损，影响使用寿命，设备技术状况较差。20世纪八九十年代购进的设备仅占设备总数的30%左右，这些设备技术状况尚能满足生产的需要。这期间冰城工具厂为满足刀具行业振兴和发展国产汽车工业的需求，企业先后从国外引进和国内购置部分高、精、尖技术设备，如1995年从美国MVLTI-ARC公司引进了氮化钛、碳化钛涂层技术设备(PVD)，以提高刀具硬度和耐磨性，从而增加刀具寿命，2003年从西班牙引进福萨公司(FHUSA)装配式圆磨法磨刀生产线，大大提高齿轮磨刀的产量和质量，“九五”初期又自行研制了高压真空炉，购置了数控车床和数控铣床，1987年从日本引进了滚刀检查仪等大型设备，这些设备在当时生产中发挥了骨干作用。由于设备更新速度加快和轿车行业不断发展对刀具行业提出新的要求，上述设备或已技术落后，或已不能满足新产品和新工艺的发展需要，产生了功能性贬值和一定的经济性贬值，目前呈陈旧落后的趋势。

鉴于冰城工具厂管理制度比较健全，设备维修及时，并在资金困难的情况下对部分设备进行了更新改造。目前设备总体技术水平和质量状况勉强能满足生产工艺的需要。

6. 评估过程。

依据冰城工具厂提供的固定资产台账、机器设备评估明细表、大型设备和进口设备的合同书、原始发票和有关技术资料，在抽查核实台账的基础上，深入现场逐台调查，了解生产工艺流程、了解设备实际使用负荷、维护保养和设备实际技术状态。走访有关技术人员和管理人员，对重点设备、进口设备的技术质量状况进行调查，对其技术进步和功能性损耗进行调查，收集有关进口设备的币种、汇率变动以及关税等有关资料，以作为评估的依据。冰城工具厂提供的设备原值已包括设备的买价、运杂费和安装调试费，进口设备除包括以上费用外还包括各种税费和银行手续费及保险费等费用。

(1) 估算重置成本。

第一，对在评估基准日国内仍继续生产的各类设备，其重置成本按评估基准日的市价加计一定比例运杂费和安装调试费，大型设备加计资金成本，运杂费视产地、安装调试费视设备复杂程度而定。

第二，对在评估基准日国内已不再生产的各类设备其重置成本按其类似或替代产品的现行市价再加计运杂费和安装调试费确定。

第三，对市场价格资料不全的设备及部分自制设备重置成本按同类设备的价格指数确定。

第四，对进口设备，国内有替代产品的其重置成本参考国内替代或类似产品的市价加计一定比例的运杂费、安装调试费确定；对国内尚无替代产品的，直接向生产厂家、国内代理商询价，在核实其报价真实性的基础上，按评估基准日人民币与外币的汇率折算成现价，同时考虑其他相关费用确定；对无法询价的进口设备，按进口时的到岸价(CIF)考虑该进口设备价格的变动情况，按评估基准日人民币与外币的汇率折算为人民币，再加计各种进口税费、手续费和资金成本确定。

第五，汽车车辆重置成本按评估基准日市场价格加计车辆购置税和牌照杂费确定。

第六，待报废设备和超期服役设备，其精度丧失、技术老化、磨损严重，经与企业有关技术人员现场鉴定后，按其原值的3%～5%计算评估值。

(2) 确定成新率。企业通过对被评估设备使用状况的现场调查，查阅有关设备修理改造记录，根据设备的平均寿命，参照设备的实际技术状况、使用负荷、维修保养情况综合分析确定成新率。

第一，一般设备成新率的确定。

$$成新率 = 尚可使用年限 /(已使用年限 + 尚可使用年限) \times 100\%$$

第二，大型设备成新率的确定。按使用年限法与技术状况鉴定法确定综合成新率，使用年限成新率占40%,技术状况成新率占60%。

使用年限成新率＝尚可使用年限÷(已使用年限＋尚可使用年限)×100%

技术状况成新率＝技术状况鉴定分值×100%

综合成新率＝使用年限成新率×40%＋技术状况成新率×60%

车辆成新率按照年限法和行驶里程法孰低的原则,取数值低的。

年限成新率＝尚可使用年限/(已使用年限＋尚可使用年限)×100%

里程法成新率＝(法定行驶里程－已行驶里程)/法定行驶里程

(3) 确定设备经济寿命。机械加工设备18年、铸造设备14年、动力变配电设备18年、仪器仪表10年、工业锅炉12年、运输车辆10年、通讯设备10年、办公设备10年、计算机5年。

【案例3-2】 某专用机床评估

国外进口某专用机床,该机床系2010年从西班牙购置,2010年12月投入使用,账面原值988 673.45元。该机床有极高的工作精度,目前国内无替代产品。技术质量状况良好,但控制系统老化,反应慢,液压系统有泄露,长时间运转压力不稳定。

该机床为圆磨法齿轮磨刀生产专用设备,由于有较高的工作精度,目前国内尚无替代产品。其特点为专用性强,主要用于轻卡、农用车、摩托车专用齿轮滚齿刀具的制造。评估人员了解到该设备的现行价格为CIF价121 800美元。评估基准日2016年12月31日美元对人民币的汇率为6.967 2,关税税率为10%。

第一,重置成本的确定。

表3-13　　进口机器设备重置成本计算表

序号	项目	计费基数	费率	计算公式	金额
1	设备离岸价				US$121 800.00
2	国外海运费	设备离岸价	5%	计费基数×海运费率	US$6 090.00
3	国外运输保险费	设备离岸价＋海运费	0.50%	计费基数×保险费率	US$639.45
	到岸价(CIF)外币合计				US$128 529.45
一	CIF人民币合计	外币额	6.967 2	CIF价×外汇汇率	￥895 490.38
4	关税	CIF价	5%	CIF价×关税税率	￥44 774.52
5	增值税	CIF价＋关税	17%	(CIF价＋关税)×增值税税率	￥159 845.03
6	银行财务费用	设备离岸价	0.40%	FOB价×银行手续费费率	￥3 394.42
7	公司代理手续费	CIF价	1.00%	CIF价×公司代理费费率	￥8 954.90
8	国内运杂费	CIF价	2%	CIF价×国内运杂费费率	￥17 909.81
9	安装费	CIF价	1.2%	CIF价×安装费费率	￥10 745.88
10	基础费	CIF价	1.5%	CIF价×基础费费率	￥13 432.36
二	合计				￥1 154 547.30
11	资金成本		5%	资金合计×资金成本费率×合理工期×1/2	￥27 420.50
重置成本合计		一＋二＋11			￥1 181 967.80

重置成本为 1 181 967.80（元）

第二，成新率确定。按综合成新率计算。

使用年限成新率＝尚可使用年限/(已使用年限＋尚可使用年限)×100%
＝12/(6＋12)×100%＝66.67%

式中，2010 年 12 月至评估基准日已使用 6 年，使用寿命按 18 年计，尚可使用 12 年。

技术状况成新率＝技术状况鉴定分值×100%＝70×100%＝70%

综合成新率＝66.67%×40%＋70%×60%＝69%

技术状态鉴定分值，如表 3－14 所示。

表 3－14　磨槽机技术鉴定表

序号	设备部分	设备技术状态	标准分	评估分
1	导轨无间隙滚动精度	≤1 μ	50	40
2	分度板精度	良好	15	10
3	磨头转速	4 100 转/分	10	8
4	气动检测装置	自动检测	10	7
5	液压系统	长时间运转压力不稳	5	2
6	控制系统	陈旧老化反应慢	5	2
7	其他	尚可维持使用	5	1
合计			100	70

第三，评估价值。

评估价值＝重置成本×成新率＝1 181 967.80×0.69＝815 557.78（元）

【案例 3－3】 数控立式铣床评估

S8J4—1 数控立式铣床，设备编号：006—1 型 S8J4—1；工作台面尺寸：381mm×965mm，长征机床厂 2008 年生产，2009 年 6 月使用，账面原值 398 334.00 元。经评估人员现场调查，该机床可钻孔、镗孔、铰孔、攻丝、铣圆槽、方槽平面，该机床使用美国通用公司 MCI 数控系统。经现场勘察几何精度、工作精度能基本满足生产和工艺要求，数控系统已经老化，运行不稳定。立铣头设计不能搬动角度，运用范围小，目前技术状况和运行状况稍差。

第一，重置成本确定。经调查该设备控制系统为第一代产品，1.0 版目前已经不再生产。第二代控制系统 2.0 版，使用该数控系统的立式铣床市场价格为 386 000 元，经比较确定该设备的现行市价为 316 000 元。运费按市价 2%计，安装调试费按市价 3%计，基础费按 1%计。

重置成本＝316 000×(1＋0.02＋0.030＋0.01)＝334 960(元)

第二，成新率的确定。按使用年限法和技术状况法综合确定。

该数控机床，2009 年 6 月至评估基准日已使用 7.5 年，使用寿命按 18 年计，尚可使用年限为 10.5 年。

使用年限成新率＝尚可使用年限÷(已使用年限＋尚可使用年限)×100%
＝10.5÷(7.5＋10.5)×100%＝58.33%

技术状况成新率＝技术状况鉴定分值×100%＝60×100%＝60%

综合成新率＝58.33%×40%＋60%×60%＝59%

技术状况鉴定分值,如表 3-15 所示。

表 3-15　S8J4—1 数控式铣床技术鉴定表

序号	设备部位(或参数)	技术状态	标准分	评估分
1	工作精度	能满足工艺要求	50	40
2	导轨	有轻微磨损	15	10
3	立铣头	设计不能搬角度、不好用	10	2
4	传动系统	有磨损	5	2
5	数控系统	系统工作不稳定	10	2
6	液压及润滑	一般	5	2
7	外观	一般	5	2
合计			100	60

第三,评估价值。

评估价值 = 重置成本 × 成新率 = 334 960 × 0.59 = 197 626.4(元)

【案例 3-4】 依维柯面包车评估

依维柯面包车,型号 3.0T-A42,16 座,南京汽车制造厂 2010 年生产,2011 年 6 月使用,原值 273 600 元,净值 95 586.16 元。经评估人员现场调查,该车发动机号 9887,车架号 03421,车体白色,发动机未经大修,运行状态良好,已行驶 166 000 公里,外观喷漆良好。

第一,重置成本确定。经调查该车在评估基准日市场售价 210 000 元(不含增值税),增值税税率 17%,车辆购置税率 10%,牌照杂费 1 500 元。

重置成本 = 市场售价 + 增值税 + 车辆购置税 + 牌照费
= 210 000 × (1 + 0.17 + 0.10) + 1 500
= 268 200(元)

第二,成新率的确定。首先按使用年限法计算,2011 年 6 月至评估基准日已使用 5.5 年,总使用年限为 10 年,尚可使用 4.5 年,年限法成新率计算如下:

年限成新率 = 尚可使用年限 ÷ (已使用年限 + 尚可使用年限) × 100%
= 4.5 ÷ (5.5 + 4.5) × 100%
= 45%

然后再按行驶里程法计算,2011 年 6 月至评估基准日已行驶 156 000 公里,设计使用寿命 30 万公里,里程法成新率计算如下:

里程法成新率 = (法定行驶里程 − 已行驶里程) ÷ 法定行驶里程
= (300 000 − 156 000) ÷ 300 000
= 48%

按照年限法和行驶里程法孰低的原则,成新率取 45%。

第三,评估价值。

评估价值 = 重置成本 × 成新率
= 268 200 × 45%
= 120 690(元)

思考与练习

一、单项选择题

1. 需要安装的设备，且安装周期很长。其重置成本不仅需要考虑正常费用，而且需要考虑(　　)。

A. 调试费用　　B. 安装费用　　C. 运输费用　　D. 资金成本项

2. 技术进步可能会引起设备(　　)。

A. 功能性贬值　　B. 经济性贬值　　C. 实体性贬值　　D. 无形贬值

3. 更新重置成本和复原重置成本的相同方面在于计算时所采用的(　　)是相同的。

A. 技术标准　　B. 材料　　C. 设计　　D. 价格

4. 由于社会对产品的需要量降低使产品销售困难，从而导致该产品的设备开工不足，并由此引起设备贬值，这种贬值称为(　　)。

A. 功能性贬值　　B. 实体性贬值　　C. 经济性贬值　　D. 无形损耗贬值

5. 运用价格指数法评估机器设备的重置成本仅仅考虑了(　　)。

A. 技术因素　　B. 功能因素　　C. 地域因素　　D. 时间因素

6. 某企业 2012 年购置一台设备，账面原值 320 000 元，评估基准日 2017 年 8 月 31 日进行评估，经过市场询价，得知该设备 2017 年评估基准日的市场销售价格为 350 000 元，运杂费 2 500 元(其中铁路运输费用 2 000 元)，安装调试费 6 500 元，该设备的重置成本是(　　)元。

A. 327 000　　B. 329 500　　C. 359 000　　D. 358 500

7. 某被评估机组已使用 3 年，年生产能力为 8 000 件，评估时，选择了一套与被评估资产相似的机组，年生产能力为 10 000 件，重置成本为 500 万元，经查询该类机组的规模经济效益指数为 0.66，该设备的重置成本是(　　)万元。

A. 579.37　　B. 400　　C. 431.53　　D. 412.5

8. 设备从美国进口的 FOB 价格为 1 600 万美元，境外运杂费为 FOB 价格的 5%，境外途中保险费为 FOB 价格的 4‰，该设备现行进口关税税率为 10%，增值税税率为 17%，银行财务费用约占 CIF 价格的 4‰，则测算重置成本时，外币支付部分为(　　)万美元。

A. 1 681.20　　B. 1 686.72　　C. 1 866.40　　D. 1 846.40

9. 某汽车轮胎损坏，如果这辆汽车不存在其他贬值，则(　　)费用即为该汽车的实体性贬值额。

A. 购入轮胎　　B. 修补轮胎　　C. 拆除轮胎　　D. 更换轮胎

10. 在使用市场法评估机器设备的过程中，很重要的一项工作是将(　　)进行比较。

A. 参照物与评估对象　　B. 评估对象与全新设备

C. 实体性贬值与功能性贬值　　D. 参照物与全新设备

二、多项选择题

1. 运用市场法评估机器设备的具体方法有(　　)。

A. 成本比率调整　　B. 直接匹配法　　C. 重置核算法　　D. 因素调整法

2. 机器设备贬值的因素比较复杂，但一般包括(　　)。

A. 实体性贬值　　B. 功能性贬值　　C. 经济性贬值　　D. 货币性贬值

3. 运用使用年限法估测设备的成新率涉及的三个基本参数是(　　)。

A. 设备的总使用寿命　　　　　　　　B. 设备的技术寿命
C. 设备的实际已使用年限　　　　　　D. 设备的尚可使用年限

4. 设备的功能性贬值通常表现为(　　)。

A. 超额重置成本　　B. 超额投资成本　　C. 超额运营成本　　D. 超额更新成本

5. 可以引起设备经济性贬值的有(　　)。

A. 产品滞销　　B. 设备价格上升　　C. 竞争加剧　　D. 设各实体磨损

6. 国产机器设备的运杂费是从生产厂家到安装使用地点所发生的(　　)及其他有关费用。

A. 运输　　B. 装卸　　C. 保管　　D. 保险

7. 机器设备实体性贬值率、成新率的估算通常采用(　　)进行确定。

A. 直线法　　B. 修复费用法　　C. 使用年限法　　D. 观察法

8. 运用观察法估测机器设备的成新率,在实际操作中的两种具体方法包括(　　)。

A. 接触法　　B. 打分法　　C. 修复法　　D. 直接观察法

9. 在评估实践中,机器设备的已使用年限的确定,应综合考虑机器设备的(　　)。

A. 名义使用年限　　B. 使用班次　　C. 使用强度　　D. 维修保养水平

10. 机器设备的(　　)是分析判断功能性贬值的基本依据。

A. 维修保养水平　　B. 使用强度　　C. 超额投资成本　　D. 超额运营成本

11. 机器设备经济性贬值的估算主要是以评估基准日以后是否(　　)为估算依据。

A. 修复　　B. 闲置　　C. 停用　　D. 利用不足

12. 一般来讲,市场法评估机器设备的比较因素可分为(　　)。

A. 个别因素　　B. 交易因素　　C. 时间因素　　D. 地域因素

三、判断题

1. 机器设备的已提折旧年限就是机器设备的实际已使用年限。(　　)
2. 运用使用年限法估测设备的有形损耗率,是假设设备在整个寿命期间其有形损耗与使用时间呈指数关系变化。(　　)
3. 修复费用法是估测设备实体有形损耗率的普遍适用的方法。(　　)
4. 进口设备的FOB价格加上途中保险费等于进口设备的CIF价格。(　　)
5. 机器设备一定存在经济性贬值。(　　)
6. 机器设备的可修复性损耗只需考虑技术方面是否可以修复。(　　)
7. 机器设备的可修复性损耗和不可修复性损耗是不同时并存的。(　　)
8. 机器设备的功能性贬值主要是由于技术进步所引起的。(　　)
9. 在用成本法评估机器设备时一定要取得机器设备的复原重置成本。(　　)
10. 市场法评估机器设备所收集的资料不包括机器设备的生产厂家。(　　)

实务训练

实训目标:掌握成本法和市场法在机器设备资产评估中的应用,能够独立评定估算设备类资产的价值,编制评估工作底稿和简单报告。

实训重点:机器设备类资产的评估。

实训地点:资产评估实训室,××资产评估公司。

实训教学形式:采用角色扮演法,学生按评估工作岗位分组,分工协作查找资料和评定估算,教师根据存在问题有针对性地进行指导。

实训考核评量:制作工作底稿和简单评估报告,用PPT展示成果,学生自评与小组互评相结合,教师进行点评。

实训要求:

1. 明确评估基本事项。
2. 选择适当的评估方法。
3. 明确该方法的评估步骤。
4. 掌握使用该方法需要收集的资料。
5. 掌握该方法中有关参数的确定方法。
6. 能够填写相应的工作底稿。
7. 评定估算资产价值。
8. 熟悉资产评估报告的格式和内容。

实训资料:

A企业拟以正在使用的部分资产出资与其他出资人共同组建新公司,出资后资产原地继续使用。出资的设备类资产涉及6台机器设备和3台车辆,明细,如表3-16和表3-17所示。

表3-16　　固定资产——机器设备　　金额单位:元

设备名称	规格型号	计量单位	数量	购置日期	启用日期	账面价值	
						原值	净值
三辊卷板机	W11-4*1500	台	1	2010.05.31	2008.4	53 463.28	21 167.85
折弯机	WEH250-3100	台	1	2012.10.31	2012.10	230 769.24	144 642.85
电动起重机	LD10t-13.5m	台	1	2012.12.31	2012.12	26 410.26	18 644.53
摇臂钻床	ZQ3050*16	台	1	2010.05.31	2009.4	34 256.48	10 485.20
交流电焊机	BX1	台	1	2010.05.31	2005.4	5 068.53	1 291.90
镗床	TX6913	台	1	2010.05.31	1998.4	21 183.20	2 769.05

表3-17　　固定资产——运输车辆　　金额单位:元

设备名称	规格型号	计量单位	数量	购置日期	启用日期	账面价值	
						原值	净值
别克旅行车	SGM6512GL8	台	1	2005年11月	2005年11月	356 171.00	253 966.63
本田奥德赛	HG6480B	台	1	2007年8月	2007年8月	259 427.00	195 218.75
本田雅阁	HG7240	台	1	2004年8月	2004年8月	209 325.00	72 551.88

学习情境 4

建(构)筑物及在建工程评估

学习目标

读者通过学习，明晰建(构)筑物资产清查核实方法和手段，熟悉影响建(构)筑物价格的影响因素，能熟练进行现场勘察及搜集评估资料等操作，最终具有运用市场法、收益法、成本法、剩余法及其他建筑工程评估方法分析和解决建筑工程评估的实际问题的能力。

引导案例

甲某想要购买一处房产，该房产位于城市新开发区内，附近正在修建地铁，李某觉得此处具有发展潜力，但对该房产的价值没有把握，找到 A 评估机构进行询价。

乙某有一处房产位于老城区，近日政府发布征收公告对该地点进行征收，并通过抽签的方式找到 B 评估机构进行征收价格评估。

丙某开发商目前正进行楼盘的开发，在开发过程中因资金需求拟以在建工程进行抵押贷款，银行同意其贷款申请，找到 C 评估机构对该在建工程进行估价以确定贷款额度。

丁某的住宅由于邻近办公楼施工导致其基础不均匀沉降、墙体开裂和门窗变形，丁某要求赔偿，双方找到 D 评估机构对该损害造成的相关经济损失额进行估价。

假如评估机构承接了以上的估价业务，对于不同类型的评估业务在选定估价方法、搜集估价相关资料上有何不同?

你通过本学习情境的学习，将掌握建(构)筑物及在建工程不同类型估价的评估程序，并具备分析和解决建筑工程评估的实际问题的能力。

情境任务4.1　了解建(构)筑物

4.1.1　建(构)筑物基本概念及分类

1. 建(构)筑物基本概念

建筑物是最主要的土地附着物,有广义和狭义两种含义。广义的建筑物既包括房屋,也包括构筑物。狭义的建筑物主要是指房屋,不包括构筑物。在资产评估中一般将建筑物作广义理解,对建筑物的定义是:人工建造的供人们进行生产、生活等活动的房屋或场所。房屋是指有基础、墙、顶、门、窗,起着遮风避雨、保温隔热、抵御野兽或他人侵袭等作用,供人们在里面居住、工作、学习、娱乐、储藏物品或进行其他活动的建筑物;构筑物是指人们一般不直接在里面进行生产和生活活动的建筑物,如烟囱、水塔、水井、道路、桥梁、隧道、水坝等。

建筑领域多将建筑物与构筑物并列,把建筑物视为不包括构筑物。会计领域则多将房屋与建筑物并列,把建筑物视为不包括房屋。此外,《城市房地产管理法》把房屋定义为包括建筑物及构筑物。

2. 建(构)筑物分类

(1) 按照建筑物物质形态可以划分为下列三类:

第一,土地:分为无建筑物的土地即空地和有建筑物的土地。

第二,房屋:是指已建造完成、可直接使用的建筑物及其占用范围内的土地。

第三,在建工程:是指建筑物已开始建造但尚未竣工的建(构)筑物,包括停缓建工程。未完成工程竣工验收的,即在建工程。

(2) 按照建筑物的用途,首先可以把建筑物分为居住和非居住建筑物两大类,非居住建筑物又可分为商业、办公、工业、农业和特殊用途,具体可细分为下列10类:

第一,居住建筑物:是指供家庭或个人居住使用的建筑物,又可分为住宅和集体宿舍两类。住宅是指供家庭居住使用的建筑物,又可分为普通住宅、高档公寓和别墅。集体宿舍又可分为单身职工宿舍、学生宿舍等。

第二,商业建筑物:是指供出售商品使用的建筑物,如商铺、商场、购物中心、超级市场、专卖店、批发市场等。

第三,办公建筑物:是指供处理各种事务性工作使用的建筑物,即办公楼,又可分为商务办公楼(俗称写字楼)和行政办公楼两类。

第四,旅馆建筑物:是指供旅客住宿使用的建筑物,如宾馆、饭店、酒店、度假村、旅店、招待所、度假村、疗养院、培训中心等。

第五,餐饮建筑物:是指供顾客用餐使用的建筑物,如餐馆、饭馆、酒楼、饭庄、餐厅、快餐店、美食城等。

第六,体育和娱乐建筑物:是指供人健身、消遣使用的建筑物,如体育馆、体育场、保龄球馆、高尔夫球场、滑雪场、影剧院、游乐场、娱乐城、康乐中心等。

第七,工业建筑物:是指供工业生产使用或直接为工业生产服务的建筑物,如厂房、仓库等。工业建筑物按照用途,又可分为主要生产厂房、辅助生产厂房、动力用厂房、储存用房屋、运输用房屋、企业办公用房、其他(如水泵房、污水处理站等)。

第八,农业建筑物:是指供农业生产使用或直接为农业生产服务的建筑物,如农地、农场、林场、牧场、果园、种子库、拖拉机站、饲养牲畜用房等。

第九,特殊用途建筑物:如汽车客运站、火车站、机场、码头、汽车加油站、医院、学校、博物馆、教堂、寺庙、墓地等。

第十,综合用途建筑物:是指具有上述两种以上(含两种)用途的建筑物,如商住楼。

4.1.2 建(构)筑物特征

建筑物的自然特性主要取决于土地的特性,是以土地的自然特性为基础的。同时,由于人们在利用建筑物生产、生活的过程中体现的生产力和生产关系的特征,又产生了建筑物的社会经济特性。

1. 自然特性

(1) 不可移动又称位置固定性,是建(构)筑物最重要的特性,也是建(构)筑物和其他财产的主要区别之处。每宗建(构)筑物自然地理位置固定不变,使得不同建筑物之间有区位优劣之分。

建(构)筑物的不可移动特性,决定了任何一宗建(构)筑物只能就地开发、利用或消费,并且要受制于其所在的空间环境(当地的制度政策、社会经济发展状况及邻里关系等),所以建(构)筑物市场是一个地区性市场。但建(构)筑物的不可移动主要是其自然地理位置固定不变,建(构)筑物的社会经济位置在经过一段时间之后可能会发生变化。

(2) 寿命长久:对单纯土地而言,土地是一个生态系统,不会因使用或放置而毁灭,建筑物寿命通常可达十几年甚至上百年。

由于寿命长久,建(构)筑物可以给其所有者带来持续不断的利益。但从具体使用者的角度看,土地在某些情况下是有寿命的,如我国的土地制度,当土地使用权是以出让方式获得的是有使用期限的。目前,建设用地使用权出让的最高年限,居住用地为 70 年,工业用地为 50 年,教育、科技、文化、卫生、体育用地为 50 年,商业、旅游、娱乐用地为 40 年,综合或者其他用地为 50 年。

(3) 供给有限:地球表面的土地总量是有限的,在一定时期同用途的土地数量是固定不变的,也就是土地的自然供给是无弹性的,因此导致了建筑物特别是位置较好的建筑物数量也是有限的。同时,由于不同用途土地之间可以转换,因此土地的经济供给是有弹性的。

要增加建(构)筑物供给,一是向更远的平面方向发展,如向郊区扩展;二是向更高的立体方面发展,如增加容积率或建筑高度、建筑密度。但这些又要受到耕地保护、环境保护、交通等基础设施条件(包括容量)、城乡规划等的约束。

2. 社会经济特性

(1) 投资量大:与一般商品相比,建(构)筑物不仅单价高,而且总价大。建(构)筑物在开发经营过程中也需要投入和占用大量资金。

(2) 用途多样:即用途的竞争、转换及并存的可能性,主要是空地所具有的特性。改革开放初期由于经济发展的要求,存在着将宾馆改造为办公楼或者拆除重新利用的大量实例。在市场经济条件下,建(构)筑物拥有者趋向于将其建(构)筑物用于预期可以获得最高收益的用途和利用方式,因此,建(构)筑物估价应遵循最高最佳利用原则。从经济角度看,土地利用选择的先后顺序一般是:商业、办公、居住、工业、耕地、牧场、放牧地、森林、不毛荒地。

(3) 相互影响:建(构)筑物具有相互影响特性,建(构)筑物的用途、建筑高度、外观等利用状况通常会对周围其他建(构)筑物甚至社会公众利益产生较大和较长久的影响;同样,周围建(构)筑物的利用状况也会对该建(构)筑物产生影响。例如,在一幢住宅附近建造垃圾站、公共厕所或工厂,会降低该住宅的价值;而在该住宅旁边兴建花园、开辟绿地,则会提高其价值。

(4) 易受限制:由于建筑物具有不可移动、相互影响的特性,因此对建筑物的开发、利用、交易等政府都有一些限制,甚至是严格管制的。政府对建(构)筑物的限制一般是通过下列四种特权来实现的:①管制权:政府为了公众利益,可以直接对建筑物的用途、容积率、建筑高度、建筑密度、绿地率的指标做出限制。例如,政府通过城市规划,限制在居住区内建设某些工业、限制产业等。②征税权:政府为了增加财政收入等,可以对建(构)筑物征税或提高建(构)筑物交易的相关税收。③征收权:政府为了公共利益的需要,对被征收单位和个人给予合理补偿后可以征收单位或个人的房产或土地。④充公权:政府在建(构)筑物业主死亡或消失而无继承人的情况下,可以无偿收回建(构)筑物。

(5) 不易变现:建(构)筑物由于价值量大和易受限制等特性,加上交易手续较复杂等原因,使得房产这种资产转换为现金的速度变慢。

影响某宗建(构)筑物变现能力的因素主要有:该宗建(构)筑物的通用性。所谓通用性,就是是否常见、是否普遍使用。通常情况下,建筑物可能的用途越多,能够分割转让的建筑物,变现能力相对较强;建(构)筑物市场状况越不景气,所处区位越偏僻、越不成熟区域,建筑物的价值越大,变现能力就越弱。

(6) 保值增值:保值增值特性是从建(构)筑物价格变化的总体趋势来讲的。引起价格上涨的原因主要有五个方面:①建(构)筑物拥有者自己对建(构)筑物进行投资改良,如重新进行装饰装修,更新或添加设施设备,改进物业管理等;②通货膨胀,即随着物价的持续普遍上涨,建(构)筑物价格总水平的持续上涨现象,这是建(构)筑物保值功能;③外部经济,如政府进行道路、地铁等交通建设,修建广场、公园、公共绿地,调整城市发展方向,改变城市格局等;④建(构)筑物使用管制改变,如将农用地转为建设用地,将原工业用途改变为居住用途或商业用途,增加容积率等;⑤需求增加导致稀缺性增加,如经济发展和人口增加带动建(构)筑物需求增加;外部经济、建(构)筑物使用管制改变、需求增加导致稀缺性增加所引起的建(构)筑物价格上涨,是真正的建(构)筑物自然增值。

4.1.3　建(构)筑物价格影响因素

1. 建(构)筑物价格的内涵及分类

建(构)筑物价格价格是指建(构)筑物价格交易双方的实际成交价格。

(1) 根据流通形式的不同,建筑物价格可分为出售价格与出租价格。

(2) 根据计算单位的不同,建筑物价格可以分为总价格与单位价格。

(3) 根据交房时间的不同,建筑物价格可为现房价格与期房价格。

决定某一建(构)筑物价格水平高低的供求状况,主要是本地区同类建(构)筑物的供求状况。至于其他类型的建(构)筑物供求状况对该建(构)筑物的价格有无影响及其影响程度,要视这些供求状况的波及性如何而定。

2. 影响建(构)筑物价格内部因素

影响建筑(构)物价格的因素可以分为内部因素和外部因素两大类。其中,内部因素可再分为实物因素、权益因素及区位因素;外部因素可再细分为人口因素、制度政策因素、经济因素和社会因素等。

(1) 实物因素。

第一,建筑规模:建筑物或土地的面积、体积、开间等规模因素,影响到建筑物的形象、使用性,对建(构)筑物价格有所影响。规模过小或过大,都会降低其价值。一般地说,面积过小不利于利用的土地,单价较低;如果面积过大,总价较高,会减少潜在购买者数量,也可能造成价格下降。

第二,外观:建筑物外观包括建筑式样、风格、色调、可视性等,对建(构)筑物价格有很大的影响。凡是建筑物外观新颖、优美,可给人以舒适的感觉,则价格就高;反之,单调、呆板,很难引起人们强烈的享受欲望,甚至令人压抑、厌恶,特别是在外形方面会让人产生不好的联想的,则价格就低。土地形状是否规则,对地价也有一定的影响;一般来说,形状规则的土地利用率比不规则的土地要高,因此价格相对高一些。同时,由于地面的高低起伏、平坦程度等会影响建(构)筑物的开发成本、利用价值或景观等,从而影响其价格。

第三,建筑结构:不同结构的建筑物的稳固性和耐久性不同,因此价值会有所不同,特别是在地震多发地区。不同结构的建筑物的造价一般不同,这通常也会反映到其价值上。例如,砖混结构的价值一般要高于砖木结构的价值,钢筋混凝土结构的价值一般要高于砖混结构的价值。

第四,设施设备:随着经济发展和生活水平提高,要求建筑物内安装完善的设施设备。因此,建筑物的设施设备是否齐全、完好,如是否有电梯、中央空调、集中供热、宽带及其性能等,对建(构)筑物价值有很大的影响。一般地说,设施设备齐全、完好的,价值就高;反之,价值就低。

第五,装饰装修:装饰装修品位、质量等对建(构)筑物价值是非常重要的影响因素,一般来说,装饰装修符合当前主流审美观点的、装饰材料品质越好的,价值就高;反之,价值就低。

第六,空间布局:空间布局影响到建筑物的使用,对建(构)筑物价值有较大的影响。不同用途的建筑物,如住宅、商场、写字楼等,对空间布局的要求不尽相同。一般地说,平面布置合理、交通联系方便、有利于使用的建筑物,价值就高;反之,价值就低。尤其是住宅,平面设计中功能分区是否合理、使用是否方便是决定其价值高低的重要因素之一。

(2) 权益因素。进行建(构)筑物估价,应调查建(构)筑物利用时的各种限制及其内容和程度,只有这样才能评估出正确的价值。对建(构)筑物利用的限制可归纳为三个方面:

第一,建(构)筑物权利种类:建(构)筑物拥有的权利是所有权还是使用权、地役权、抵押权、租赁权,价值会有很大的差异。

第二,建(构)筑物使用管制:因为建筑物的不可移动和相互影响性,因此对建(构)筑物的利用都有或多或少的限制,如对城市规划对建筑物用途的规定,对建筑物容积率、建筑高度、建筑密度、绿地率等的规定。这些规定对地价都有很大的影响。

第三,相邻关系的限制:相邻关系是指建(构)筑物的相邻权利人依照法律法规规定或者按照当地习惯,相互之间应当提供必要的便利或者接受必要的限制而产生的权利和义务关系。特别是从义务方面来看,相邻关系是对建(构)筑物所有权、使用权的一种限制,因此相邻关系的存在对建(构)筑物价格有一定的影响。一方面,相邻关系要求建(构)筑物权利人应当为相邻权利人提供必要的便利;另一方面,相邻关系要求建(构)筑物权利人在自己的建(构)筑物内从事工业、农业、商业等活动及行使其他权利时,不得损害相邻建(构)筑物和相邻权利人。

(3) 区位因素。建筑物的区位是建筑物与特定位置相联系的自然因素和人文因素的总和，是与其他建筑物或者事物在空间方位和距离上的关系。

建筑物区位优劣的形成，一是自然地理位置，二是后天的经济及人工环境的影响。一般情况下，凡是位于或接近经济活动的中心、要道的通口、行人较多、交通流量较大、环境较好、配套设施较完备位置的建筑物，价格一般较高；反之，处于闭塞街巷、郊区僻野的建筑物，价格一般较低。

较具体地说，居住建筑物的区位优劣，主要是看其交通条件、配套设施完备程度、周围环境和景观。商业建筑物的区位优劣，主要是看其繁华程度、临街状况、交通条件等。办公建筑物的区位优劣，主要是看其商务氛围、交通条件等。工业建筑物的区位优劣，通常需要视产业的性质而定，一般地说，凡是有利于原料和产品的运输，便于动力取得和废料处理的区位，价格必有趋高的倾向。

建筑物区位因素是一个综合性因素，可分为位置、交通条件、外部配套设施、周围环境和景观等方面。

第一，位置：人们在选择建筑物时，通常希望居住地与工作地近些，同时还要便于购物、子女就学、就医、健身等。因此，一宗建筑物与其相关的主要场所，如市中心、汽车客运站、火车站、机场、码头、政府机关、同行业工作地、居住地、公园等的距离，对其价格有较大的影响。一般地说，距离较近的建筑物，价值要高些。在具体衡量上我们采用经济距离，经济距离是既考虑交通时间又考虑交通费用的计量方式。

第二，交通条件：交通出行的便捷、时耗、成本等因素，直接影响建筑物价格。交通条件可分为道路状况、出入可利用的交通工具、交通管制情况、停车方便程度以及交通收费情况等。

有时，建筑物所处的位置看起来交通方便，实际上交通并不方便，这可能是受到交通出入口、立交桥、高架路、交通管制等的影响。其中，对建筑物价格有影响的交通管制主要有限制车辆通行(具体又可分为是限制所有车辆通行还是限制某类车辆通行，是限制所有时间通行还是限制某段时间通行)、实行单行道、禁止掉头或左拐弯等。交通管制对建筑物价格的影响结果如何，要看这种管制的内容和建筑物的使用性质。

第三，外部配套设施：对于建筑物开发用地，外部基础设施完备状况是特别重要的。对于已建成的房屋特别是住宅，外部公共服务设施完备状况是特别重要的。一般地说，外部配套设施完备，特别是周边有教育质量高的中小学、医疗水平高的医院以及有购物中心、休闲娱乐场所的住宅，其价格就高；反之，其价格较低。

第四，周围环境和景观：影响建筑物价格的周围环境和景观因素，是指对建筑物价格有影响的建筑物周围的物理性状因素和人文状况因素，主要有景观、卫生环境和人文环境等。

单就景观来说，景观好的建筑物，如可看到水(海、湖、江、河、水库、水渠等)、山、公园、树林、绿地、知名建筑等的住宅，其价值通常较高；反之，景观差的建筑物，如可看到厕所、垃圾站、烟囱、陵园等的住宅，其价值通常较低。人文环境包括该建筑物所在地区的声誉、居民特征、治安状况、相邻建筑物的利用状况等。声誉好、居民素质高、生命财产均安全地区的建筑物价格必然高于其他地区的建筑物价格。

3. 影响建(构)筑物价格外部因素

(1) 人口因素。人口是决定住宅、商业等建筑物需求量或市场规模大小的一个基础因素，人口数量、构成、素质等状况对建筑物价格有很大的影响。

当某一地区人口数量增加时，对建筑物的需求就会增加同时也会刺激商业、服务业等行业的发展，因此会提高建筑物价格；另外，人口密度过高，特别是在大量低收入者涌入某一地区的情况下，会导致生活环境恶化，交通拥挤，从而有可能降低建筑物价格。

人们的文化教育水平、生活质量和文明程度，可以引起建筑物价格的变化。人类社会随着文明发达、文化进步，公共服务设施必然日益完善和普遍，同时对居住环境也必然力求宽敞舒适，凡此种种都足以增加对建筑物的需求，从而导致建筑物价格升高。如果一个地区中居民的素质低、构成复杂、社会秩序欠佳，人们多不愿意在此居住，则该地区的建筑物价格必然低落。

(2) 制度政策因素。影响建筑物价格的制度政策因素，主要有房产制度政策、金融制度及税收制度政策等。

第一，房地产制度政策。房地产制度政策对建筑物价格的影响也许是最大的，特别是房地产的所有制、交易管理制度及价格政策。建筑物价格政策是指政府对建筑物价格高低与涨落的态度及其采取的相应管制或干预方式和措施等，包括对建筑物是实行市场调节价还是政府指导价、政府定价。建筑物价格政策抽象来看可分为两类：一是高价格政策，一般是指政府对建筑物价格放任不管，或者有意通过某些措施来抬高建筑物价格。二是低价格政策，一般是指政府采取种种措施来抑制建筑物价格上涨。因此，高价格政策促进建筑物价格上涨，低价格政策造成建筑物价格下降。

第二，金融制度政策。建筑物由于价值较大，其开发、投资、消费都需要大量资金支持，从而与金融密切相关。因此，金融制度政策的变化对建筑物价格有很大的影响，特别是货币政策和建筑物信贷政策。货币政策采用由紧到松的货币政策，会导致建筑物价格上涨；相反，会导致建筑物价格下降。

建筑物信贷政策包括增加或缩小建筑物信贷规模，放松或收紧建筑物贷款，调整建筑物信贷投向(如是投向土地储备贷款、建筑物开发贷款，还是投向购房贷款)，提高或降低购房最低首付款比例，上调或下调贷款利率，提高或降低建筑物抵押贷款成数上限，延长或缩短购房最长贷款期限等。例如，增加土地储备贷款，会增加未来的土地供应，远期会增加商品房供给，从而会使未来的土地价格和商品房价格下降；反之，会使未来的土地价格和商品房价格上涨。严格控制建筑物开发贷款，会减少未来的商品房供给，从而会使未来的商品房价格上涨；反之，会使未来的商品房价格下降。提高最低首付款比例，上调购房贷款利率、会降低购房支付能力、提高购房门槛，从而会减少商品房需求，进而会使商品房价格下降；反之，会使商品房价格上涨。

第三，税收制度政策。新开征、暂停征收、恢复征收或者取消某个与建筑物有关的税种(以下简称建筑物税收)，提高或降低建筑物税收的税率或税额标准等，会对建筑物价格有影响。建筑物税收可分为建筑物开发环节、交易环节和保有环节的税收。

建筑物开发环节的税收相当于商品生产环节的税收，如耕地占用税、固定资产投资方向调节税。一般地说，增加建筑物开发环节的税收，会增加建筑物开发成本，从而会推动建筑物价格上涨；相反，减少建筑物开发环节的税收，会使建筑物价格下降。但增加或减少建筑物开发环节的税收在短期内是否会导致建筑物价格的升降，要看建筑物市场是处于卖方市场还是买方市场。如果是卖方市场，则增加建筑物开发环节的税收可以通过涨价转嫁给建筑物购买者，从而会使建筑物价格上涨；而减少建筑物开发环节的税收则难以使建筑物价格下降,主要会转化为建筑物开发企业的“超额利润”。如果是买方市场,则增加建筑物开发环节的税收主要会使建筑物开发企业通过降低开发利润等而“内部消化”,难以使建筑物价格上涨;而减少建筑物开发环节的税收则会使建筑物价格下降。

建筑物交易环节的税收也称为建筑物流转环节的税收,相当于商品流通环节的税收,如契税、土地增值税、增值税、城市维护建设税、教育费附加、企业所得税、个人所得税、印花税。考察建筑物交易环节的税收对建筑物价格的影响,首先需要把它们区分为向卖方征收和向买方征收。一般地说,增加卖方的税收,如开征土地增值税,会使建筑物价格上涨;反之,减少卖方的税收,如减免营业税,会使建筑物价格下降。增加买方的税收,如提高契税税率,会抑制建筑物需求,从而会使建筑物价格下降;反之,减免契税,会刺激建筑物需求,从而会使建筑物价格上涨。增加或减少卖方的税收在短期内是否会导致建筑物价格的升降,同于上述增加或减少建筑物开发环节的税收,也要看建筑物市场是处于卖方市场还是买方市场。如果是卖方市场,则增加卖方的税收可以通过涨价转嫁给买方,从而会导致建筑物价格上涨;而减少卖方的税收则主要会使卖方的收益增加,难以使建筑物价格下降。如果是买方市场,则增加卖方的税收主要会降低卖方的收益等而“内部消化”,难以导致建筑物价格上涨;而减少卖方的税收则会使建筑物价格下降。

建筑物保有环节的税收也称为建筑物持有环节的税收,相当于商品使用环节的税收,如房产税、城镇土地使用税。增加建筑物保有环节的税收,如开征房产税,实际上是增加了持有建筑物的成本,会使自用需求者倾向于购买较小面积的建筑物,并会抑制建筑物投资和投机,从而会减少建筑物需求,还会减少存量建筑物囤积而增加建筑物供给,进而会使建筑物价格下降。对收益性建筑物来说,房产税会减少建筑物净收益,从而会直接导致建筑物价格下降。反之,减免建筑物保有环节的税收,会使建筑物价格上涨。

(3) 经济因素。影响建筑物价格的经济因素,主要有经济发展、居民收入、物价和利率等。

第一,经济发展:反映经济发展的一个重要指标是GDP(国内生产总值)的增长。GDP是对一个国家或一个地区在一定时期内国民经济生产活动的总成果的一种计量,从总体上反映了一个国家或一个地区的经济活动的总规模、综合实力和人民生活水平的高低程度。GDP增长说明社会总需求也在增加,预示着投资、生产活动活跃,会带动对厂房、写字楼、商店、住宅和各种娱乐设施等的需求增加,由此会引起建筑物价格上涨,尤其是引起地价上涨。

第二,居民收入:居民收入水平及其增长,对建筑物价格特别是住宅价格有很大的影响。通常,居民收入的真正增加意味着人们的生活水平将随之提高,其居住与活动所需要的空间会扩大,从而会增加对建筑物的需求,导致建筑物价格上涨。

第三,物价:物价上涨,会增加建筑物开发成本,从而可能引起建筑物价格也随之上涨。

第四,利率:利率的升降对建筑物价格有一定的影响。从建筑物供给的角度看,利率上升或下降会增加或降低建筑物开发的融资成本(或者说财务费用、投资利息),从而会使建筑物开发成本上升或下降,进而会使建筑物价格上涨或下降。从建筑物需求的角度看,由于购买建筑物特别是购买商品住宅普遍要借助于贷款,所以利率的上升或下降会加重或减轻建筑物购买者的贷款偿还负担,从而会减少或增加建筑物需求,进而导致建筑物价格下降或上涨。

(4) 社会因素。影响建筑物价格的社会因素,主要有政治安定状况、社会治安状况、城市化和建筑物投机等。

第一，政治安定状况：政治安定状况是指有不同政治观点的党派、团体的冲突情况，现行政权的稳固程度等。一般地说，政治不安定则意味着社会可能动荡，这会影响人们投资、置业的信心，从而会造成建筑物价格低落。

第二，社会治安状况：社会治安状况是指偷窃、抢劫、强奸、绑架、杀人等方面的刑事犯罪情况。建筑物所处的地区如果经常发生此类犯罪案件，则意味着人们的生命财产缺乏保障，因此会造成该地区建筑物价格低落。

第三，城市化：城市化是指人类生产和生活方式由乡村型向城市型转化的历史过程，表现为乡村人口向城市人口转化以及城市不断发展和完善的过程。城市化意味着人口不断向城镇地区集中，造成对城镇建筑物的需求不断增加，从而会带动城镇建筑物价格上涨。

第四，建筑物投机：建筑物投机是指不是为了使用或出租而是为了再出售（或再购买）而暂时购买（或出售）建筑物，利用建筑物价格的涨落变化，以期从价差中获利的行为。一般地说，建筑物投机对建筑物价格的影响可能出现三种情况：一是引起建筑物价格上涨；二是引起建筑物价格下跌；三是起着稳定建筑物价格的作用。至于建筑物投机具体会导致怎样的结果，要看当时的多种条件，包括投机者的素质和心理等。

当建筑物价格不断上涨时，那些预计建筑物价格还会上涨的投机者纷纷购买，哄抬价格。造成一种虚假需求，无疑会促使建筑物价格进一步上涨。而当情况相反时，那些预计建筑物价格还会下跌的投机者纷纷抛售建筑物，则会促使建筑物价格进一步下跌。但在某些情况下，建筑物投机行为也有可能起着稳定建筑物价格的作用：当建筑物价格低落到一定程度时，怀有日后建筑物价格会上涨心理的投机者购置建筑物，以待日后建筑物价格上涨时抛出，这样就会出现：当建筑物需求较小的时候，投机者购置建筑物，造成建筑物需求增加；而在建筑物价格上涨到一定程度时，投机者抛售建筑物，增加建筑物供给，从而平抑建筑物价格。

情境任务 4.2 明晰建（构）筑物评估基本程序

4.2.1 建（构）筑物评估内涵

从专业估价的角度看，建（构）筑物评估是指根据特定的估价目的，遵循公认的估价原则，按照严谨的估价程序，运用科学的估价方法，在对影响建（构）筑物价值的因素进行综合分析的基础上，对建（构）筑物评估在价值时点的价值进行估算和判定的活动。估价是科学与艺术的有机结合，把客观存在的建（构）筑物价格揭示、表达出来的过程。

4.2.2 建（构）筑物评估基本程序

建（构）筑物评估的基本程序是：①明确评估基本事项；②拟定评估工作计划；③实地勘察；④收集整理评估资料；⑤确定评估结果。在实际估价中，上述程序中的各个工作步骤之间不是完全割裂的，相互间可以有某些交叉，有时甚至需要一定的反复，但是不得随意省略。

1. 明确评估基本市事项

建（构）筑物估价的核心内容是根据特定目的，按特定程序，运用特定方法，对特定建

(构)筑物在特定时间的特定价值进行分析、测算和判断并提供相关专业意见。因此,在分析、测算和判断特定价值之前,必须弄清估价目的、估价对象、价值时点和价值类型。把估价目的、估价对象、价值时点和价值类型称为估价基本事项,把弄清这四者称为明确估价基本事项。

(1) 明确估价目的。估价目的从本质上讲应是由委托人基于其估价需要而提出并决定的。但在实际中,估价师应主动与委托人进行充分沟通,提出关于估价目的的相关问题,充分了解估价报告是做何种用途、提供给谁使用后,用符合估价要求的表述将其表达出来,然后请委托人确认。明确估价目的有助于明确估价对象,有助于明确价值时点,还有助于明确所要评估的价值类型。

(2) 明确估价对象。估价对象应是估价师在委托人提供的反映该估价对象状况的资料的基础上,根据已明确的估价目的,依据法律、法规和政策并征求委托人同意后确定的。因此,在明确估价对象时,估价师首先应清楚明白,依据有关法律、法规和政策,有些建(构)筑物不应作为某些估价目的的估价对象。在实际估价中,要特别注意估价对象范围的界定,包括明确估价对象的实物状况、权益状况和区位状况。

(3) 明确价值时点。价值时点从本质上讲不是由委托人决定的,也不是由估价师决定的,而是由估价目的决定的。具体地说,实际估价中价值时点是由估价师根据估价目的、在征求委托人同意后确定。

明确价值时点是明确需要评估的价值是在哪个特定时间的价值。在实际估价中,价值时点一般应精确到日。

(4) 明确价值类型。价值类型与价值时点一样,从本质上讲不是由委托人决定的,也不是由估价师决定的,而是由估价目的决定的。明确价值类型是明确所要评估的价值具体是哪种类型的价值。如果价值类型不明确,将难以进行估价。因为同一宗建(构)筑物在同一价值时点下的不同类型的价值会有所不同,即使是运用相同的估价方法,其中的参数、系数等的取值可能不同。

2. 拟定评估工作计划

(1) 拟采用的估价技术路线和估价方法。

(2) 拟搜集的估价所需资料及其来源渠道。

(3) 预计需要的时间、人力和经费。

(4) 估价作业步骤和时间进度安排。

3. 实地勘察

实地勘察是指负责某个估价项目的估价师亲自到该估价项目的估价对象现场,检查、观察估价对象状况,包括感受估价对象的位置、交通、周围环境和景观、外部配套设施的优劣,对此前获得的估价对象的坐落、四至、面积、土地形状、建筑结构、用途等情况进行核对,观察估价对象的内外部状况(如设施设备、装饰装修、维修养护、外观等),拍摄反映估价对象内外部状况以及周围环境和景观或临路状况的照片、影像资料,调查了解估价对象历史使用状况(如是否存放过污染物)、周边乃至当地类似建(构)筑物的市场行情,并搜集补充估价所需要的其他资料。

4. 收集整理评估资料

估价所需的资料主要包括以下四类:①反映估价对象状况的资料;②估价对象及类似建(构)筑物的交易、收益、开发建设成本等资料;③对估价对象所在地区(子市场)的建(构)筑物价格有影响的资料；④对建（构）筑物价格有普遍影响的资料。

针对本次估价应当搜集估价对象及类似建（构）筑物的哪些资料，主要取决于拟采用的估价方法。对于市场法而言，主要是搜集交易实例资料；对于收益法而言，主要是搜集租金水平、出租率或空置率、运营费用等方面的资料；对于成本法和剩余法而言，主要是搜集开发建设成本实例资料。而具体应搜集的内容，要针对估价方法中的计算所需的数据进行。

5. 确定评估结果

采用不同的估价方法测算出的结果一般是不同的。应在对不同估价方法的测算结果进行比较、检查、确认、分析的基础上判断估价对象的价值，确定最终的估价结果。

当不同估价方法的测算结果之间有较大差异时，应寻找导致较大差异的原因，并消除不合理的差异。在确认所有的测算结果无误，并且不同估价方法的测算结果差异不是很大的情况下，应根据具体情况选用简单算术平均数、加权算术平均数等数学方法求出综合结果并说明理由。

在采用数学方法求出一个综合结果的基础上，估价师还应考虑一些不可量化的价格影响因素，由于影响建（构）筑物价格的因素众多，估价师不能拘泥于某些数学公式测算出的结果，还需要依靠自己的专业经验及对建（构）筑物市场行情的了解来把握评估价值，同时可听取有关专家的意见，对该结果进行适当调整，或者取整，或者认定该结果，从而确定出最终的估价结果。

4.2.3 建（构）筑物评估现场勘查内容

为充分了解建（构）筑物的实物状况和权利状况，必须对建（构）筑物进行现场勘查，现场勘查可分为实物状况、权益状况和区位状况三个部分进行。形式上可采用表格形式进行详细描述，通常还应附位置图、宗地图、房产平面图、内外观照片、周围环境和景观照片等来辅助说明，如表4－1所示。

表4－1 建（构）筑物现场勘查表

<table>
<tr><td colspan="2">名称</td><td colspan="6"></td></tr>
<tr><td colspan="2">评估范围</td><td colspan="6"></td></tr>
<tr><td colspan="2">规模</td><td>土地面积</td><td colspan="2"></td><td>建筑面积</td><td>其他</td><td></td></tr>
<tr><td colspan="2" rowspan="2">用途</td><td>证载用途</td><td colspan="5"></td></tr>
<tr><td>实际用途</td><td colspan="5"></td></tr>
<tr><td colspan="2">层数或高度</td><td colspan="3"></td><td>开发程度</td><td colspan="2"></td></tr>
<tr><td colspan="2">建筑结构</td><td colspan="3"></td><td>设施设备</td><td colspan="2"></td></tr>
<tr><td colspan="2">空间布局</td><td colspan="3"></td><td>维护情况</td><td colspan="2"></td></tr>
<tr><td colspan="2" rowspan="3">装饰装修</td><td>外墙</td><td colspan="2"></td><td>天棚</td><td colspan="2"></td></tr>
<tr><td>内墙</td><td colspan="2"></td><td>地面</td><td colspan="2"></td></tr>
<tr><td>门窗</td><td colspan="2"></td><td>卫生间</td><td colspan="2"></td></tr>
<tr><td rowspan="3">权属</td><td>房屋所有权人</td><td colspan="6"></td></tr>
<tr><td>产权性质</td><td colspan="3"></td><td>建成年份</td><td colspan="2"></td></tr>
<tr><td>他项权利说明</td><td colspan="6"></td></tr>
</table>

续　表

位置	坐落			
	临街状况			
	与相关场所的距离			
	朝向		楼层	
交通	道路状况			
	公交站点(个)		停车场(个)	
	交通管制情况			
周围环境和景观	自然环境			
	人文环境			
	景观			
外部配套设施	基础设施			
	公共服务设施			

1. 建(构)筑物实物状况描述

(1) 名称:说明估价对象的名字。例如,估价对象为××小区××楼(座、幢)××门(单元)××号住宅;××商场;××大厦;××酒店;××项目用地。

(2) 评估范围:说明估价对象是仅包括建(构)筑物中的土地、房屋、构筑物、树木等财产,还是包括建(构)筑物以外的家具、机器设备、债权债务、特许经营权等其他财产。

(3) 规模:对于土地,说明土地面积,对于建筑物,一般说明建筑面积或者套内建筑面积、使用面积、营业面积、可出租面积。

(4) 用途:说明估价对象的规划用途、设计用途、登记用途和实际用途。

(5) 层数或高度:说明建筑物的总层数或总高度。建筑物通常根据总层数或总高度。公共建筑及综合性建筑通常是按照总高度来划分的。

(6) 开发程度:说明到达地块红线的基础设施完备程度和地块内的场地平整程度,即通常所说的是“三通一平”还是“五通一平”“七通一平”及其具体内容等。

(7) 建成年份。

(8) 建筑结构:是指建筑物中由承重构件(基础、墙体、柱、梁、楼板、屋架等)组成的体系。一般分为钢结构、钢筋混凝土结构、砖混结构、砖木结构及简易结构。

(9) 设施设备:说明给水、排水、采暖、通风与空调、燃气、电梯、电气等设施设备的配置情况(有或无)及性能。

(10) 装饰装修:说明是毛坯还是粗装修、精装修。

(11) 空间布局:说明空间分区以及各个空间的交通流线是否合理,并附房产平面图、户型图等来说明。

(12) 维护情况和完损状况、成新度。

2. 建(构)筑物权益状况描述

(1) 权属:说明产权性质、是否存在他项权利、房屋所有权人、建成年份等。

(2) 他项权利设立情况:说明是否设立了地役权、抵押权、出租等他项权利。

3. 建(构)筑物区位状况描述

(1) 位置描述。

第一,坐落:除了说明估价对象的具体地点,还应附位置示意图。

第二,与相关场所的距离:说明估价对象与其相关的主要场所的距离。

第三,临街状况:说明估价对象是否临街(路),临什么样的街(路),是如何临街(路)的。

第四,朝向:说明估价对象建筑物的正门或房间的窗户正对着的方向,坡地从高到低的方向。

第五,楼层:当估价对象为某幢房屋中的某层、某套时,说明其所在房屋的总层数及其所在的楼层。

(2) 交通条件描述。

第一,道路状况:说明道路等级、路面状况、交通流量等。

第二,交通工具:说明公交车、电车、地铁、轻轨、轮渡等公交线路的数量及站点数量,到达公交站点的平均距离。

第三,交通管制情况:说明受步行街、单行道、限制某些车辆通行、限制通行时间、限制行车速度等影响的情况。

第四,停车方便程度:说明有无停车场、车位数量、到停车场的距离等。

(3) 外部配套设施描述。

第一,外部基础设施:说明道路、给水、排水(雨水、污水)、电力、通信(如电话、互联网、有线电视)、燃气、供热等设施的完备程度。

第二,外部公共服务设施:说明一定距离内商业服务、金融邮电、教育(如幼儿园、中小学)、医疗卫生(如医院)、文化、体育、社区服务、市政公用和行政管理等设施的完备程度。

(4) 周围环境和景观描述。

第一,自然环境:说明环境是否优美、整洁,有无空气、噪声、水、辐射、固体废物等污染及其程度,环境卫生状况。对于住宅,特别需要说明周边有无高压输电线路、无线电发射塔、垃圾站、公共厕所等。

第二,人文环境:说明估价对象所在地区的声誉、居民特征(如职业、收入水平、文化程度、宗教信仰)、治安状况(如犯罪率)、相邻建(构)筑物的利用状况(如用途)等。

第三,景观:说明有无水景(如海景、江景、河景、湖景)、山景等。

情境任务 4.3 市场法在建(构)筑物评估中的应用

4.3.1 市场法内涵及适用范围

1. 市场法的内涵

市场法是选取一定数量、符合一定条件、发生过交易的类似建(构)筑物,然后将它们与估价对象进行比较,找出比较因素后对成交价格进行因素调整得出估价对象价值的方法。

市场法的本质是以建(构)筑物的实际成交价格为导向来求取建(构)筑物的价值,是目前建(构)筑物评估中最常用的方法之一。

市场法的理论依据是替代原理。因为在建(构)筑物价格形成中有替代原理的作用“同一种商品在同一个市场上有相同的市场价格”,所以估价对象的未知价格可以通过类似建(构)筑物的已知成交价格来求取。

2. 市场法的适用范围

(1) 市场法的适用范围。市场法适用的估价对象是同种类型的数量较多、可比性强且经常发生交易的建(构)筑物,如住宅、写字楼、商服及标准厂房等。

(2) 市场法估价需要具备的条件。市场法估价需要具备的条件是在价值时点的近期有较多的类似建(构)筑物的交易。建(构)筑物市场不够发育或者类似建(构)筑物的交易较少的地区,就难以采用市场法估价。建(构)筑物市场在总体上较活跃的地区,在某些情况下市场法也可能不适用。例如,可能由于某些原因导致在一段较长的时期内很少发生建(构)筑物交易。

4.3.2 市场法评估程序

运用市场法估价一般分为以下五大步骤:①搜集交易实例;②选取可比实例;③建立比较基础;④对可比实例进行因素调整;⑤求取比准价格。

1. 搜集交易实例

运用市场法估价需要拥有大量的交易实例。只有拥有了估价对象所在地的大量的交易实例,才能把握估价对象所在地的正常的建(构)筑物市场价格行情,从而保障评估出的估价对象价值不会超出合理的范围;才能选择出符合一定数量和质量要求的可比实例,从而保障根据这些可比实例评估出的估价对象价值更加精准而不会出现较大误差。因此,估价机构和估价师应尽力搜集较多的交易实例。

在搜集交易实例时应尽可能搜集较多的内容,一般包括:①交易实例建(构)筑物的基本状况,如名称、坐落、四至、面积、用途、权属、土地形状、土地使用期限、建筑物建成日期、建筑结构、周围环境和景观等;②交易双方是否为正常交易;③成交日期;④成交价格;⑤付款方式;⑥交易情况。

2. 选取可比实例

(1) 选取可比实例的数量要求。由于搜集的交易实例较多,因此应根据估价对象、估价目的及价值时点,选取符合一定条件的交易实例作为参照比较的交易实例。这些符合一定条件、可以作为参照比较的交易实例简称可比实例。为了减小估价的误差,估价要求选取多个可比实例,为了避免过多可比实例造成后续处理的工作量很大,因此在实际操作中,可比实例的数量一般选取3~5个即可。

(2) 选取可比实例的质量要求。可比实例选取得恰当与否,直接影响到市场法评估结果的准确性,因此应特别慎重。选取的可比实例应符合下列要求:

第一,可比实例在区位上应与估价对象处在同一供求范围内。具体地说,可比实例与估价对象应为同一地区或同一供求范围内的类似地区。

第二,可比实例在用途上应与估价对象的用途相同。

第三,可比实例在建筑规模上应与估价对象的规模相当。例如,估价对象的建筑面积或土地面积与选取的可比实例的建筑面积或土地面积应相差不多,既不能过大也不能过小。选取的可比实例规模一般应在估价对象规模的0.5~2倍范围内。

第四,可比实例在建筑结构上应与估价对象的建筑结构相同。

第五，可比实例在档次上应与估价对象的档次相当。档次是指按照一定标准分成的不同等级，如宾馆划分的五星级、四星级、三星级等，写字楼划分的甲级、乙级等。这里的档次相当主要指在设施设备、装饰装修、周围环境等方面的齐全、优劣程度应相当。

第六，可比实例在权利上应与估价对象的权利性质相同。

第七，可比实例的交易类型应与估价目的吻合。

第八，可比实例的成交日期应尽量接近价值时点，一般认为，交易实例的成交日期与价值时点相隔1年以上的不宜采用。

第九，可比实例的成交价格应尽量为正常市场价格，或者能够修正为正常市场价格。

3. 建立比较基准

选取了可比实例之后，一般应先对这些可比实例的成交价格进行换算处理，使它们之间的口径一致、形式相同、相互可比，为后续的有关比较、修正和调整建立一个共同的基础。

建立比较基准一般要做以下工作：①统一建（构）筑物范围；②统一付款方式；③统一价格单位。

(1) 统一建（构）筑物范围。建（构）筑物范围不同的情况在实际估价中主要有以下三种：

一是带有债权债务的建（构）筑物。例如，选取的交易实例是设立了抵押权，或者租赁权，或者有拖欠费用的交易实例；统一建（构）筑物范围一般是统一到不带债权债务：

$$\text{建(构)筑物价格} = \text{带债权债务的建(构)筑物价格} - \text{债权} + \text{债务} \tag{4-1}$$

二是含有非建（构）筑物成分。例如，估价对象是"纯粹"的建（构）筑物，选取的交易实例是有附赠家具、家用电器、汽车等的建（构）筑物交易实例。统一建（构）筑物范围一般是统一到不带其他成分：

$$\text{建(构)筑物价格} = \text{含非建(构)筑物成分建(构)筑物价格} - \text{非建(构)筑物成分价格} \tag{4-2}$$

三是建（构）筑物实物范围不同。例如，估价对象是一套封阳台的住房，选取的交易实例是未封阳台的住房；估价对象是一套不带车位的公寓，选取的交易实例是一套带车位的公寓。这种情况下，统一建（构）筑物范围一般是统一到估价对象的建（构）筑物范围，补充可比实例建（构）筑物缺少的范围，扣除可比实例建（构）筑物多出的范围，相应地对可比实例的成交价格进行加价和减价处理。

(2) 统一付款方式。建（构）筑物由于价值量大，往往有多种付款方式，如一次性付款、分期支付等方式。而且付款期限长短、付款次数、每笔付款金额在付款期限内分布等的不同，导致实际价格也会有所不同。估价中为便于比较，价格通常以一次性付清所需支付的金额为基准，因此，需要将分期支付的可比实例成交价格折算为在其成交日期一次性付清的金额。具体方法是通过折现计算。

【例4-1】 某宗建（构）筑物成交总价为50万元，其中首付款30%，余款于半年后一次性支付。假设月利率为0.35%，请计算该宗建（构）筑物在其成交日期一次性付清的价格。

解 该宗建（构）筑物在其成交日期一次性付清的价格计算如下：

$$50 \times 30\% + \frac{50 \times (1 - 30\%)}{(1 + 0.35\%)^6} = 49.27(\text{万元})$$

(3) 统一价格单位。在现实估价中，统一价格单位通常采用单价的形式，币种采用人民币，面积内涵为建筑面积，即统一到元/m^2·建筑面积。在统一币种方面，不同币种之间的换算，应采用成交日期时的汇率进行换算。

4. 对可比实例进行因素调整

(1) 交易情况修正。

第一，交易情况修正的含义。可比实例的成交价格是实际发生的，它可能是正常的，也可能是不正常的。由于要求评估的估价对象的价值是客观合理的，所以，如果可比实例的成交价格是不正常的，则应将它修正为正常的。这种对可比实例成交价格进行的修正，称为交易情况修正。

第二，造成成交价格偏离正常市场价格的因素。要把可比实例的实际而可能是不正常的成交价格修正为正常市场价格，首先要了解有哪些因素可能使可比实例的成交价格偏离正常市场价格及是如何偏离的。由于建(构)筑物具有不可移动、独一无二、价值量大等特性，以及建(构)筑物市场是一个不完全市场，建(构)筑物成交价格往往容易受交易中的一些特殊因素的影响，从而偏离正常市场价格。交易中的特殊因素较复杂，归纳起来主要有亲朋好友或利害关系人之间的交易、交易中有一方对市场行情缺乏了解的交易、急于出售或购买的交易、拍卖的交易、对交易对象有特殊偏好的交易及相邻不动产合并分割的交易。有上述特殊交易情况的交易实例一般不宜选为可比实例，但当可供选择的交易实例较少而不得不选用时，则应对其进行交易情况修正。

第三，交易情况修正的方法。交易情况修正系数应以正常市场价格为基准来确定，是因为采用市场法估价时会选取多个可比实例，如果以可比实例作为比较基准就会出现多个比较基准，而采用正常市场价格为比较基准就会有统一的比较基准。实际操作中，以正常市场价格为基准(通常分数定为 100 分)，然后比较可比实例与正常市场价格的区别，当可比实例成交价格比其正常市场价格高时，所得的分数就高于 100 分；低时，得分就低于 100 分，得分用 S 表示，则有：

$$正常市场价格=可比实例价格\times\frac{正常情况指数}{可比实例情况指数}\tag{4-3}$$

$$正常市场价格=可比实例价格\times\frac{100}{S}\tag{4-4}$$

(2) 交易日期修正。

第一，交易日期修正的含义。可比实例的成交价格是其成交日期时的价格，是在其成交日期时的建(构)筑物市场状况下形成的。由于可比实例的成交日期通常是过去，所以可比实例的成交价格通常是在过去的建(构)筑物市场状况下形成的。需要评估的估价对象的价值应当是价值时点时的价值，应是在价值时点时的建(构)筑物市场状况下形成的。如果价值时点是现在(通常是这种情况)，则应是在现在的建(构)筑物市场状况下形成的。由于可比实例的成交日期与价值时点不同，建(构)筑物市场状况可能发生了变化。例如，政府出台了新的政策措施，利率发生了变化，出现了通货膨胀或通货紧缩，消费观念有所改变等，导致了估价对象或可比实例这类建(构)筑物的市场供求关系、货币的购买力发生了变化，以至于即使同一宗建(构)筑物，在这两个不同时间的价格也会不同。因此，应将可比实例在其成交日期时的价格调整到在价值时点时的价格。

第二，交易日期修正的方法。在可比实例的成交日期至价值时点期间，随着时间的流逝，建(构)筑物市场价格可能发生的变化有三种情况：平稳、上涨或下跌。当建(构)筑物市场价格为上涨或下跌时，则必须进行市场状况调整，以使价格符合价值时点时的建(构)筑物市场状况。

交易日期修正系数应以成交日期时的价格为基准来确定。假设从成交日期到价值时点，可比实例的市场价格涨、跌的百分率为$\pm T\%$(从成交日期到价值时点，当可比实例的市场价格上涨时，为$+T\%$；下跌时，为$-T\%$)，则：

可比实例在价值时点的价格 = 可比实例在其成交日期的价格 × 交易日期修正系数　　(4-5)

可比实例在价值时点的价格 = 可比实例在其成交日期的价格 × $(1\pm T\%)$　　(4-6)

(3) 建(构)筑物状况调整。

第一，建(构)筑物状况调整的含义。运用市场法估价需要将可比实例建(构)筑物与估价对象建(构)筑物进行全面比较，如果两者不同，还应对可比实例的成交价格进行建(构)筑物状况调整，因为建(构)筑物自身状况的好坏还关系到其价格高低。进行建(构)筑物状况调整，是把可比实例建(构)筑物在其自身状况下的价格，调整为在估价对象建(构)筑物状况下的价格。

第二，建(构)筑物状况调整的内容。由于建(构)筑物状况可以分为区位状况、实物状况和权益状况，所以建(构)筑物状况调整可以分为区位状况调整、实物状况调整和权益状况调整。不同使用性质的建(构)筑物，影响其价格的建(构)筑物自身因素是不尽相同的。例如，居住建(构)筑物讲求宁静、安全、舒适；商业建(构)筑物着重繁华程度、交通条件；工业建(构)筑物强调对外交通运输和基础设施条件；农业建(构)筑物重视土壤、排水和灌溉条件等。因此，应针对估价对象这类建(构)筑物的使用性质，确定对其价格有影响的各种建(构)筑物自身因素。

区位状况调整的内容主要包括：位置(包括所处的方位、距离、朝向、楼层等)、交通(包括进、出的方便程度)、周围环境和景观(包括自然环境、人文环境和景观等)、外部配套设施(包括基础设施和公共服务设施)等影响建(构)筑物价格的因素。

实物状况调整的内容主要包括：面积(大小)、形状(规则与否)、进深、宽深比、地势(高低)、土壤及地基状况、基础设施完备程度(属于可比实例、估价对象之内的部分)和场地平整程度等影响建(构)筑物价格的因素；对于建筑物来说，主要包括：建筑规模(建筑面积大小)、外观、建筑结构、设施设备、装饰装修、空间布局、防水、保温、隔热、隔声、通风、采光、日照、使用率(得房率)、层高、完损程度(包括工程质量、建筑物年龄、维修养护情况)等影响建(构)筑物价格的因素。

由于在选取可比实例时要求可比实例的权利性质应与估价对象的权利性质相同，所以，在可比实例的权利性质与估价对象的权利性质相同的前提下，权益状况比较、调整的内容主要包括：土地使用期限，城市规划限制条件(如容积率)等影响建(构)筑物价格的因素。在实际估价中，遇到最多的是土地使用期限调整。

第三，建(构)筑物状况调整的方法。建(构)筑物状况调整系数应以估价对象的状况为基准来确定，这是为了给可比实例确定统一的比较基准，实际操作中，具体进行建(构)筑物状况调整的方法有两种：

一是直接比较调整：以估价对象的建(构)筑物状况为基准(通常将其在每种因素方面的分数定为100分)，将可比实例的建(构)筑物状况与估价对象的建(构)筑物状况逐个因素进行比较、评分。如果在某个因素方面可比实例的建(构)筑物状况比估价对象的建(构)筑物状况差,则所得的分数就低于 100 分;反之,就高于 100 分,得分用 R 表示。采用直接比较进行建(构)筑物状况调整的表达式为:

$$可比实例在估价对象状况下的价格 = 可比实例价格 \times \frac{100}{R} \tag{4-7}$$

建(构)筑物状况直接比较调整打分表,如表 4 - 2 所示。

表 4 - 2　　建(构)筑物状况直接比较调整打分表

调整因素	权重	估价对象	可比实例 A	可比实例 B	可比实例 C	可比实例……
区位状况 1	f_1	100				
区位状况 2	f_2	100				
实物状况 1	…	100				
实物状况 2	…	100				
权益状况 1	…	100				
权益状况 2	f_n	100				
	1	100				

二是间接比较调整:与直接比较调整相类似,所不同的是不以估价对象建(构)筑物状况为基准,而是设想一种"标准建(构)筑物",以此标准建(构)筑物状况为基准(通常将其在每种因素方面的分数定为 100 分),将估价对象及可比实例的建(构)筑物状况均与它逐个因素进行比较、评分。如果估价对象、可比实例的建(构)筑物状况比标准建(构)筑物状况好的,则所得的分数就高于 100 分;反之,如果估价对象、可比实例的建(构)筑物状况比标准建(构)筑物状况差的,则所得的分数就低于 100 分。可比实例建(构)筑物状况相对于标准建(构)筑物状况的得分用 R 表示,估价对象建(构)筑物状况相对于标准建(构)筑物状况的得分用 R'表示。采用间接比较进行建(构)筑物状况调整的表达式为:

$$可比实例在估价对象状况下的价格 = 可比实例价格 \times \frac{R'}{100} \times \frac{100}{R} \tag{4-8}$$

建(构)筑物状况间接比较调整打分表,如表 4 - 3 所示。

表 4 - 3　　建(构)筑物状况间接比较调整打分表

调整因素	权重	标准状况	估价对象	可比实例 A	可比实例 B	可比实例 C
区位状况 1	f_1	100				
区位状况 2	f_2	100				
实物状况 1	…	100				
实物状况 2	…	100				
权益状况 1	…	100				
权益状况 2	f_n	100				
	1	100				

5. 求取比准价格

(1) 求取单个可比实例比准价格的方法。由上述内容可知,市场法估价需要进行交易情况、市场状况、建(构)筑物状况三大方面的修正和调整。经过交易情况修正之后,就把可比实例的实际而可能是不正常的成交价格变成了正常市场价格；经过市场状况调整之后，就把可比实例在其成交日期时的价格变成了在价值时点时的价格；经过建(构)筑物状况调整之后，就把可比实例在其自身建(构)筑物状况下的价格变成了在估价对象建(构)筑物状况下的价格。这样，经过这三大方面的修正和调整之后，就把可比实例的成交价格变成了估价对象在价值时点时的价值。

由于建(构)筑物状况调整有直接比较调整和间接比较调整，所以较具体化的综合修正和调整计算公式，有直接比较修正和调整公式及间接比较修正和调整公式。

第一，直接比较修正和调整公式。

$$\text{比准价格} = \text{可比实例价格} \times \frac{100}{S} \times (1+T\%) \times \frac{100}{R} \tag{4-9}$$

上式中，交易情况修正的分子为 100，表示以正常市场价格为基准；交易日期修正的分母为 100，表示以成交日期时的价格为基准；建(构)筑物状况调整的分子为 100，表示以估价对象的建(构)筑物状况为基准。

第二，间接比较修正和调整公式。

$$\text{比准价格} = \text{可比实例价格} \times \text{交易情况修正系数} \times \text{交易日期修正系数} \times \text{状况调整系数} \tag{4-10}$$

$$\text{比准价格} = \text{可比实例价格} \times \frac{100}{S} \times (1+T\%) \times \frac{R'}{100} \times \frac{100}{R}$$

上式中，标准化修正的分子为 100，表示以标准建(构)筑物状况为基准，分母是可比实例建(构)筑物状况相对于标准建(构)筑物状况所得的分数；建(构)筑物状况调整的分母为 100，表示以标准建(构)筑物状况为基准，分子是估价对象建(构)筑物状况相对于标准建(构)筑物状况所得的分数。

(2) 求取最终比准价格的方法。每个可比实例的成交价格经过上述各种修正和调整之后，都会相应地得到一个比准价格。例如，有 5 个可比实例，经过各种修正和调整之后，就会得到 5 个比准价格。但这些比准价格往往是不同的，从而需要把它们综合成一个比准价格，以作为市场法的测算结果。估价实际操作时通常采取的方法是算数平均数和加权平均数。

4.3.3 市场法评估应用

1. 建(构)筑物概况

依据《不动产权证书》，估价对象房地产位于 A 市水岸名苑小区 13 栋 3 号商服，权利人为王某，权利类型为国有建设用地使用权/房屋(构筑物)所有权，权利性质为出让/市场化商品房，用途为商服用地/商业服务，面积为共有宗地面积：14 479.93 m^2/房屋建筑面积：49.78 m^2，使用期限为国有建设用地使用权 2010 年 07 月 03 日起 2050 年 07 月 02 日止，分摊土地使用权面积为 8.29 m^2，房屋结构为混合结构，房屋总层数为 6 层，所在层数为 1 层。根据估价委托人介绍及提供的相关评估资料，于价值时点 2016 年 10 月 19 日估价对象不存在抵押、担保等他项权利。

估价对象位于 A 市水岸名苑小区 13 栋 3 号商服，东侧、西侧、南侧均临其他用地、北临百合路，道路通达度较高，交通便捷度一般，估价对象所在区域商业成熟度一般，周边有弘程时尚购物中心、天宝商城等商业机构；有 A 市第一中学、A 市第一小学等教育机构；有 A 市人民医院、通河镇卫生院医院等医疗机构；有中国工商银行、中国农业银行等金融机构；周边公共配套设施较齐全。

于价值时点土地剩余使用年限为 33.71 年，宗地实际开发程度为宗地外基础设施具备“六通”(通路、供电、供水、排水、通讯、通暖)条件，宗地内基础设施达到“六通一平”(通路、供电、供水、排水、通讯、通暖)条件，宗地现状容积率为 6。

装修状况：估价对象房地产楼体外墙均刷涂料；门为铝合金玻璃门；室内地面均铺地砖，墙面及棚均刷涂料；厨房及卫生间地面均铺地砖，墙面均贴砖到顶，棚均为扣板；窗均为塑钢窗。

设施设备：估价对象配有上下水、供暖、供电、通讯等设施设备，维护、保养较好，配套设施和设备均使用正常。

根据估价人员的实地查勘，房屋承重构件和围护墙较好；地面平整；门窗启闭灵活；墙面及顶棚面层未出现脱落、开裂现象；管道通畅，水卫、电照等设备齐全，日常维护保养状况较好，估价对象建筑物地基和基础未发现不均匀沉降。

2. 市场法测算过程

(1) 选择交易实例。交易实例状况描述表，如表 4－4 所示。

表 4－4　　交易实例状况描述表

实例 A		房屋坐落	A 市水岸名苑小区 11 栋 4 号		
结构	混合	用途	商服	登记时间	2015.11
建筑面积(m^2)	56.94	交易价格(元)	300 000	交易单价(元/m^2)	5 269
实例 B		房屋坐落	A 市花园小区 6 号 1 层门市		
结构	混合	用途	商服	登记时间	2016
建筑面积(m^2)	68	交易价格(元)	420 000	交易单价(元/m^2)	6 176
实例 C		房屋坐落	A 市机关幼儿园道北 1－3 层门市		
结构	混合	用途	商服	登记时间	2016.04
建筑面积(m^2)	188	交易价格(元)	1 200 000	交易单价(元/m^2)	6 383

(2) 比较实例因素的确定。比较实例因素描述表，如表 4－5 所示。

表 4－5　　比较实例因素描述表

比较因素		待估房产	比较案例 A	比较案例 B	比较案例 C
房屋坐落		A 市水岸明珠 13 栋 3 号商服	A 市水岸名苑小区 11 栋 4 号	A 市花园小区 6 号 1 层门市	A 市机关幼儿园道北 1－3 层门市
情况因素		正常	正常	正常	正常
时间因素(交易日期)			2014.11	2015.09	2016.04
区域因素	地理位置和繁华程度	一般	一般	一般	较好
	基础设施程度	基本完善	基本完善	基本完善	基本完善
	公共配套设施	基本完善	基本完善	基本完善	基本完善
	交通便捷程度	一般	一般	一般	一般
	环境质量、周围景观	一般	一般	一般	一般

续 表

个别因素	临街状况	临次干道	临次干道	临次干道	临主干道
	建筑物综合成新率	80%	80%	80%	80%
	建筑结构	砖混	砖混	砖混	砖混
	工程质量	一般	一般	一般	一般
	规模	一般	一般	一般	较大
	设备设施	基本齐全	基本齐全	基本齐全	基本齐全
	楼层	1/6	1/6	1/6	1-3/6
	朝向	北	北	南	南
	装修	简装	简装	简装	简装
	用途	商服	商服	商服	商服

(3) 比较因素条件指数表,如表 4-6 所示。

表 4-6　　比较因素条件指数表

比较因素		待估房地产	案例 A	案例 B	案例 C
交易情况修正指数		100	100	100	100
交易日期修正指数		100	90	95	100
区域因素	地理位置和繁华程度	100	100	100	102
	基础设施完善程度	100	100	100	100
	公共设施完善程度	100	100	100	100
	交通便捷度	100	100	100	100
	环境质量、周围景观	100	100	100	100
个别因素	临街状况	100	100	100	100
	建筑物综合成新率	100	100	100	100
	建筑结构(土地取得方式)	100	100	100	100
	工程质量	100	100	100	100
	规模	100	100	100	95
	设备设施	100	100	100	100
	楼层	100	100	100	95
	朝向	100	100	102	102
	装修	100	100	100	100
	用途	100	100	100	100

(4) 比较因素修正系数表,如表 4-7 所示。

表 4-7　　比较因素修正系数表

项　目	实例 A	实例 B	实例 C
市场交易价(元/m²)	5 269	6 176	6 383
交易情况	100/100	100/100	100/100
交易日期	90/100	95/100	100/100

续 表

区域因素分析	地理位置和繁华程度	100/100	100/100	100/102
	基础设施完善程度	100/100	100/100	100/100
	公共设施完善程度	100/100	100/100	100/100
	交通便捷度	100/100	100/100	100/100
	环境质量、周围景观	100/100	100/100	100/100
个别因素分析	临街状况	100/100	100/100	100/100
	建筑物综合成新率	100/100	100/100	100/100
	建筑结构(土地取得方式)	100/100	100/100	100/100
	工程质量	100/100	100/100	100/100
	规模	100/100	100/100	100/95
	设备设施	100/100	100/100	100/100
	楼层	100/100	100/100	100/95
	朝向	100/100	100/102	100/102
	装修	100/100	100/100	100/100
	用途	100/100	100/100	100/100
修正系数		0.900 0	0.931 4	1.065 0
比准价格(元/m^2)		4 742.10	5 752.33	6 797.90
评估单价(元/m^2)			5 764	

市场法估价测算过程表，如表4-8所示。

表4-8 市场法估价测算过程表

测算项目		估价对象	可比实例1	可比实例2	可比实例…
1. 实际成交价格	总价(元)				
	单价(元/m^2)				
2. 成交日期					
3. 建立比较基准后价格					
3.1 统一建(构)筑物范围后价格					
3.2 统一付款方式后价格					
3.3 统一价格单位后价格					
4. 交易情况修正后价格					
4.1 交易情况修正系数					
5. 市场状况调整后价格					
5.1 市场状况调整系数					
6. 建(构)筑物状况调整后价格					
6.1 建(构)筑物状况调整系数					
6.1.1 区位状况调整系数					
6.1.2 实物状况调整系数					

续 表

测算项目		估价对象	可比实例1	可比实例2	可比实例…
6.1.3 权益状况调整系数					
7. 单个可比实例的比准价格					
8. 最终比准价格					
9. 非建(构)筑物成分价值					
10. 市场法测算结果	总价(元)				
	单价(元/m^2)				

情境任务4.4　收益法在建(构)筑物评估中的应用

4.4.1　收益法内涵及适用范围

1. 收益法的内涵

收益法是预测估价对象的未来收益，然后将其转换为价值来求取估价对象价值的方法。即建(构)筑物的价值等于其未来各期净收益的现值之和，具体是预测估价对象未来各期的净收益，然后利用适当的报酬率将其折算到价值时点后相加来求取估价对象价值的方法。

收益法的本质是以建(构)筑物的预期未来收益为导向来求取建(构)筑物的价值。通常把收益法测算出的价值简称为收益价格。

收益法是以预期原理为基础的。预期原理说明，决定建(构)筑物当前价值的，重要的不是过去的因素而是未来的因素。具体地说，建(构)筑物当前的价值，通常不是基于其历史价格、开发建设已花费的成本或者过去的建(构)筑物市场状况，而是基于建(构)筑物市场参与者对建(构)筑物未来所能带来的收益或者能够获得的满足、乐趣等的预期。因此，可以将购买收益性建(构)筑物视为一种投资：投资者购买收益性建(构)筑物的目的，不是购买建(构)筑物本身，而是购买建(构)筑物未来所能产生的收益，是以现在的一笔资金去换取未来的一系列资金。这样，对于投资者来说，将资金用于购买建(构)筑物获取收益，与将资金存入银行获取利息所起的作用是相同的。于是，一宗建(构)筑物的价格就相当于这样一笔资金，如果将该笔资金存入银行也会带来与该宗建(构)筑物所产生的收益相等的收入。形象一点讲，如果：

$$\text{某笔资金} \times \text{利率} = \text{建(构)筑物的净收益}$$

那么，这笔资金就是该宗建(构)筑物的价格。将上述等式变换一下便得到：

$$\text{建(构)筑物价格} = \frac{\text{建(构)筑物的净物的}}{\text{利率}} \tag{4-11}$$

考虑到上述种种情况，可以把普遍适用的收益法原理表述如下：将价值时点视为现在，那么在现在购买一宗有一定期限收益的建(构)筑物，预示着在其未来的收益期限内可以源源不断地获取净收益，如果现有一笔资金可与这未来一定期限内的净收益的现值之和等值，则这笔资金就是该宗建(构)筑物的价格。

收益性建(构)筑物的价值就是其未来净收益的现值之和,该价值的高低主要取决于以下三个因素:①未来净收益的大小——未来净收益越大,建(构)筑物的价值就越高;反之,就越低。②获得净收益期限的长短——获得净收益期限越长,建(构)筑物的价值就越高;反之,就越低。③获得净收益的可靠性——获得净收益越可靠,建(构)筑物的价值就越高;反之,就越低。

2. 收益法适用的范围和条件

(1) 收益法适用的估价对象。收益法适用的估价对象是有经济收益或有潜在经济收益的建(构)筑物,如住宅、写字楼、旅馆、商店、餐馆、游乐场、影剧院、停车场、汽车加油站、标准厂房、仓库等。它不限于估价对象本身现在是否有收益,只要估价对象所属的这类建(构)筑物具有潜在收益即可,因为类似住宅以出租方式获取收益的情况很多,因此可将该住宅设想为出租的情况下来运用收益法估价,即先根据同一市场上有出租收益的类似住宅的有关资料,采用类似于市场法的方法求出该住宅的租赁收入、运营费用或者净收益等,再利用收益法来估价。但对于行政办公楼、学校、公园等公用、公益性建(构)筑物的估价,收益法一般不适用。

(2) 收益法估价需要具备的条件。收益法评估出的价值取决于估价师对未来的预期,那么错误和非理性的预期就会得出错误的评估价值。因此,收益法估价需要具备的条件是建(构)筑物未来的收益和风险都能够较准确地量化(预测)。对未来的预期通常是基于过去的经验和对现实的认识做出的,必须以广泛、深入的市场调查和市场分析为基础。

4.4.2 收益法评估程序

运用收益法估价一般分为以下四个步骤:①确定未来收益期限;②求取未来净收益;③求取报酬率;④选用恰当的收益法公式计算收益价格。

1. 确定未来收益期限

收益期限是预期未来可以从估价对象那里获取收益的时间,其起点是价值时点,终点是未来不能获取收益之日。收益期限应根据建筑物剩余经济寿命、建设用地使用权剩余期限等来确定,即在价值时点的建筑物剩余经济寿命与土地使用权剩余年限中较短者为收益期限。建筑物剩余经济寿命是自价值时点起至建筑物经济寿命结束的时间。建设用地使用权剩余期限是自价值时点起至土地使用期限结束的时间。

在建筑物剩余经济寿命与建设用地使用权剩余期限同时结束的情况下,收益期限为建筑物剩余经济寿命或者建设用地使用权剩余期限。

在建筑物剩余经济寿命早于建设用地使用权剩余期限结束的情况下,建(构)筑物的价值等于以建筑物剩余经济寿命为收益期限计算的建(构)筑物价值,加上建筑物剩余经济寿命结束后的剩余期限建设用地使用权在价值时点的价值。建筑物剩余经济寿命结束后的剩余期限建设用地使用权在价值时点的价值,等于整个剩余期限的建设用地使用权在价值时点的价值,减去以建筑物剩余经济寿命为使用期限的建设用地使用权在价值时点的价值。

在建筑物剩余经济寿命晚于建设用地使用权剩余期限结束的情况下,分为出让合同约定土地出让期限届满需要无偿收回国有建设用地使用权时,对收回的建筑物予以补偿和不予补偿两种情况。对于出让合同约定土地出让期限届满需要无偿收回国有建设用地使用权时,对收回的建筑物予以补偿的,建(构)筑物的价值等于以建设用地使用权剩余期限为收益期限计算的建(构)筑物价值,加上建设用地使用权剩余期限结束时建筑物的残余价值折算到价值时点时的价值。对于出让合同约定土地出让期限届满需要无偿收回国有建设用地使用权时,对收回的建筑物不予补偿的,以建设用地使用权剩余期限为收益期限,选用相应的收益期限为有限年的公式计算建(构)筑物的价值。

2. 求取未来净收益

净收益的具体求取因估价对象的收益类型不同而有所不同,可归纳为下列四种情况:①出租的建(构)筑物;②营业的建(构)筑物;③自用或尚未使用的建(构)筑物;④混合收益的建(构)筑物。

(1) 出租的建(构)筑物净收益的求取。出租的建(构)筑物是收益法估价的典型对象,其净收益通常为租赁收入扣除由出租人负担的费用后的余额。

租赁收入包括租金收入和租赁保证金或押金的利息收入等其他收入。

出租人负担的费用,根据真正的房租构成因素[地租、房屋折旧费、维修费、管理费、投资利息、保险费、建(构)筑物税、租赁费用、租赁税费和利润],一般为其中的维修费、管理费、保险费、建(构)筑物税、租赁费用、租赁税费。

在实际求取净收益时,通常是在分析租赁合同的基础上决定应当扣除的费用项目。如果租赁合同约定保证合法、安全、正常使用所需要的一切费用均由出租人负担,则应将它们全部扣除;如果租赁合同约定部分或全部费用由承租人负担,则出租人所得的租赁收入就接近于净收益,此时扣除的费用项目就要相应减少。当按惯例确定出租人负担的费用时,要注意与租金水平相匹配。在现实的建(构)筑物租赁中,如果出租人负担的费用项目多,名义租金就会高一些;如果承租人负担的费用项目多,名义租金就会低一些。

(2) 营业的建(构)筑物净收益的求取。营业的建(构)筑物的最大特点是,建(构)筑物所有者同时也是经营者,建(构)筑物租金与经营者利润没有分开。

第一,商业经营的建(构)筑物,应根据经营资料测算净收益,净收益为商品销售收入扣除商品销售成本、经营费用、商品销售税金及附加、管理费用、财务费用和商业利润。

第二,工业生产的建(构)筑物,应根据产品市场价格以及原材料、人工费用等资料测算净收益,净收益为产品销售收入扣除生产成本、产品销售费用、产品销售税金及附加、管理费用、财务费用和厂商利润。

第三,农地净收益的测算,是由农地年产值(全年农产品的产量乘以单价)扣除种苗费、肥料费、水利费、农药费、农具费、人工费、畜工费、机工费、农舍费、投资利息、农业税、农业利润等。

(3) 自用或尚未使用的建(构)筑物净收益的求取。自用或尚未使用的建(构)筑物是指住宅、写字楼等目前为业主自用或暂时空置的建(构)筑物,而不是指写字楼、宾馆的大堂、管理用房等所必要的"空置"或自用部分。

写字楼、宾馆的大堂、管理用房等的价值是通过其他用房的收益体现出来的,因此,其净收益不用单独计算,否则就重复了。自用或尚未使用的建(构)筑物的净收益,可以根据同一市场上有收益的类似建(构)筑物的有关资料按照上述相应的方式来测算,或者通过类似建(构)筑物的净收益直接比较得出。

酒店如有管理用房,其价值不能单独计算,如某五星级酒店第 11 层为酒店管理人员办公用房,此层价值在用收益法测算时不能单独测算。

(4) 混合收益的建(构)筑物净收益的求取。对于现实中包含上述多种收益类型的建

(构)筑物,如星级宾馆一般有客房、会议室、餐厅、商场、商务中心、娱乐中心等,其净收益视具体情况采用下列三种方式之一求取:

第一,把费用分为变动费用和固定费用,将测算出的各种类型的收入分别减去相应的变动费用,予以加总后再减去总的固定费用。变动费用是指其总额随着业务量的变动而变动的费用。当业务量增加(如生产更多产品)时,由于需要更多的原材料,费用也因此而增加。固定费用是指其总额不随业务量的变动而变动的费用,即不论业务量发生什么变化,都固定不变的费用。以一个有客房、会议室、餐饮、商场、商务中心、娱乐中心的星级宾馆为例来说,客房部分的变动费用是与入住客人多少直接相关的费用,会议室部分的变动费用是与使用会议室的次数直接相关的费用,餐饮部分的变动费用是与用餐人数直接相关的费用,商场部分的变动费用是与商品销售额直接相关的费用等;固定费用是指人员工资、固定资产折旧费、建(构)筑物税、保险费等,不管客房是否有客人入住、会议室是否有人租用、餐厅是否有人就餐、商场是否有人购物等,都要发生的费用。

第二,首先测算各种类型的收入,然后测算各种类型的费用,再将总收入减去总费用。

第三,把混合收益的建(构)筑物看成是各种单一收益类型建(构)筑物的简单组合,先分别根据各自的收入和费用求出各自的净收益,然后将所有的净收益相加。

3. 求取报酬率

(1) 报酬率的内涵。报酬率又称回报率、收益率,是指投入资本全部回收以后所获得的额外资金占全部投资的比率。以向银行存款为例,投资回报就是从银行那里得到的利息。因此,报酬率为投资回报与所投入资本的比率,即:

$$\text{报酬率}=\frac{\text{投资回报}}{\text{所投入的资本}} \tag{4-12}$$

可以将购买收益性建(构)筑物视为一种投资行为,这种投资所需要投入的资本是建(构)筑物价格,试图获取的收益是建(构)筑物预期会产生的净收益。投资既要获取收益,又要承担风险。在一个完善的市场中,投资遵循收益与风险相匹配原则,报酬率与投资风险正相关,风险大的投资,其报酬率也高;反之,则低。

掌握了报酬率与投资风险的上述关系,实际上就在观念上把握住了求取报酬率的方法,即所选取的报酬率,应等同于与获取估价对象产生的净收益具有同等风险的投资的报酬率。例如,两宗建(构)筑物的净收益相等,但其中一宗建(构)筑物获取净收益的风险大,从而要求的报酬率高,另一宗建(构)筑物获取净收益的风险小,从而要求的报酬率低。由于建(构)筑物价值与报酬率负相关,因此,在收益能力相同的条件下,风险大的建(构)筑物的价值低,风险小的建(构)筑物的价值高。

(2) 报酬率的求取方法。

第一,累加法。累加法是将报酬率视为包含无风险报酬率和风险报酬率两大部分,然后分别求出每一部分,再将它们相加得到报酬率的方法。无风险报酬率又称安全利率,是无风险投资的报酬率,是资金的机会成本。风险报酬率是指承担额外的风险所要求的补偿,即超过无风险报酬率以上部分的报酬率,具体是对估价对象建(构)筑物自身及其所在的区域、行业、市场等所存在的风险的补偿。

累加法的一个细化公式为:

$$\text{报酬率}=\begin{matrix}\text{无风险}\\\text{报酬率}\end{matrix}+\begin{matrix}\text{投资风险}\\\text{补偿率}\end{matrix}+\begin{matrix}\text{管理负担}\\\text{补偿率}\end{matrix}+\begin{matrix}\text{缺乏流动}\\\text{性补偿率}\end{matrix}-\begin{matrix}\text{投资带来}\\\text{的优惠率}\end{matrix} \tag{4-13}$$

表 4-9　　报酬率相关系数表

项　　目	内　　涵
无风险报酬率	无风险投资的报酬率，通常选取同一时期的国债利率或银行存款利率
投资风险补偿率	投资者所承担的额外风险补偿
管理负担补偿率	投资者对所承担的额外管理补偿
缺乏流动性补偿率	投资者对所投入的资金由于缺乏流动性所要求的补偿
投资带来的优惠率	由于投资建(构)筑物可能获得某些额外的好处

第二，市场提取法。市场提取法是指利用与估价对象建(构)筑物具有类似收益特征的可比实例建(构)筑物的价格、净收益等资料，选用相应的报酬资本化法公式，反求出报酬率的方法。

具体操作时，可在同一供求圈内搜集租金及售价的可比实例，求其净收益与价格之比的平均数。根据公式(4-12)，可求出可比实例的报酬率，然后计算算术平均数即为该估价对象建(构)筑物类型的综合报酬率。可比实际描述表，如表 4-10 所示。

表 4-10　　可比实例描述表

可比实例	租金(万元/年)	售价(万元)	报酬率
1	12	150	8.00%
2	9.80	130	7.54%
3	10	180	5.56%
4	9	145	6.21%
5	7	120	5.83%
估价对象报酬率			6.63%

第三，投资报酬率排序插入法。收益法估价采用的报酬率是典型投资者在建(构)筑物投资中所要求的报酬率。由于具有同等风险的任何投资的报酬率应该是相近的，所以，可以通过与估价对象同等风险的投资报酬率来求取估价对象的报酬率。报酬率排序插入法的操作步骤和主要内容如下：

首先，调查、搜集估价对象所在地区的建(构)筑物投资、相关投资及其报酬率和风险程度的资料，如各种类型的银行存款利率、政府债券利率、公司债券利率、股票报酬率及其他投资的报酬率等。

然后，将所搜集的不同类型投资的报酬率按从低到高的顺序排列，将估价对象与这些类型投资的风险程度进行分析比较，考虑管理的难易、投资的流动性以及作为资产的安全性等，判断出同等风险的投资，确定估价对象风险程度应处的位置。

最后，根据估价对象风险程度所处的位置，在图表上找出对应的报酬率，从而就求出了估价对象的报酬率。

4. 选用恰当的收益法公式计算收益价格

(1) 报酬资本化法最一般的公式。

$$V=\frac{A_1}{1+Y_1}+\frac{A_2}{(1+Y_1)(1+Y_2)}+\cdots+\frac{A_n}{(1+Y_1)(1+Y_2)\cdots(1+Y_n)}$$

$$=\sum_{i=1}^{n}\frac{A_i}{\prod_{j=1}^{i}(1+Y_j)} \qquad (4-14)$$

(2) 净收益每年不变的公式。净收益每年不变的公式具体有两种情况:一是收益期限为有限年,二是收益期限为无限年。

第一,收益期限为有限年的公式。

$$V=\frac{A}{Y}\left[1-\frac{1}{(1+Y)^n}\right] \tag{4-15}$$

式中:V——建(构)筑物收益价格;

A——建(构)筑物净收益;

Y——建(构)筑物报酬率;

n——建(构)筑物收益期限。

此公式的假设前提是:净收益每年不变为A;报酬率为Y,Y不等于零;收益期限为有限年n。

第二,收益期限为无限年的公式。

收益期限为无限年的公式如下:

$$V=\frac{A}{Y} \tag{4-16}$$

此公式的假设前提是:净收益每年不变为A;报酬率为Y,Y大于零;收益期限无限年。

收益期限为无限年公式是在有限年公式基础上,当n趋于无穷大,对有限年公式取极限得到的。

(3) 净收益在前若干年有变化的公式。净收益在前若干年有变化的公式具体有两种情况:一是收益期限为有限年,二是收益期限为无限年。

第一,收益期限为有限年的公式:

$$V=\sum_{i=1}^{t}\frac{A_i}{(1+Y)^i}+\frac{A}{Y(1+Y)^t}\left[1-\frac{1}{(1+Y)^{n-t}}\right] \tag{4-17}$$

式中:t——净收益有变化的年限。

此公式的假设前提是:净收益在未来t年(含第t年)有变化,在第t年以后无变化为A;报酬率为Y,Y不等于零;收益期限为有限年n。

第二,收益期限为无限年的公式:

$$V=\sum_{i=1}^{t}\frac{A_i}{(1+Y)^i}+\frac{A}{Y(1+Y)^t} \tag{4-18}$$

此公式的假设前提是:净收益在未来t年(含第t年)有变化,在第t年以后无变化为A;报酬率为Y,Y大于零;收益期限为无限年。

【例4-2】 某宗建(构)筑物的收益期限为35年,通过预测得到其未来4年的净收益分别为40万元、44万元、50万元、56万元,从未来第5年到第35年每年的净收益将稳定在70万元左右,该类建(构)筑物的报酬率为6%。请计算该宗建(构)筑物的收益价格。

解 该宗建(构)筑物的收益价格计算如下:

$$\begin{aligned}V&=\sum_{i=1}^{t}\frac{A_i}{(1+Y)^i}+\frac{A}{Y(1+Y)^t}\left[1-\frac{1}{(1+Y)^{n-t}}\right]\\&=\frac{40}{1+6\%}+\frac{44}{(1+6\%)^2}+\frac{50}{(1+6\%)^3}+\frac{56}{(1+6\%)^4}\\&\quad+\frac{70}{6\%(1+6\%)^4}\left[1-\frac{1}{(1+6\%)^{35-4}}\right]\\&=922.82(万元)\end{aligned}$$

(4) 预知未来若干年后的价格的公式。预测建(构)筑物未来 t 年期间的净收益分别为 $A_1, A_2, \cdots, A_t$,第 t 年年末的价格为 V_t,则其现在的价格为:

$$V=\sum_{i=1}^{t}\frac{A_i}{(1+Y)^i}+\frac{V_t}{(1+Y)^t} \tag{4-19}$$

式中:V_t——建(构)筑物在未来第 t 年年末的价格。

t—持有建(构)筑物的期限。

【例 4-3】 某宗建(构)筑物现在的价格为 4 000 元/m²,年净收益为 400 元/m²,报酬率为 6%。现获知该地区将修建地铁,该地铁站将在 6 年后建成投入使用,到那时该地区将达到该城市现有地铁站地区的物价水平。在该城市现有地铁站地区,同类建(构)筑物的价格为 10 000 元/m²,预计未来 6 年间价格每年上涨 3%。据此预计新火车站建成投入使用后,新地铁站地区该类建(构)筑物的价格将达到现有地铁站地区同类建(构)筑物的价格水平。请计算获知兴建地铁站后该宗建(构)筑物的价格。

解 获知兴建火车站后该宗建(构)筑物的价格计算如下:

$$\begin{aligned}V&=\frac{A}{Y}\left[1-\frac{1}{(1+Y)^t}\right]+\frac{V_t}{(1+Y)^t}\\&=\frac{400}{6\%}\left[1-\frac{1}{(1+6\%)^6}\right]+\frac{10\,000\,(1+3\%)^6}{(1+6\%)^6}\\&=10\,384.53(\text{万元})\end{aligned}$$

可见,该宗建筑物在获知兴建火车站之后,价格由 4 000 元/m² 上涨到 10 384.53 元/m²。

4.4.3 收益法评估应用

1. 建(构)筑物概况

与 4.3.3 市场法评估应用估价对象相同。

2. 收益法测算过程

预计估价对象未来的正常净收益,选用适当的资本化率将其折现到估价时点后累加,以此估算估价对象的客观合理价格或价值的方法。

(1) 选择租赁实例。租赁实例状况描述表,如表 4-11 所示。

表 4-11　租赁实例状况描述表

业务宗号	案例①	房屋坐落	A 市江畔花园自然理疗养生馆 1 层门市		
结构	混合		用途	商服	装修	简装
建筑面积(m²)	40	年租金(元)	12 000	日租金(元/天/m²)		0.822
业务宗号	案例②	房屋坐落	A 市中央大街眼镜店——1 层门市			
结构	混合		用途	商服	装修	简装
建筑面积(m²)	600	年租金(元)	125 000	日租金(元/天/m²)		0.571
业务宗号	案例③	房屋坐落	A 市百合街烧烤店 1 层门市			
结构	混合		用途	商服	装修	简装
建筑面积(m²)	76	年租金(元)	25 000	日租金(元/天/m²)		0.901

(2) 租赁实例因素的确定。租赁实例因素描述表，如表 4－12 所示。

表 4－12 租赁实例因素描述表

比较因素		待估房产	比较案例 1	比较案例 2	比较案例 3
房屋坐落		水岸名苑 13 栋 3 号	A 市江畔花园自然理疗养生馆 1 层门市	A 市中央大街眼镜店 1 层门市	A 市百合街烧烤店 1 层门市
情况因素		正常	正常	正常	正常
时间因素(交易日期)			近期	近期	近期
区域因素	地理位置和繁华程度	一般	一般	较好	一般
	基础设施程度	较完善	较完善	较完善	较完善
	公共配套设施	较完善	较完善	较完善	较完善
	交通便捷程度	一般	一般	较好	一般
	环境质量、周围景观	一般	一般	较好	一般
个别因素	临街状况	临次干道	临次干道	临主干道	临次干道
	建筑物综合成新率	80%	80%	80%	80%
	建筑结构	混合	混合	混合	混合
	工程质量	一般	一般	一般	一般
	规模	一般	一般	一般	一般
	设备设施	基本齐全	基本齐全	基本齐全	基本齐全
	楼层	1/6	1/6	—1/6	1/6
	朝向	北	北	南	南
	装修	简装	简装	简装	简装
	用途	商服	商服	商服	商服

(3) 租赁因素条件指数表，如表 4－13 所示。

表 4－13 租赁因素条件指数表

比较因素		待估房地产	案例 1	案例 2	案例 3
交易情况修正指数		100	100	100	100
交易日期修正指数		100	100	100	100
区域因素	地理位置和繁华程度	100	100	102	100
	基础设施完善程度	100	100	100	100
	公共设施完善程度	100	100	100	100
	交通便捷度	100	100	102	100
	环境质量、周围景观	100	100	102	100
个别因素	临街状况	100	100	102	100
	建筑物综合成新率	100	100	100	100
	建筑结构(土地取得方式)	100	100	100	100
	工程质量	100	100	100	100
	规模	100	100	100	100

续 表

比较因素		待估房地产	案例1	案例2	案例3
个别因素	设备设施	100	100	100	100
	楼层	100	100	95	100
	朝向	100	100	102	102
	装修	100	100	100	100
	用途	100	100	100	100

(4) 租赁因素修正系数表,如表 4-14 所示。

表 4-14　　租赁因素修正系数表

项　目		实例 A	实例 B	实例 C
市场交易价(元/m^2)		0.822 0	0.571 0	0.901 0
交易情况		100/100	100/100	100/100
交易日期		100/100	100/100	100/100
区域因素分析	地理位置和繁华程度	100/100	100/102	100/100
	基础设施完善程度	100/100	100/100	100/100
	公共设施完善程度	100/100	100/100	100/100
	交通便捷度	100/100	100/102	100/100
	环境质量、周围景观	100/100	100/102	100/100
个别因素分析	临街状况	100/100	100/102	100/100
	建筑物综合成新率	100/100	100/100	100/100
	建筑结构	100/100	100/100	100/100
	工程质量	100/100	100/100	100/100
	规模	100/100	100/100	100/100
	设备设施	100/100	100/100	100/100
	楼层	100/100	100/95	100/100
	朝向	100/100	100/102	100/102
	装修	100/100	100/100	100/100
	用途	100/100	100/100	100/100
修正系数		1.000 0	0.953 4	0.980 4
比准价格(元/m^2)		0.833	0.544	0.883
评估单价(元/m^2)		0.750		

(5) 测算过程。

第一,计算公式。

$$V=\frac{A}{Y}\left[1-\frac{1}{(1+Y)^n}\right]$$

式中:V——收益法评估价格;

　　A——房地产年纯收益;

R——房地产资本化率；

n——房地产收益年期。

在净收益的确定上，我们遵循以下基本公式：

$$\text{净收益}=\begin{matrix}\text{潜在}\\\text{毛收入}\end{matrix}-\begin{matrix}\text{空置等造成的}\\\text{收入损失}\end{matrix}-\begin{matrix}\text{运营}\\\text{费用}\end{matrix}=\begin{matrix}\text{有效}\\\text{毛收入}\end{matrix}-\begin{matrix}\text{运营}\\\text{费用}\end{matrix} \tag{4-20}$$

第二，具体计算过程如，表 4－15 和表 4－16 所示。

表 4－15　　　　测算表

序号	内容	数量	备　注
1	年房地产有效毛收益(元/m²)	263.500	—
1.1	日租金(元/m²)	0.750	根据委托估价方提供的有关资料，以及估价人员调查周围房地产市场行情，该地区同类型房地产出租平均租金为 0.750 元/m²·日
1.2	租金损失费(元/m²)	11.250	指房屋在出租过程中遇到没有出租出去的空置期，按每年半个月(15天)计算
1.3	年房地产总收益(元/m²)	273.750	按 365 天计算
2	年总费用(元/ m²)	75.718	—
2.1	维修费(元/m²)	18	指为保证房屋正常使用每年需支付的修缮费用，应按房地产重置价格的 1%，房屋重置价格为 1 800 元/m²
2.2	管理费(元/m²)	7.875	指对出租房屋进行的必要管理所需的费用，按年房地产有效毛收益的 3%计
2.3	房产税(元/m²)	32.850	按房地产年总收益的 12%
2.4	营业税及附加(元/m²)	15.193	按年房地产总收益的 5.55%计
2.5	保险费(元/m²)	1.800	保险费指房产所有人为使自己的房产避免意外损失而向保险公司支付的费用，按房屋重置价×1‰计，房屋重置价为 1 800 元/m²
3	年租金净收益(元/m²)	186.782	—
4	资本化率	6.0%	以中国人民银行公布的一年期存款利率或一年期国债利率，加上一定的风险调整值，在此基础上结合该区域房屋租售比例的调查情况，确定房地产资本化率为 6%。
5	可获收益年限(年)	33.71	估价对象结构为混合结构，房屋经济寿命 40 年，估价对象《不动产权证书》上未注明房屋建成年份，经估价人员现场勘查及估价委托人介绍，假设房屋建成年份为 2011 年，房屋剩余经济耐用年限为 35 年。估价对象土地取得方式为出让，终止日期为 2050 年 07 月 02 日，土地剩余使用年期为 33.71 年，依据《房地产估价规范》土地使用权剩余期限与建筑物剩余经济寿命不同时结束的，应选取较短者为收益期，因此本次估价以土地剩余年期作为可收益年限。
6	房地产单价(元/m²)	2 676	—

表 4－16　　　　收益法估价测算过程表

	数　量	备　注
1. 有效毛收入		
潜在毛租金收入		

续 表

	数 量	备 注
空置和收租损失		
空置率		
其他收入		
2. 运营费用		
水费		
电费		
燃气费		
供暖费		
空调费		
有线电视费		
电话费		
上网费		
家具设备折旧		
建筑物专有部分维修费		
物业服务费		
管理费		
建(构)筑物税		
房屋保险费		
租赁费用		
租赁税费		
其他费用		
3. 净收益		
4. 收益期限		
5. 报酬率或资本化率		
6. 测算结果	总价	
	单价	

情境任务 4.5 成本法在建(构)筑物评估中的应用

4.5.1 成本法内涵及适用范围

1. 成本法的内涵

成本法是求取估价对象在价值时点的重新购建价格和建筑物折旧，然后将重新购建价格减去建筑物折旧来求取估价对象价值的方法。所谓重新购建价格，是指假设在价值时点重新取得全新状况的估价对象的必要支出，或者重新开发建设全新状况的估价对象的必要支出及应得利润。所谓折旧,是指各种原因造成的建(构)筑物价值减损,其金额为建(构)筑物在价值时点的市场价值与在价值时点的重新购建价格之差。

成本法的理论依据是生产费用价值论——商品的价格是依据其生产所必要的费用而决定。具体又可分为从卖方的角度看和从买方的角度看。从卖方的角度看,建(构)筑物价格是基于其过去的"生产费用",重在过去的投入,是卖方愿意接受的最低价格不能低于他为开发建设该建(构)筑物已花费的代价,如果低于该代价,他就要亏本。从买方的角度看,建(构)筑物的价格是基于其社会上的"生产费用",是买方愿意支付的最高价格不能高于他预计重新开发建设该建(构)筑物的必要支出及应得利润,如果高于,则还不如自己开发建设(或者委托别人开发建设)。成本法的本质是以建(构)筑物的重新开发建设成本为导向来求取建(构)筑物的价值。通常,把成本法测算出的价值简称为积算价格。

2. 成市法适用的估价对象和条件

(1) 成本法适用的估价对象。新近开发建设完成的建(构)筑物、可以假设重新开发建设的现有建(构)筑物、在建工程、计划开发建设的建(构)筑物,都可以采用成本法估价。对于那些很少发生交易而限制了市场法的运用;又没有经济收益或没有潜在经济收益而限制了收益法运用的建(构)筑物,如学校、医院、图书馆、体育场馆、公园、行政办公楼、军队营房等以公益、公用为目的的建(构)筑物,均特别适用成本法估价。化工厂、钢铁厂、发电厂、油田、码头、机场之类有独特设计或者只针对个别使用者的特殊需要而开发建设的建(构)筑物,单纯的建筑物或者其装饰装修部分以及建(构)筑物保险(包括投保和理赔)及其他建(构)筑物损害赔偿通常也是采用成本法估价。

(2) 成本法估价需要具备的条件。运用成本法估价要注意的是,现实中的建(构)筑物价格,特别是具体一宗建(构)筑物的价格,直接取决于其效用而非花费的成本,成本的增加一定要对效用的增大有所作用才能构成价格。有时候,建(构)筑物成本的增加并不一定能增加其价值,花费的成本不多也不一定说明其价值不高。价格等于"成本加平均利润"需要具备以下两个条件:一是自由竞争市场,二是该种商品本身可以大量重复生产。因此,在采用成本法估价时,需要注意以下几个方面:①应采用客观正常成本而不是个别实际成本。客观成本是指假设重新开发建设时大多数建(构)筑物开发商的一般花费。实际成本是指某个具体的建(构)筑物开发商的实际花费。②应在客观成本的基础上结合市场供求分析进行调整。当建(构)筑物市场供大于求时,应在客观成本的基础上调低评估价值;当供小于求时,应在客观成本的基础上调高评估价值。③成本法估价不适用于过于老旧的建(构)筑物,因为如果一个建筑物已很破旧,基本上没有了使用价值,这时采用成本法估价就无多大意义了。

4.5.2 成本法评估程序

运用成本法估价一般分为以下四个步骤:①弄清估价对象建(构)筑物的价格构成;②测算估价对象的重新购建价格;③测算建筑物折旧;④求取估价对象的积算价格。

1. 弄清建(构)筑物价格构成

建(构)筑物价格构成是在取得土地到房屋竣工验收乃至完成租售的全过程中,在获取土地、前期工作、施工建设、竣工验收、商品房租售等阶段,根据在全过程中的各项成本、费用、税金等必要支出结合估价对象的实际情况,测算出建(构)筑物的总金额。根据《房地产估价规范条文说明》对成本法相关规定,关于建(构)筑物重置价格或重建价格构成可细分为：

(1) 土地取得费用:包括征地和房屋拆迁安置补偿费、土地使用权出让金或者地价款及有关土地取得的手续费及税金。

农地征用费的构成如下:土地补偿费、青苗补偿费、地上附着物补偿费(包括农田基础设施、树木、迁坟等)、安置补助费(包括劳动力安置补助费、超转人员生活补助费等)、房屋拆迁安置补偿费(此处指农村房屋拆迁安置补偿费,其构成参见城市房屋拆迁安置补偿费)、耕地占用税、耕地开垦费、新菜地开发建设基金(征用城市郊区的菜地)、征地管理费(是由用地单位在征地费总额的基础上按一定比例支付的管理费用,其收取标准根据征地包干方式的不同,为征地费总额的1.5%～3%)及政府规定的其他有关税费。

城市房屋拆迁安置补偿费的构成如下:被拆除房屋及附属物补偿费、购建拆迁安置用房费、安置补助费(包括被拆迁人搬家补助费、提前搬家奖励费、临时安置补助费、临时周转交通补助费、迁往远郊区县安置补助费、一次性异地安置补助费)、被拆迁单位和个体工商户停产、停业期间损失补助费、房屋拆迁管理费和房屋拆迁服务费及政府规定的其他有关税费。

(2) 开发成本:包括勘察设计和前期工程费、基础设施建设费、房屋建筑安装工程费、公共配套设施建设费及开发过程中的税费。

(3) 管理费用:是指开办费和开发过程中管理人员工资等。

(4) 投资利息。

(5) 销售税费:包括销售费用、销售税金及附加和其他销售税费。

(6) 开发利润。

2. 测算重新购建价格

重新购建价格又称重新购建成本,是指假设在价值时点重新取得全新状况的估价对象的必要支出,或者重新开发建设全新状况的估价对象的必要支出及应得利润。其中,重新取得可简单地理解为重新购买,重新开发建设可以简单地理解为重新生产。

建筑物重新购建价格可以采用市场法、成本法求取,也可以通过政府或者其授权的部门、机构公布的房屋重置价格或者建(构)筑物市场价格扣除其中可能包含的土地价格来求取。

(1) 市场法求取重新购建价格。市场法求取重新购建价格是以估价对象建筑物为整体,选取某种与该类建筑物的建筑安装工程费密切相关的计量单位(如单位建筑面积、单位体积、延长米等)作为比较单位,然后调查、了解在价值时点的近期建成的类似建筑物的这种单位建筑安装工程费,并对其进行适当的处理后,得到估价对象建筑物建安工程费,然后再加上相应的专业费用、管理费用、销售费用、投资利息、销售税费和开发利润,来求取估价对象建筑物重新购建价格的方法。

【例4-4】 某幢房屋的建筑面积为500 m^2,该类用途、建筑结构和档次的房屋的单位建筑面积建筑安装工程费为1 500元/m^2,专业费用为建筑安装工程费的6%,管理费用为建筑安装工程费与专业费用之和的3%,销售费用为重新购建价格的3%,建设期为12个月,所有费用可视为在建设期内均匀投入,年利率为6%,开发商成本利润率为20%,销售税费为重新购建价格的6%。请计算该房屋的重新购建价格。

解 设该房屋单位建筑面积的重新购建价格为 V_B,计算如下:

建筑安装工程费＝1 500(元/m^2)

专业费用＝1 500×6%＝90(元/m^2)

管理费用 $=(1\ 500+90)\times 3\%=47.7$(元 /m²)

销售费用 $=V_B\times 3\%=0.03V_B$(元 /m²)

投资利息 $=(1\ 500+90+47.7+0.03V_B)\times[(1+6\%)0.5-1]=48.475+0.000\ 889V_B$(元 /m²)

销售税费:$V_B\times 6\%=0.06V_B$(元 /m²)

开发利润 $=(1\ 500+90+47.7+0.03V_B+48.475+0.000\ 889V_B)\times 20\%=337.24+0.006\ 178V_B$(元 /m²)

$V_B=1\ 500+90+47.7+0.03V_B+48.475+0.000\ 889V_B+0.06V_B+337.24+0.006\ 178V_B$

$V_B=2\ 240.93$(元 /m²)

重新购建总价 $=2\ 240.93\times 500=1\ 120\ 465$(元)

(2) 成本法求取重新购建价格。成本法求取重新购建价格是先将估价对象建筑物分解为各个独立的构件或分部分项工程,并测算每个独立构件或分部分项工程的数量,然后调查、了解价值时点时的各个独立构件或分部分项工程的单位价格或成本,最后将各个独立构件或分部分项工程的数量乘以相应的单位价格或成本后相加,再加上相应的专业费用、管理费用、销售费用、投资利息、销售税费和开发利润,来求取建筑物重新购建价格的方法。

【例 4-5】 估算某旧办公楼 2017 年 6 月 30 日的建筑物重置价格。建(构)筑物估价师经实地查看、查阅有关图纸等资料,得知该办公楼共 10 层,总建筑面积为 6 000 m²,建筑结构为钢筋混凝土框架结构,并调查、了解到估算该重置价格所需的有关数据如下:

1. 建筑安装工程费:

(1) 土建工程直接费:

① 基础工程:99 元/m²

② 墙体工程:80 元/m²

③ 梁板柱工程:280 元/m²

④ 墙混凝土(电梯井壁、混凝土剪力墙)工程:74 元/m²

⑤ 楼梯混凝土工程:31 元/m²

⑥ 零星混凝土工程:25 元/m²

⑦ 屋面工程:20 元/m²,

⑧ 脚手架工程:25 元/m²

⑨ 室外配套工程:145 元/m²

小计:779 元/m²

(2) 安装工程直接费:

① 电梯工程:130 元/m²(其中:人工费 9 元/m²)

② 给排水工程;85 元/m²(其中:人工费 13 元/m²)

③ 采暖通风工程:70 元/m²(其中:人工费 9 元/m²)

④ 电气工程;112 元/m²(其中:人工费 8 元/m²)

⑤ 消防工程:15 元/m²(其中:人工费 2.5 元/m²)

⑥ 综合布线工程:31 元/m²(其中:人工费 5 元/m²)

小计:443 元/m²(其中:人工费 46.5 元/m²)

(3) 装饰装修工程直接费:

① 门窗工程：135 元/m^2（一次性包死承包价）

② 内部装饰工程：455 元/m^2（其中：人工费 45 元/m^2）

③ 外墙玻璃幕等工程：311 元/m^2（一次性包死承包价）

小计：901 元/m^2（其中：人工费 45 元/m^2）

（4）土建工程综合费率为土建工程直接费的 15%，安装工程综合费率为安装工程人工费的 80%，装饰装修工程综合费率为装饰装修工程人工费的 76%，税金为 5.5%。

2. 专业费用：建筑安装工程费的 2%。

3. 管理费用：建筑安装工程费与专业费用之和的 3%。

4. 销售费用：售价的 3%（此题应说明销售费用均是在销售之前发生的）。

5. 投资利息：开发经营期为 2 年；费用第一年投入 60%，第二年投入 40%；年利率为 6.31%。

6. 销售税费：售价的 5.65%。

7. 开发利润：投资利润率为 20%。

解 设该旧办公楼的建筑物重置总价为 V_B，估算如下：

1. 建筑安装工程费：

（1）土建工程费 $=779\times(1+15\%)\times(1+5.5\%)=945.12$（元/$m^2$）

（2）安装工程费 $=(443+46.5\times80\%)\times(1+5.5\%)=506.61$（元/$m^2$）

（3）装饰装修工程费 $=(901+45\times76\%)\times(1+5.5\%)=986.64$（元/$m^2$）

（4）单位建筑安装工程费 $=945.12+506.61+986.64=2\,438.37$（元/$m^2$）

建筑安装工程费总额 $=2\,438.37\times6\,000=1\,463.02$（万元）

2. 专业费用 $=1\,463.02\times2\%=29.26$（万元）

3. 管理费用 $=(1\,463.02+29.26)\times3\%=44.77$（万元）

4. 销售费用 $=V_B\times3\%=0.03V_B$（万元）

以上四项费用之和 $=1\,537.05+0.03V_B$（万元）

5. 投资利息 $=(1\,537.05+0.03V_B)\times[60\%(1+6.31\%)^{1.5}+40\%(1+6.31\%)^{0.5}-1]=106.11+0.001\,9V_B$（万元）

6. 销售税费 $=V_B\times5.65\%=0.056\,5V_B$（万元）

7. 开发利润 $=(1\,537.05+0.03V_B)\times20\%=307.41+0.006V_B$（万元）

8. $V_B=1\,537.05+0.03V_B+106.11+0.001\,9V_B+0.056\,5V_B+307.41+0.006V_B$

$V_B=2\,296.65$（万元）

建筑物重置单价 $=2\,296.65\div0.6=3\,827.75$（元/$m^2$）

3. 建筑物折旧的求取

（1）建筑物折旧的含义。估价上的建筑物折旧是指各种原因造成的建筑物价值减损，其金额为建筑物在价值时点的市场价值与在价值时点的重新购建价格之差，即：

$$建筑物折旧 = 建筑物重新购建价格 - 建筑物市场价值$$
$$建筑物市场价值 = 建筑物重新购建价格 - 建筑物折旧$$
$$建筑物市场价值 = 建筑物折旧后价值$$

在求取建筑物折旧时，应注意估价上的折旧与会计上的折旧的本质区别：估价上的折旧注重的是市场价值的真实减损，会计上的折旧注重的是原始价值的分摊、补偿或回收。

(2) 建筑物折旧的分类。根据引起建筑物折旧的原因,可将建筑物折旧分为物质折旧、功能折旧和经济折旧三大类。

第一,物质折旧:也称为有形损耗,是指因自然老化、正常使用、意外破坏及延迟维等因素造成的建筑物在实体上的老化、磨损、损坏造成的建筑物价值减损。

第二,功能折旧:也称为无形损耗,是指建筑物在功能上的缺乏、落后或过剩造成的建筑物价值减损。导致建筑物功能缺乏、落后或过剩的原因,可能是建筑设计上的缺陷,过去的建筑标准过低,人们的消费观念改变,建筑技术进步,出现了更好的建筑物等。

第三,经济折旧:是指建筑物以外的各种不利因素造成的建筑物价值减损。不利因素可能是区位因素(如周围环境和景观改变,包括景观被破坏、自然环境恶化、环境污染、交通拥挤、城市规划改变等)、经济因素(如市场供给过量或需求不足),也可能是其他因素(如政府政策变化、采取宏观调控措施等)。经济折旧可以是暂时性的也可能是永久性的。

(3) 建筑物折旧的求取方法。求取建筑物折旧的方法主要有年限法和观察法。

第一,年限法。年限法是指根据建筑物的经济寿命、有效年龄或剩余经济寿命来求取建筑物折旧的方法。

建筑物的年龄可分为实际年龄和有效年龄。建筑物的实际年龄是指建筑物自竣工日期起至价值时点止的日历年数。建筑物的有效年龄是指价值时点时的建筑物状况和效用所显示的年龄。建筑物的有效年龄可能小于也可能等于或大于其实际年龄。建筑物的寿命可分为自然寿命和经济寿命。建筑物的自然寿命是指建筑物自竣工日期起至其主要结构构件和设备自然老化或损坏而不能保证建筑物安全使用之日止的时间。建筑物的经济寿命是指建筑物对建(构)筑物价值有贡献的时间;具体是建筑物自竣工日期起至其对建(构)筑物价值不再有贡献之日止的时间。建筑物的剩余寿命是其寿命减去年龄后的寿命,分为剩余自然寿命和剩余经济寿命。建筑物的剩余自然寿命是其自然寿命减去实际年龄后的寿命。建筑物的剩余经济寿命是其经济寿命减去有效年龄后的寿命,即:剩余经济寿命=经济寿命－有效年龄。

年限法具体公式:

$$\text{成新率}=\frac{\text{尚可使用年限}}{\text{已使用年限}+\text{尚可使用年限}}\times 100\% \tag{4-21}$$

已使用年限为有效年龄,尚可使用年限为剩余经济寿命。

第二,观察法。运用观察法求取建筑物折旧时,根据现场勘查技术测定,评估专业人员根据建筑物的建成年代、新旧程度或完损程度结合建筑工程相关资料,可对估价对象的成新情况进行判断,最终确定建筑物的成新率。这种方法比较粗略,主要用于初步估价,或者同时需要对大量建筑物进行估价的场合,尤其是大范围的建筑物现值摸底调查。其计算公式为:

$$V=C\times q \tag{4-22}$$

式中:V——建筑物的价格;

C——建筑物的重新购建价格;

q——建筑物的成新率。

建设部、财政部制定的《建(构)筑物单位会计制度——会计科目和会计报表》折旧的有关规定,如表 4-17 所示。

表 4-17　　各类结构房屋的残值率和年折旧率一览表

结　构	类　型	耐用年限	残值率	年折旧率
钢筋混凝土结构	生产用房	50 年	0	
	受腐蚀的生产用房	35 年	0	
	非生产用房	60 年	0	1.64%
砖混结构	生产用房	40 年	2%	
	受腐蚀的生产用房	30 年	2%	
	非生产用房	50 年	2%	1.96%
砖木结构一等	生产用房	30 年	6%	
	受腐蚀的生产用房	20 年	6%	
	非生产用房	40 年	6%	2.35%
砖木结构二等	生产用房	30 年	4%	
	受腐蚀的生产用房	20 年	4%	
	非生产用房	40 年	4%	2.4%
砖木结构三等	生产用房	30 年	3%	
	受腐蚀的生产用房	20 年	3%	
	非生产用房	40 年	3%	2.43%
简易结构		10 年	0	10%

4. 求取估价对象的积算价格

(1) 成本法最基本的公式。

$$\text{建(构)筑物价值} = \text{重新购建价格} - \text{建筑物折旧}$$

(2) 适用于新开发的建(构)筑物的基本公式。

第一,适用于新建成的建筑物的基本公式。新建成的建筑物价值为建筑物建设成本及与该建设成本相应的管理费用、销售费用、投资利息、销售税费和开发利润,不应包含土地取得成本、土地开发成本以及与土地取得成本、土地开发成本相应的管理费用、销售费用、投资利息、销售税费和开发利润。因此,测算新建成的建筑物价值的基本公式为:

$$\begin{matrix}\text{新建成的}\\\text{建筑物价值}\end{matrix} = \begin{matrix}\text{建筑物}\\\text{建设成本}\end{matrix} + \begin{matrix}\text{管理}\\\text{费用}\end{matrix} + \begin{matrix}\text{销售}\\\text{费用}\end{matrix} + \begin{matrix}\text{投资}\\\text{利息}\end{matrix} + \begin{matrix}\text{销售}\\\text{税费}\end{matrix} + \begin{matrix}\text{开发}\\\text{利润}\end{matrix} \qquad (4-23)$$

公式中,新建成的建筑物价值为新建成的建筑物重新购建价格。

第二,适用于新开发的土地的基本公式。新开发的土地包括征收集体土地并进行"三通一平"等基础设施建设和场地平整后的土地,城市房屋拆迁并进行基础设施改造和场地平整后的土地,填海造地,开山造地等,在这些情况下,成本法的基本公式为:

$$\begin{matrix}\text{新开发的土地价值取}\\\text{得待开发土地的成本}\end{matrix} + \begin{matrix}\text{土地开}\\\text{发成本}\end{matrix} + \begin{matrix}\text{管理}\\\text{费用}\end{matrix} + \begin{matrix}\text{销售}\\\text{费用}\end{matrix} + \begin{matrix}\text{投资}\\\text{利息}\end{matrix} + \begin{matrix}\text{销售}\\\text{税费}\end{matrix} + \begin{matrix}\text{开发}\\\text{利润}\end{matrix} \qquad (4-24)$$

公式中,新开发的土地价值为新开发的土地重新购建价格。

新开发的建(构)筑物采用成本法估价虽然一般不存在物质折旧,但应考虑其选址是否适当、规划设计是否合理、工程质量的优劣、周围环境和景观的好坏以及该类建(构)筑物的供求状况等，全面衡量其功能折旧、外部折旧以及可能增值因素，予以适当减价或增价调整。

(3) 适用于旧的建(构)筑物的基本公式。

第一，适用于旧的房地的基本公式。在旧的房地的情况下，成本法的基本公式为：

$$\text{旧的房地价值} = \text{房地重新购建价格} - \text{建筑物折旧} \quad (4-25)$$

$$\text{旧的房地价值} = \text{土地重新购建价格} + \text{建筑物重新购建价格} - \text{建筑物折旧} \quad (4-26)$$

第二，适用于旧的建筑物的基本公式。在旧的建筑物的情况下，成本法的基本公式为：

$$\text{旧的建筑物价值} = \text{建筑物重新购建价格} - \text{建筑物折旧} \quad (4-27)$$

4.5.3　成本法评估应用

1. 建(构)筑物概况

估价对象为平层，层高 8 m，跨度为 48 m，承重墙为 1.5B 红砖外墙，建筑面积为 5 040 m^2，建筑结构为混合结构，规划用途为交通仓储，建筑面积为 5 040 m^2，建成年份为 2014 年。估价对象外墙面抹灰、粉刷；门为铁门；室内地面为水泥地面，内墙面抹灰，屋面防水为彩钢瓦；墙体上部有通风窗。估价对象配有上下水、供暖、供电、通讯等设施设备，配套设施和设备均使用正常。

根据估价人员的实地查勘，房屋承重构件和围护墙较好；地面平整；门窗启闭灵活；墙面及顶棚面层未出现脱落、开裂现象；管道通畅，水卫、电照等设备齐全，日常维护保养状况较好，估价对象建筑物地基和基础未发现不均匀沉降。

根据委托方提供的《国有土地使用证》《房屋所有权证》及法定优先受偿款调查情况等相关评估资料及估价委托人介绍，于价值时点 2015 年 09 月 28 日，未发现抵押、担保、租赁等他项权利。

本次估价对象位于 B 市开发区朝阳路西侧，估价对象所临道路级别为次干道，距离市中心距离约 8 公里，距火车站距离约 9 公里，交通便捷度较好，路面质量较优，周边无公共交通工具，无交通管制情况，停车方便。估价对象房地产所在区域自然环境较为整洁，绿化面积一般，水及空气较轻度污染。人文环境一般，其所在区域相关企业较少、产业集聚效益一般。土地取得成本为楼面地价 432 元/m^2。

2. 成市法测算过程

(1) 房屋建设成本的确定。房屋建设成本主要包括前期费用、建筑安装工程费、基础设施建设费、公共配套设施建设费、其他工程费、开发期间税费街，其主要开发建设成本项目及计算标准如下：

$$\begin{matrix}\text{房地产}\\\text{重置单价}\end{matrix} = \begin{matrix}\text{土地取}\\\text{得成本}\end{matrix} + \begin{matrix}\text{房屋建}\\\text{设成本}\end{matrix} + \begin{matrix}\text{管理}\\\text{费用}\end{matrix} + \begin{matrix}\text{销售}\\\text{费用}\end{matrix} + \begin{matrix}\text{投资}\\\text{利息}\end{matrix} + \begin{matrix}\text{销售}\\\text{税费}\end{matrix} + \begin{matrix}\text{投资}\\\text{利润}\end{matrix}$$

设估价对象房地产重置单价为 V_B。

第一，前期费用。前期费用包括工程勘察、建设工程招标、环境影响评价等，具体如下：

A. 勘察设计费：按计价格〔2002〕10 号取建安工程费 4.5%计。

B. 可行性研究费：按财综〔2011〕128 号取建安工程费 0.9%计。

C. 环境评价费：按计委环保总局计价格〔2002〕125 号取建安工程费 0.81%计。

D. 公共消防费：按市价联字〔2005〕17 号取建安工程费 0.5%计。

E. 招投标费:按计价格〔2002〕1980 号取建安工程费 0.58%计。

本次估价取该项费率合计为 7.29%。

$$\begin{aligned}前期费用&=建安工程费\times 7.29\%\\&=1\,388\times 7.29\%\\&=101.18(元/m^2)\end{aligned}$$

第二,建安工程费。建安工程费包括建造房屋及附属工程(如安装、消防设备等)所发生的土建费、安装费及装修工程费。

根据《H 省建设工程费用定额》(2010)、《H 省建筑安装工程费用定额》(2007)及于价值时点估价对象结构、层高、进伸、跨度、装修等工程的实地查勘情况,确定估价对象于价值时点的建安工程费为 1 388 元/m^2。

第三,基础设施建设费。基础设施建设费包括城市规划要求配套的道路、给排水、电力、电信、燃气等建设费用,由于,基础设施建设费包含在土地取得成本中,在此没有基础设施建设费。

第四,公共配套设施建设费。公共配套设施建设费包括城市规划要求配套的教育、医疗卫生、文化体育、社区服务、市政公用等非营业性设施的建设费用,因本项目的估价对象用途为交通仓储,城市规划无要求进行建设公共配套设施,在此没有公共配套设施建设费。

第五,其他工程费。依据发改价格〔2007〕670 号本次其他工程费中的工程监理费等;费率合计取建安工程费用的 3.2%

$$\begin{aligned}其他工程费&=建安工程费\times 3.2\%\\&=1\,388\times 3.2\%\\&=44.42(元/m^2)\end{aligned}$$

第六,开发期间税费。依据《H 省物价监督管理局 H 省财政厅关于 B 市继续征收城市基础设施配套费的批复》省价联〔2013〕23 号,城市基础设施配套费为 155 元/m^2。

第七,房屋建设成本。

$$\begin{aligned}\begin{matrix}房屋建\\设成本\end{matrix}&=\begin{matrix}前期\\费用\end{matrix}+\begin{matrix}建安\\工程费\end{matrix}+\begin{matrix}基础设施\\建设费\end{matrix}+\begin{matrix}公共配套\\设施建设费\end{matrix}+\begin{matrix}其他\\工程费\end{matrix}+\begin{matrix}开发期\\间税费\end{matrix}\\&=101.18+1\,388+0+0+44.42+155\\&=1\,688.60(元/m^2)\end{aligned}$$

(2) 管理费用。管理费用包括开发商的人员工资、办公费、差旅费等。依据财建〔2002〕394 号取房屋建设成本的 1.5%计。则估价对象的管理费用为:

$$\begin{aligned}管理费用&=(土地取得成本+房屋建设成本)\times 1.5\%\\&=(432+1\,688.60)\times 1.5\%\\&=31.81(元/m^2)\end{aligned}$$

(3) 销售费用。销售费用包括广告费、销售资料制作费、销售人员费用等,按重新构建价格 V_B 的 3%计算:

$$销售费用=V_B\times 3\%=0.03V_B(元/m^2)$$

(4) 投资利息。假设项目从土地平整至建造完成用时 1 年,房屋建设成本、管理费用在整个建造周期内均匀投入。利息率按 2015 年 8 月 26 日中国人民银行公布的 1 年期贷款利率4.6%计算。

$$\text{投资利息}=\text{土地取得成本}\times\left[\left(1+\text{贷款利率}\right)^{\text{建造周期}}-1\right]+\left(\text{房屋建设成本}+\text{管理费用}+\text{销售费用}\right)\times\left[\left(1+\text{贷款利率}\right)^{\text{建造周期}/2}-1\right]$$
$$=432\times[(1+4.6\%)-1]+(1\,688.60+31.81+0.03V_B)\times[(1+4.6\%)1/2-1]$$
$$=19.87+39.12+0.03V_B\times[(1+4.6\%)1/2-1]$$

(5) 销售税费。销售税费是指预售或销售开发完成后的房地产缴纳的税费，包括：①增值税、城市维护建设税、教育费附加；②其他销售税费。销售税费按重新构建价格 V_B 的5.6%计算。

$$\text{销售税费}=V_B\times5.6\%$$
$$=0.056V_B$$

(6) 投资利润。投资利润又称投资报酬率，是指投资所获得的利润与投资额之间的比率，依据《H省地方税务局关于明确房地产开发企业计税毛利率和应税所得率的公告》公告〔2014〕7号，本次估价取10%。则投资利润为：

$$\text{投资利润}=(\text{土地取得成本}+\text{房屋建设成本}+\text{管理费用}+\text{销售费用}+\text{投资利息})\times10\%$$
$$=\{432+1\,688.60+31.81+0.03V_B+19.87+39.12+0.03V_B\times[(1+4.6\%)1/2-1]\}\times10\%$$
$$=\{2\,211.40+0.03V_B+0.03V_B\times[(1+4.6\%)1/2-1]\}\times10\%$$

(7) 房地产重置单价。

$$\text{房地产重置单价}=\text{土地取得成本}+\text{房屋建设成本}+\text{管理费用}+\text{销售费用}+\text{投资利息}+\text{销售税费}+\text{投资利润}$$

设估价对象房地产重置单价为 V_B，则：

$$V_B=432+1\,688.60+31.81+0.03V_B+19.87+39.12+0.03V_B\times[(1+4.6\%)1/2-1]+0.056V_B+\{2\,211.40+0.03V_B+0.03V_B\times[(1+4.6\%)1/2-1]\}\times10\%$$
$$=2\,670.35(\text{元}/\text{m}^2)$$

取整，即2 670元/m^2。

(8) 房屋综合成新率。估价人员依据对估价对象的结构、装修、设施等和现场查勘，及房屋的建成年限，确定估价对象的综合成新率；估价对象建成于2014年，至价值时点不足1年，因此，本次估价对象的综合成新率为100%。

(9) 确定房地产价值。

$$\text{房地产价值}=\text{房屋重置单价}\times\text{建筑面积}\times\text{综合成新率}$$
$$=2\,670\times5\,040\times100\%$$
$$=13\,456\,800(\text{元})$$

表4-18　成本法测算过程表

项　目	测算标准	数　量	金　额	备注
1. 重新购建价格				
1.1 土地取得成本				

续 表

项　目		测算标准	数 量	金 额	备注
地价款					
土地使用权出让金					
土地取得税费					
1.2 开发成本					
勘察设计和前期工程费					
建筑安装工程费					
基础设施建设费					
公共配套设施建设费					
开发期间税费					
1.3 管理费用					
1.4 投资利息					
1.5 销售税费					
销售费用					
销售税金及附加					
其他销售税费					
1.6 开发利润					
2. 折旧					
2.1 物质折旧					
2.2 功能折旧					
2.3 外部折旧					
3. 测算结果	总　价				
	单　价				

情境任务 4.6　其他评估方法在建(构)筑物评估中的应用

4.6.1　剩余法

1. 剩余法的含义

剩余法又称假设开发法，是预测估价对象开发完成后的价值和后续开发建设的必要支出及应得的利润，然后将估价对象开发完成后的价值减去后续开发建设的必要支出及应得利润来求取估价对象价值的方法。

剩余法的本质与收益法相同，是以建(构)筑物的预期未来收益(具体为预测的开发完成后的价值减去预测的后续开发建设的必要支出及应得利润后的余额)为导向来求取建(构)筑物的价值。剩余法在表现形式上是评估新开发的建(构)筑物价值的成本法的“倒算法”。两者的主要区别是：成本法中的土地价值为已知，需要求取的是开发完成后的建(构)筑物价值;而在剩余法中,开发完成后的建(构)筑物价值已事先通过预测得到,需要求取的是土地价值。

2. 剩余法适用的估价对象和条件

剩余法适用的估价对象为具有开发或再开发潜力的建(构)筑物,包括土地(包括生地、毛地、熟地)、在建工程、可重新改造或改变用途的旧的建(构)筑物(包括改建、扩建、重新装饰装修等)。以下把这类建(构)筑物统称为"待开发建(构)筑物"。

对于有规划条件,但规划条件尚未确定的待开发建(构)筑物,难以采用剩余法估价。因为在该建(构)筑物的法定开发利用前提尚未确定的情况下,其未来价值也就不能确定。因此在实际估价中,运用剩余法的首要条件是能够根据建(构)筑物估价的合法原则和最高最佳使用原则,正确判断了建(构)筑物的最佳开发利用方式(包括用途、建筑规模、档次等);其次是根据当地建(构)筑物市场状况,正确预测了估价对象开发完成后的价值。

3. 剩余法估价的操作步骤

运用剩余法估价一般分为以下六个步骤:①调查分析待开发建(构)筑物状况;②选取最佳的开发利用方式,确定开发完成后的建(构)筑物状况;③预测后续开发经营期;④预测开发完成后的价值;⑤预测后续必要支出及应得利润;⑥测算待开发建(构)筑物的价值。

(1) 调查分析待开发建(构)筑物状况。首先,要弄清地块的区位状况,包括地块所在城市、区域及具体的坐落状况包括交通、周围环境和景观的情况,这些主要是为选择最佳的用途服务。其次,要弄清地块的实物状况,包括面积、形状、地势、土壤、地基、基础设施完备程度、场地平整程度等,这些主要是为预测后续必要支出服务。再次,要弄清地块的规划条件,包括弄清规划确定的用途、容积率、建筑高度、建筑密度、绿地率等,这些是为选取最佳的开发利用方式、确定开发完成后的建(构)筑物状况服务。最后,要弄清地块的权益状况,包括将拥有的土地权利,包括弄清权利性质、使用期限、是否不可续期,以及对该建(构)筑物开发项目及建成后的建(构)筑物转让、抵押、出租甚至价格等的有关规定等,这些是为预测开发完成后的建(构)筑物价格、租金等服务。

(2) 选取最佳的开发利用方式。在调查分析了建(构)筑物开发用地的状况后,便可以选取最佳的开发利用方式,包括选取最佳的用途、建筑规模、档次等。这些都要在规划允许的范围内选取,也就是说,在规划条件给定的范围内的最佳。在选取最佳的开发利用方式中,最重要的是选取最佳的用途。选取最佳的用途要考虑该地块位置的可接受性及这种用途的现实社会需要程度和未来发展趋势,或者说,要分析当地市场的接受能力,即在项目建成后市场上究竟需要什么类型的建(构)筑物。例如,某地块规划条件给定的用途,可为宾馆,也可为公寓或写字楼,但在实际估价中究竟应当选择哪种用途?这首先要调查分析该地块所在城市和区域,宾馆、公寓、写字楼的供求关系及其走向。如果对宾馆、写字楼的需求开始趋于饱和,表现为客房入住率、写字楼出租率呈下降趋势,但希望能租到或买到公寓住房的人逐渐增加,而在未来几年内能提供的数量又较少时,则应选择该地块的用途为兴建公寓。

(3) 预测后续开发经营期。为了预测开发完成后的价值和后续的各项必要支出发生的时间及金额,便于进行折现或者测算投资利息,首先需要预测后续开发经营期。开发经营期的起点是(假设)取得估价对象[待开发建(构)筑物]的日期(即价值时点),终点是开发完成后的建(构)筑物经营结束的日期。开发经营期可分为建设期和经营期。建设期的起点与开发经营期的起点相同,终点是开发完成后的建(构)筑物竣工之日。建设期可分为前期和建造期。经营期可根据开发完成后的建(构)筑物经营方式而具体化。由于开发完成后的建(构)筑物经营方式有销售、出租和营业,所以经营期可具体化为销售期(针对销售这种情况)和运营期(针对出租和营业两种情况),销售期是自开始销售开发完成后的建(构)筑物之日起至将其售出之日止的时间。在有预售的情况下,销售期与建设期有重叠。运营期的起点是开发完成后的建(构)筑物竣工之日,终点是开发完成后建(构)筑物经济寿命结束之日。在有延迟销售情况下,销售期与运营期有重合。

(4) 预测开发完成后的价值。开发完成后的价值,要弄清以下三个问题:①开发完成后的价值对应的建(构)筑物状况;②开发完成后的价值所对应的时间;③开发完成后的价值的预测方法。

第一,开发完成后的价值,是指开发完成后的建(构)筑物状况所对应的价值。因此,在预测开发完成后的价值之前,需要弄清开发完成后的建(构)筑物状况,然后再预测该状况的建(构)筑物价值。以估价对象为商品房在建工程为例,如果预计开发完成后的商品房为毛坯房的,则预测的应是毛坯房的价值;如果预计开发完成后的商品房为粗装修房的,则预测的应是粗装修房的价值;如果预计开发完成后的商品房为精装修房的,则预测的应是精装修房的价值。

第二,开发完成后的价值所对应的时间,不一定是开发完成之时,可能是开发完成之前的某个时间,也可能是开发完成之后的某个时间。因此,在预测开发完成后的价值之前,还需要弄清是预测开发完成后的建(构)筑物在哪个时间上的价值。对于开发完成后的建(构)筑物适宜销售的,通常是预测它在开发完成之时的建(构)筑物市场状况下的价值;但当建(构)筑物市场较好而适宜预售的,则是预测它在预售时的建(构)筑物市场状况下的价值;当建(构)筑物市场不好而需要延迟销售的,则是预测它在延迟销售时的建(构)筑物市场状况下的价值。

第三,开发完成后的价值的预测方法,通常是采用市场法或收益法。对于开发完成后用于出售的建筑物,如住宅、商服等,可以采用市场法求取开发完成后的价值;对于出租或营业的建(构)筑物,如写字楼、商店、旅馆、餐馆等,预测其开发完成后的价值,可以先预测其租赁或经营收益,再采用收益法将该收益转换为价值。值得指出的是,由于剩余法在表现形式上等于成本法的倒算,所以,运用剩余法估价,开发完成后价值不能采用成本法来求取。

(5) 预测后续必要支出及应得利润。后续必要支出及应得利润,是将待开发建(构)筑物状况续建为竣工的建(构)筑物状况所必须付出的各项成本、费用、税金及应当获得的利润,具体包括取得待开发建(构)筑物的税费以及后续的开发成本、管理费用、销售费用、投资利息、销售税费和开发利润。这些是剩余法测算中都应当减去的项目,统称为“扣除项目”。

建(构)筑物的开发周期一般较长,其土地取得成本以及后续的开发成本、管理费用、销售费用、销售税费、开发完成后的价值等所发生的时间不尽相同,特别是那些大型的建(构)筑物开发项目。因此,运用剩余法估价必须考虑资金的时间价值。但考虑资金的时间价值有以下两种方式:一是采取折现的方式,以下将这种方式下的剩余法称为现金流量折现法;二是采取计算投资利息的方式,以下将这种方式下的剩余法称为传统方法。

(6) 选取正确公式,测算待开发建(构)筑物的价值。

4. 剩余法最基市的公式

$$\text{待开发建(构)筑物价值} = \text{开发完成后的价值} - \text{后续必要支出及应得利润} \qquad (4-28)$$

$$\text{后续必要支出及应得利润}=\text{取得税费}+\text{后续开发成本}+\text{后续管理费用}+\text{后续销售费用}+\text{后续投资利息}+\text{后续销售税费}+\text{后续开发利润}\tag{4-29}$$

在实际估价中，要掌握的基本原则是设想得到估价对象[待开发建(构)筑物]以后到把它开发建设完成，还需要开展的各项工作和相应的必要支出及应得利润。因此，如果是已完成的工作和相应的支出及利润，则它们已包含在估价对象的价值内，不应作为扣除项目。

运用上述公式估价，一是要把握待开发建(构)筑物的状况和开发完成后的建(构)筑物状况；二是要把握开发完成后的建(构)筑物经营方式。待开发建(构)筑物的状况就是估价对象状况，有土地(又可分为生地、毛地、熟地)、在建工程和旧的建(构)筑物(以下简称旧房)等；开发完成后的建(构)筑物状况，有熟地和新的建(构)筑物(以下简称新房)等。新房又可分为毛坯房、粗装修房、精装修房等。将待开发建(构)筑物的状况和开发完成后的建(构)筑物状况结合起来，剩余法估价的情形主要有以下七种：①估价对象为生地，在生地上进行房屋建设；②估价对象为生地，将生地开发成熟地；③估价对象为毛地，在毛地上进行房屋建设；④估价对象为毛地，将毛地开发成熟地；⑤估价对象为熟地，在熟地上进行房屋建设；⑥估价对象为在建工程，将在建工程续建成房屋；⑦估价对象为旧房，将旧房重新装饰装修改造或改变用途成新房。

5. 按估价对象和开发完成后的建(构)筑物状况细化的公式

上述剩余法最基本的公式，按照估价对象状况和开发完成后的建(构)筑物状况，可具体细化如下：

(1) 求生地价值的公式。

第一，适用于在生地上进行房屋建设的公式。

$$\text{生地价值}=\text{开发完成后的价值}-\text{取得生地的税费}-\text{由生地建成房屋的成本}-\text{管理费用}-\text{销售费用}-\text{投资利息}-\text{销售税费}-\text{开发利润}\tag{4-30}$$

第二，适用于将生地开发成熟地的公式。

$$\text{生地价值}=\text{开发完成后的熟地价值}-\text{取得生地的税费}-\text{由生地开发成熟地的成本}-\text{管理费用}-\text{销售费用}-\text{投资利息}-\text{销售税费}-\text{开发利润}\tag{4-31}$$

(2) 求毛地价值的公式。

第一，适用于在毛地上进行房屋建设的公式。

$$\text{毛地价值}=\text{发完成后的价值}-\text{取得毛地的税费}-\text{由毛地建成房屋的成本}-\text{管理费用}-\text{销售费用}-\text{投资利息}-\text{销售税费}-\text{开发利润}\tag{4-32}$$

第二，适用于将毛地开发成熟地的公式。

$$\text{毛地价值}=\text{开发完成后的熟地价值}-\text{取得毛地的税费}-\text{由毛地开发成熟地的成本}-\text{管理费用}-\text{销售费用}-\text{投资利息}-\text{销售税费}-\text{开发利润}\tag{4-33}$$

(3) 求熟地价值的公式(适用于在熟地上进行房屋建设)。

$$\text{熟地价值}=\text{开发完成后的价值}-\text{取得熟地的税费}-\text{由熟地建成房屋的成本}-\text{管理费用}-\text{销售费用}-\text{投资利息}-\text{销售税费}-\text{开发利润}\tag{4-34}$$

(4) 求在建工程价值的公式(适用于将在建工程续建成房屋)。

$$\text{在建工程价值}=\text{续建完成后的价值}-\text{取得在建工程的税费}-\text{续建成本}-\text{管理费用}-\text{销售费用}-\text{投资利息}-\text{销售税费}-\text{续建利润}\tag{4-35}$$

(5) 求旧房价值的公式(适用于将旧房重新装饰装修改造或改变用途成新房)。

$$\text{旧房价值} = \text{装饰装修改造或改变用途后的价值} - \text{取得旧房的税费} - \text{装饰装修改造或改变用途的成本} - \text{管理费用} - \text{销售费用} - \text{投资利息} - \text{销售税费} - \text{装饰装修改造利润} \quad (4-36)$$

6. 剩余法评估应用

(1) 建(构)筑物概括。待估对象位于 H 市高新技术开发区,市政基础设施已达到"五通"(即路、电、讯、上水、下水),随着社会经济的发展,该区域市政基础设施水平、环境质量和土地集约利用程度明显提高。

土地用途为商服住宅,土地使用权类型为出让。土地面积为 69 051 m²,其中:商服 1 409 m²,终止日期为 2056 年 4 月 1 日;住宅 67 641.9 m²,终止日期为 2086 年 4 月 1 日。截至 2017 年 7 月 1 日评估基准日,待估宗地土地使用证中无他项权利登记。

根据待估对象规划总平面图,待估宗地规划总建筑面积为 160 809.45 m²,其中:住宅建筑面积 141 868.02 m²,商服建筑面积 4 792.79 m²,地上车库 4 262.41 m²;规划容积率为 2.20;建筑密度 16.27%;绿地率 40%;建筑限高为 51.8 m。

(2) 剩余法测算过程。

待估对象价格 = 房地产总价 − 建筑开发费 − 专业费 − 利息 − 有关税费 − 开发利润

第一,确定最佳开发利用方式。根据待估宗地条件、土地市场状况和政府规划的要求,待估地块规划用途为商服、住宅用地,其用途、利用方式、开发程度、建筑容积率等均符合最高、最佳利用方式。

第二,确定房地产开发完成后的销售价格。估价对象规划用途为住宅用地。在同一供需范围内,根据市场上同类或同用途、性质、结构和建筑标准的房地产市场交易价格,确定待估房地产的销售价格和开发总收益。

经综合分析高层住宅平均售价按 2 800 元/m² 计算;商业平均售价按 7 000 元/m² 计算。

住宅房地产开发总收益 = 住宅售价 × 住宅建筑面积 = 39 723.05(万元)

商业房地产开发总收益 = 商业售价 × 住宅建筑面积 = 6 338.64(万元)

第三,计算各项成本及利润。

A. 建造成本:

住宅建造成本 = 建造成本单价 × 住宅建筑面积 = 18 442.84(万元)

商业建造成本 = 建造成本单价 × 住宅建筑面积 = 1 177.18(万元)

B. 管理费:管理费按建造成本的 8%计算。

住宅管理费 = 住宅建造成本 × 8% = 1 475.43(万元)

商业管理费 = 商业建造成本 × 8% = 94.17(万元)

C. 专业人士费:按建造成本的 6%计算。

住宅专业人士费 = 住宅建造成本 × 6% = 1 106.57(万元)

商业专业人士费 = 商业建造成本 × 6% = 70.63(万元)

D. 小区基础设施配套费:包括地块内部供热、供电、给水、排水、消防、绿化等配套设施费用。小区内基础设施配套费用按200元/m^2计算。

小区住宅基础设施配套费 = 小区基础设施配套费单价 × 住宅建筑面积 = 2 837.36(万元)

小区商业基础设施配套费 = 小区基础设施配套费单价 × 商业建筑面积 = 181.10(万元)

E. 城市基础设施配套费及相关收费:城市基础设施配套费及相关收费标准为100元/m^2。

$$\begin{matrix}\text{城市住宅基础设施}\\\text{配套费及相关收费}\end{matrix} = \begin{matrix}\text{城市基础设施配套}\\\text{费及相关收费标准}\end{matrix} \times \begin{matrix}\text{住宅建}\\\text{筑面积}\end{matrix} = 1\ 418.68(\text{万元})$$

$$\begin{matrix}\text{城市商业基础设施}\\\text{配套费及相关收费}\end{matrix} = \begin{matrix}\text{城市基础设施配套}\\\text{费及相关收费标准}\end{matrix} \times \begin{matrix}\text{商业建}\\\text{筑面积}\end{matrix} = 90.55(\text{万元})$$

F. 投资利息:开发周期按3年计算,住宅房屋预售比例设为15%(房屋预售部分资金冲抵投资成本,不应计息),商业房屋无预售。计息采用复利,利率采用现行银行一年期贷款利率6.31%计算。净地地价(含契税)按整个开发周期计息,其他费用(前五项之和)按开发周期的一半计息。

$$\text{G.}\quad \text{利息} = \text{净地价} \times (1+6.31\%)^{3-1} + \left(\begin{matrix}\text{前五项}\\\text{之和}\end{matrix} - \begin{matrix}\text{房地产销}\\\text{售总收入}\end{matrix} \times \begin{matrix}\text{预售}\\\text{比例}\end{matrix}\right) \times (1+6.31\%)^{3/2}$$

住宅利息 = 1 857.42 + 0.20 净地地价

商业利息 = 155.12 + 0.20 净地地价

H. 开发利润:开发商的合理利润以预付总资本的一定比例计算,即按上述前五项之和及净地地价(含契税)的一定比例计算。本次测算中,开发周期为3年,住宅利润率取25%,商业利润率取35%。

开发利润 = (前五项之和 + 净地地价) × 利润率

住宅开发利润 = 6 320.22 万元 + 0.25 净地地价

商业开发利润 = 564.77 万元 + 0.35 净地地价

I. 税金及其附加:按相关规定出售房地产项目需缴纳增值税、城市维护建设税、教育费附加,通常按5.33%计取。

住宅税金及其附加 = 住宅房地产销售收入 × 5.33% = 2 117.24(万元)

商业税金及附加 = 商业房地产销售收入 × 5.33% = 337.85(万元)

J. 销售费用:含买卖手续费和广告宣传及代理费,按房屋销售总收入的2%计算。

住宅销售费用 = 住宅房地产销售总收入 × 2% = 794.46(万元)

商业销售费用 = 商业房地产销售总收入 × 2% = 126.77(万元)

K. 各项成本费用及利润(不含净地地价及土地交易契税)

各项成本费用及利润 = A+B+C+D+E+F+G+H+I+J

住宅各项成本及利润 = 36 370.23 万元 + 0.45 净地地价

商业各项成本及利润 = 2 798.15 万元 + 0.55 净地地价

第四,计算净地地价(含契税)。

净地出让地价(含契税) = 房屋销售收入 − 各项成本费用及利润

经测算, 住宅净地地价(含契税) = 2 312.29(万元)

商业净地地价(含契税) = 2 284.19(万元)

第五,计算扣除契税后的净地地价。土地交易契税按土地成交价格的5%计算,则有:

净地地价(不含契税) = 净地地价(含契税)/1.05

住宅净地地价(不含契税) = 2 202.18(万元)

商业净地地价(不含契税) = 2 057.97(万元)

第六,计算待估宗地剩余使用年期地价。待估宗地住宅剩余使用年期为68.75年,年期修正系数为0.998 7;商业剩余使用年期为38.75,年期修正系数0.991 9。则有:

净地地价 = 净地总地价 × 年期修正系数

住宅净地地价 = 2 199.32(万元),住宅净地单价 = 325.14(元/m^2)

商业净地地价 = 2 041.30(万元),商业净地单价 = 14 487.58(元/m^2)

第七,扣除已售房屋后的净地地价。

截至2011年6月26日,住宅已销售30 000建筑m^2,商业未销售。

住宅净地地价 = 2 199.32 − 30 000/141 868.02 × 67 641.9 × 325.14/10 000 = 1 734.25(万元)

第八,待估宗地地价。

待估宗地总地价 = 1 734.25 + 2 041.30 = 3 775.55(万元)

待估宗地综合单价 = 546.78(元/m^2)

剩余法估价测算过程表,如表4-19所示。

表4-19　　剩余法估价测算过程表

		测算标准	数　量	金　额	备　注
1. 后续开发经营期					
2. 开发完成后价值					
3. 后续必要支出					
(1) 取得税费					
(2) 开发成本					
(3) 管理费用					
(4) 销售费用					
(5) 销售税费					
4. 折现率					
5. 测算结果	总　价				
	单　价				

4.6.2 基准地价系数修正法

1. 基准地价系数修正法的含义

基准地价系数修正法是在政府确定并公布了基准地价的地区,利用有关调整系数将估价对象宗地所处土地级别或地价区段的基准地价调整为估价对象宗地价格的方法。基准地价修正法是一种间接的估价方法,其估价结果的准确性主要取决于基准地价的准确性及各种调整系数的科学性。

基准地价是指在某个城镇的一定区域范围内,对现状利用条件下不同级别或不同均质地域的土地,按照商业、办公、居住、工业等用途,分别评估确定的一定使用期限的建设用地使用权在某一时点的平均价格。也可以将基准地价简要定义为:以某个城镇为对象,在该城镇一定区域范围内,根据用途相同、位置相邻、地价相近的原则划分地价区段,然后调查评估出的各地价区段一定使用期限的建设用地使用权在某一时点的平均价格。

每个城镇基准地价具有特定内涵,即有其对应的具体价值时点(基准日期)、土地用途、土地使用权类型(如出让、划拨、转让)、土地使用期限、土地条件和容积率等。

2. 基准地价系数修正法估价程序

运用基准地价修正法评估宗地价格,一般分为以下四个步骤:①搜集有关基准地价的资料;②查出估价对象宗地所在土地级别或地价区段的基准地价;③进行市场状况调整、土地状况调整等;④求出估价对象宗地的价格。

进行市场状况调整,是将基准地价在其基准日期时的值,调整为在价值时点时的值。此处的市场状况调整的方法,与市场法中市场状况调整的方法相同。进行土地状况调整,是将估价对象宗地的状况,包括位置、土地使用期限、土地开发程度、容积率、土地形状、临街状况等,与在评估基准地价时设定的有关条件或状况进行比较,将基准地价调整为在估价对象宗地状况下的价格。此处的土地状况调整的内容和方法,与市场法中建(构)筑物状况调整的内容和方法类似。

由于在不同的城镇,基准地价的内涵、构成、表达方式等可能有所不同,所以具体应调整的内容和方法也可能不同。基准地价的内涵、构成、表达方式等的不同,具体表现为:基准地价是熟地价还是生地价(具体为几通一平),尤其是在城市建成区内是否包含城市基础设施建设费、拆迁补偿安置费;是土地级别的基准地价,还是区片价的基准地价或路线价的基准地价;是用土地单价表示的,还是用楼面地价表示的;对应的土地用途、土地使用期限和容积率等,如在评估基准地价时设定的土地用途是分商业、办公、居住、工业等不同用途还是一个综合用途,土地使用期限是相应用途的法定最高出让年限还是统一为某个固定期限。

3. 基准地价系数修正法估价应用

(1) 估价对象概括。待估宗地位于H市松北区三环路以南、昆明路以东,用途为商业用地,土地级别为商业五级,期限40年,终止日期为2 057.3.5,本次评估基准日为2017年7月4日。

(2) 采用基准地价系数修正法计算土地取得成本。

第一,基准地价成果介绍及内涵。根据关于贯彻《H市人民政府关于调整H市城镇国有土地基准地价的通知》(政发〔2009〕第40号),H市城区基准地价分商业、住宅、工业(或综合、办公)等几种用途,不同用途的基准地价参见表1。该市基准地价于2009年公布实施。

该商业用地基准地价内涵为:基准日为2008年1月1日,土地开发程度(一级至六级)为宗地外六通(即通路、供电、供水、排水、通讯、供气)、七级至十级为宗地外“四通”(即通路、供电、通讯、供水),红线内场地平整,最高出让年限为40年期平均地价。

H市城区级别基准地价表,如表4-20所示。

表 4-20　　H 市城区级别基准地价表　　单位:元/m^2

用途＼级别	工业用地限制区	一级	二级	三级	四级	五级	六级	七级	八级	九级	十级
商业		7 073	5 395	4 076	3 357	2 637	2 278	1 319	959	335	198
住宅办公		3 689	2 336	1 844	1 230	799	430	222	151		
工业	Ⅰ级:895 Ⅱ级:770	645	465	405	274						

根据《城镇土地估价规程》(GB/T 18508—2001)与《H 市市区城镇国有土地使用权出让基准地价》,其基准地价系数修正法评估宗地地价的计算公式为:

$$\begin{matrix}\text{基准地价系数修正法评估的宗地地价}\\(\text{基准地价设定开发程度下的宗地地价})\end{matrix}=\begin{matrix}\text{基准}\\\text{地价}\end{matrix}\times(1+\sum K_i)\times K_1\times K_2\times K_3 \quad (4-36)$$

式中:$\sum K_i$——影响地价区域因素及个别因素修正系数之和;

K_1——基准日修正系数;

K_2——土地使用年期修正系数;

K_3——容积率修正系数。

第二,确定待估宗地的土地级别及基准地价。待估宗地位于松北区三环路以南、昆明路以东,用途为商业用地,土地级别为商业五级,其基准地价为 2 637 元/m^2。其基准地价内涵为:基准日为 2008 年 1 月 1 日,土地开发程度为红线外“六通”(即通路、供电、供水、排水、通讯、供气),红线内场地平整条件下,平均容积率为 2.0,设定年期 40 年,用途为商业,国有土地使用权平均地价。

第三,编制待估宗地地价影响因素说明、优劣程度及修正系数表。根据《H 市城镇土地级别及基准地价调整技术报告》,商业用地地价影响因素说明表及修正系数表,按照待估宗地的区域因素及个别因素条件,可建立待估宗地地价影响因素说明、优劣程度及修正系数($\sum K_i$)表,如表 4-21 至表 4-23 所示。

表 4-21　　五级商业用地宗地地价修正系数说明表

影响因素＼优劣程度		优	较优	一般	较劣	劣
商业繁华度	所在或临近商业中心级别	区级商服中心或风景旅游区	商品专业街或专业批发市场	小区段商服中心	街区级商服中心	零星商服网点或临时商服网点
	距商业中心距离(米)	位于商业中心内部	距商业中心边缘<200	距商业中心边缘(200,400)	距商业中心边缘(400,800)	距商业中心边缘>800
交通便捷度	所临道路类型	主干道	次干道	一般干道	支路	封闭式高速路、小区内或街坊内道路
	附近公交站点个数	>7	6	5	4	<3
	距公交站点平均距离(米)	(0,100)	(100—200)	(200—400)	(400—800)	>800
	距对外交通站点距离(公里)	<2	(2,3)	(3,5)	(5,6)	>6

续　表

影响因素＼优劣程度		优	较优	一般	较劣	劣
基础设施综合保证率(%)		(95,100)	(90,95)	(85,90)	(80,85)	(0,80)
环境优劣度	周围土地利用类型	商业用地	商住混合用地	住宅、办公用地	市政基础设施用地	工业、仓储用地
	综合环境质量评价	清洁区	轻污染区	中污染区	重污染区	极重污染区
	商业经营人文环境	邻近一般商品住宅区，人口密度大，购买力高	楼房平房混合区，人口较稠密，购买力较高	平房住宅区，人口密度和购买力一般	危房棚户区，居民消费水平较低	工业仓储区，附近居民少，购买力水平低
城市规划限制		基本无限制	稍有限制	一般限制	较严限制	严格限制
宗地个别因素	地形	地形平坦	略有坡度	有明显坡度	坡度较大	起伏不平
	形状	形状规整	形状较规整	形状一般	形状不规整	形状极不规整
	地质条件	优良	较好	一般	较差	差及不宜选
	临街状况	三面或三面以上临街	街角地、丁字路口或两面临街	一面临商业街	一面临非商业街	不直接临市政街道
	临街宽度(米)	＞15	(12,15)	(8,12)	(4,8)	(0,4)或不直接临市政街道
	深宽度	(0,0.5)	(0.5,1.0)	(1.0,2.0)	(2.0,3.0)	＞3.0或不直接临市政街道

表4-22　　五级商业用地宗地地价修正系数表

影响因素＼优劣程度		优	较优	一般	较劣	劣
商业繁华度	商业中心级别	0.030	0.015	0.000	－0.011	－0.022
	距商业中心距离	0.020	0.010	0.000	－0.007	－0.014
	小　计	0.050	0.025	0.000	－0.018	－0.036
交通便捷度	所临道路类型	0.012	0.006	0.000	－0.004	－0.008
	附近公交站点数量	0.008	0.004	0.000	－0.003	－0.006
	距公交站点距离	0.006	0.003	0.000	－0.002	－0.004
	距对外交通站点距离	0.004	0.002	0.000	－0.001	－0.002
	小　计	0.030	0.015	0.000	－0.010	－0.020
环境优劣度	基础设施综合保证率	0.012	0.006	0.000	－0.005	－0.010
	周围土地利用类型	0.004	0.002	0.000	－0.002	－0.004
	综合环境质量评价	0.004	0.002	0.000	－0.001	－0.002
	商业经营人文环境	0.004	0.002	0.000	－0.002	－0.004
	小　计	0.012	0.006	0.000	－0.005	－0.010
宗地个别因素	城市规划限制	0.008	0.004	0.000	－0.002	－0.004
	地形	0.002	0.001	0.000	－0.001	－0.002
	形状	0.004	0.002	0.000	－0.002	－0.004

续 表

影响因素 \ 优劣程度		优	较优	一般	较劣	劣
宗地个别因素	工程地质条件	0.002	0.001	0.000	−0.001	−0.002
	临街状况	0.008	0.004	0.000	−0.002	−0.004
	临街面宽度	0.006	0.003	0.000	−0.002	−0.004
	深宽比	0.006	0.003	0.000	−0.002	−0.004
	小计	0.028	0.014	0.000	−0.010	−0.020
	最大调整幅度	0.140	0.070	0.000	−0.050	−0.100

表 4-23　　地价影响因素说明及修正系数表

地价影响因素		条件说明	优劣度	修正系数
商业繁华度	商业中心级别	区级商服中心	优	0.030
	距商业中心距离	位于商业中心内部	优	0.020
交通便捷度	所临道路类型	主干道	优	0.012
	附近公交站点数量	≤3	劣	−0.006
	距公交站点距离(米)	(0,100)	优	0.006
	距对外交通站点距离(千米)	>6	劣	−0.002
基础设施综合保证率		(90,95)	较优	0.006
环境优劣度	周围土地利用类型	商住混合用地	较优	0.002
	综合环境质量评价	轻污染区	较优	0.002
	商业经营人文环境	邻近一般商品住宅区,人口密度大,购买力高	优	0.004
城市规划限制		一般限制	一般	0.000
宗地个别因素	地形	地形略有坡度	较优	0.001
	形状	形状规整	优	0.004
	工程地质条件	一般建筑场地	一般	0.000
	临街状况	三面或三面以上临街	优	0.008
	临街面宽度	>15	优	0.006
	深宽比	(0,0.5)	优	0.006
合　计				0.099

第四,确定基准日修正系数(K_1)。H 市基准地价基准日为 2008 年 1 月 1 日,本次评估基准日为 2017 年 7 月 4 日,近几年当地地价变化不大。根据当地实际情况,确定基准日修正系数为 1.0。

第五,确定土地使用权年期修正系数(K_2)。由于商业用地基准地价为 40 年期土地使用权价格,本次评估待估宗地的设定土地使用年期为 39.46 年,需进行年期修正,即土地使用年期修正系数 $K_2=0.996\,6$。

$$K_2=\frac{1-1/(1+r)^m}{1-1/(1+r)^n}$$

式中：K_2——土地使用年期修正系数；

r——土地还原率6%；

m——待估宗地宗地设定使用年限，为39.46年；

n——基准地价设定土地使用年期，为40年。

土地使用年期修正系数$K_2=0.9966$。

第六，确定容积率修正系数(K_3)。待估宗地的设定容积率为1.4，根据《H市城镇土地级别及基准地价调整技术报告》，容积率为1.0时，容积率修正系数为0.54.；容积率为1.5时，容积率修正系数为0.78。采用内插法确定，容积率修正系数为0.732。

第七，确定开发程度修正值(K_4)。本次评估中，待估宗地地价定义中的土地开发程度为七通，而基准地内涵开发程度为六通与其内涵不相同，需进行开发程度的修正，根据《H市城镇土地级别及基准地价调整技术报告》即修正值为12元/m²。

第八，计算基准地价设定开发程度条件下的宗地地价。经以上分析过程，可得到待估宗地在基准地价设定开发程度条件下的土地价格：

$$\begin{matrix}\text{基准地价设定开发程度}\\\text{条件下的宗地地价}\end{matrix}=\text{基准地价}\times K_1\times K_2\times K_3\times(1+K)+K_4$$

基准地价系数修正法评估过程一览表，如表4-24所示。

表4-24　基准地价系数修正法评估过程一览表

宗地位置	基准地价设定年期	基准地价(元/m²)	区域及个别因素修正系数	期日修正系数	估价设定年期(年)	使用年期修正系数	容积率修正系数	土地开发程度修正幅度(元/m²)	单位地价(元/m²)
松北区三环路以南、昆明路以东	40	2637	0.099	1.0	39.46	0.9966	0.732	12	2126.08

土地单价为2126.08元/m²，根据建设工程规划许可证，一期开发土地面积为73463 m²，土地总价=2126.08×73463=15618.82(万元)

楼面地价=15618.82÷109241.71=1429.75(元/m²)

情境任务4.7 在建工程评估

4.7.1 概述

1. 在建工程及特点

在建工程资产是指在资产评估时尚未完工的建设项目，或者虽已完工但尚未交付使用的建设项目，以及建设项目备用的材料、设备等物资。评估在建工程有许多特点：

(1) 在建工程资产种类多，情况复杂。

(2) 在建工程资产的形象进度以及资产功能差别很大。

(3) 在建工程资产的会计核算投资数与在建工程实际完成工作量较难一致。

(4) 在建工程的建设周期长短差别较大。

2. 在建工程评估程序

(1) 搜集在建工程的详细资料:包括在建工程批准文件、工程图纸、预算书,施工合同等,有关在建工程预算定额、建筑工程间接费标准、地方建筑材料价差、建筑工程预备费用及其他费用等数据资料。

(2) 现场勘查核实:核实工程进度、评价工程质量、观察工程的形象进度结合工程实际投资情况确定工程完工程度。

(3) 选择评估方法,确定在建工程评估值:根据掌握的资料,核定工程单位成本;选择估价方法确定在建工程价值。

3. 在建工程评估方法

(1) 成本法:在建工程一般采用成本法进行估价,这种方法要求按照正常生产情况下,首先估算重新建造全新状态的在建工程所需的各项必要成本费用和应纳税金、正常开发利润之和,再结合成新率(综合考虑年限、实体性、功能性和经济性贬值求取)估算出估价对象的市场价格。在使用成本法时应注意在建工程的状态,如果是非停工状态下的在建工程则不需要考虑折旧;如果该在建工程已经停工一段时间则要考虑其功能性和经济性贬值。

(2) 剩余法:由于在建工程后续发生成本可以根据项目投资资料进行计量,同时由于规划条件已经确定,因此在建工程建成后价值可以计算,故可采用剩余法进行在建工程评估。在具体应用时,通过采用市场法或收益法计算在建工程完工后的价值扣除正常开发的建筑物建造费用和与建筑物建造、买卖有关的专业费、利息、利润、税收等费用后,以价格余额来确定在建工程的价值。

4.7.2 在建工程评估应用

1. 在建工程概况

A 在建工程位于某市松北区东至聚源街,南至郑州街,北临三环路,西至思源街,公交站点两个,线路有 13、338、郊 5 等,交通较便利。形状较规则,面积适宜,所在区域地质状况属优良建筑场地。基础设施水平达到七通,即通路、电、讯、上水、下水、供热。周边云集了前进综合大市场,松北购物中心,太阳岛风景区、冰雪大世界、极地馆、保利大剧院(筹建)、市政府广场、黑天鹅度假村、松北公园、商业大学、第九中学、师大附小、医大四院松北分院等公共设施,人文环境较优良。

根据委托方的要求,本次估价范围为该项目一期东 1～22 号、东 24 号楼及东地下室在建工程,总建筑面积为 122 675 m^2,列入本次评估范围的建筑面积为 109 241.71 m^2,用途为商业金融,具有建设用地规划许可证、建设工程规划许可证及建筑工程施工许可证,房屋在建工程预登记证。土地性质为商服用地,土地使用权获得方式为出让,面积 73 463 m^2,期限 40 年,终止日期为 2051.3.5,根据委托方提供资料,估价基准日待估房地产未设定他项权利。

该在建工程是以汽车生活为主题,集汽车配件、汽车用品、汽车展示、汽车交易、改装美容、餐饮娱乐、休闲购物、车友俱乐部于一体,配套商务办公、公寓的大型城市商业综合体-汽车生活商业综合体。在建筑造型和立面设计上采用了近代欧洲风格,融合时代感和古典美于一体,与本市历史文脉和建筑风格相融合。作为大型专业汽配城,项目建成后必将成为本市新的汽车生活采购中心、汽车文化交流中心、东北亚汽车配件交易中心、汽车用品交易中心——东北亚首屈一指的一站式汽车购物广场。

建筑结构为框架剪力墙结构。东区地上为联排别墅式临街门店，独立产权，规划用途为汽车配件、综合类汽车产品及用品的品牌展示店，东区地下规划主要包括一个汽车用品shopping mall及操作服务区，停车区。通过地下空间的科学利用，不仅有效的保证了人、车、货流的顺畅，更可以为消费者提供方便，快捷和一站式的汽车维修、美容、改装等专业服务。

待估对象状况描述表如表4-25所示。

表4-25　　待估对象状况描述表

栋号	完工面积(m^2)	形象进度	层　高
D01	10 902.33	主体封顶	1层5.4米,2层3.6米,3层3米
D02	11 451.12	主体封顶	1层5.4米,2层3.6米,3层3米
D03	2 882.52	主体封顶	1层5.4米,2层3.6米
D04	2 900.64	主体封顶	1层5.4米,2层3.6米
D05	1 854.5	主体封顶	1层5.4米,2层3.6米
D06	1 850.6	主体封顶	1层5.4米,2层3.6米,3层3.6～5.4米
D07	1 402.09	主体封顶	1层5.4米,2层3.6米,3层3.6～5.4米
D08	1 850.6	主体封顶	1层5.4米,2层3.6米,3层3.6～5.4米
D09	1 854.5	主体封顶	1层5.4米,2层3.6米
D10	2 900.64	主体封顶	1层5.4米,2层3.6米
D11	2 882.52	主体封顶	1层5.4米,2层3.6米
D12	1 402.09	主体封顶	1层5.4米,2层3.6米,3层3.6～5.4米
D13	5 475.36	主体封顶	1层5.4米,2层3.6米,3层3米
D14	2 882.52	主体封顶	1层5.4米,2层3.6米
D15	2 900.64	主体封顶	1层5.4米,2层3.6米
D16	1 854.5	主体封顶	1层5.4米,2层3.6米
D17	1 850.6	主体封顶	1层5.4米,2层3.6米,3层3.6～5.4米
D18	1 402.9	主体封顶	1层5.4米,2层3.6米,3层3.6～5.4米
D19	1 850.6	主体封顶	1层5.4米,2层3.6米,3层3.6～5.4米
D20	1 854.5	主体封顶	1层5.4米,2层3.6米
D21	2 900.64	主体封顶	1层5.4米,2层3.6米
D22	2 882.52	主体封顶	1层5.4米,2层3.6米
D24	1 402.09	主体封顶	1层5.4米,2层3.6米,3层3.6～5.4米
地下	37 850.69	主体结构完成	5.5米
合计	109 241.71		

待估对象为在建工程，主体结构完好无损，无破损和不均匀沉降，非主体结构完好无损坏，综合成新率十成新。

成本法测算过程：

(1) 成本法测算公式。

在建工程价值 = 开发成本 + 管理费用 + 投资利息 + 投资利润 + 销售税费 − 折旧

(2) 建筑物开发成本。

第一,建筑物建安工程造价。根据该省建筑工程定额当前同类房产造价行情信息,结合估价对象建筑物结构特点和建筑造价资料,按现时同类用途、相同结构的建筑物建筑成本价格核算确定为 1 550 元/m^2。

第二,专业费用。包括勘察设计费、咨询、可行性研究、策划、规划、设计等费用,根据该省工程造价概预算的一般标准,按建安工程造价的 5%计取。

$$专业费用 = 1\,550 \times 5\% = 77.5(元/m^2)$$

(3) 管理费用。根据该省建筑工程概预算的一般标准,管理费为建筑物建造成本的 3%~5%,结合估价对象的特点和规模,管理费取建造总价的 5%。基准地价确定的土地价格中已包含管理费用,因此这里不再单独计算土地管理费用。

$$管理费用 = 1\,627.50 \times 5\% = 81.38(元/m^2)$$

(4) 投资利息。同类建筑工程建筑周期一般为 1.5 年,根据建设项目贷款特点,按目前 1 年期贷款利率 6.56%计。基准地价确定的土地价格中已包含投资利息,因此不再单独计算土地投资利息。

$$投资利息 = (开发费用 + 管理费) \times [(1 + 6.56\%)1.5 - 1] = 170.88(元/m^2)$$

(5) 投资利润。根据该市房地产开发市场平均利润水平,结合估价对象房地产性质,投资利润率取 20%。基准地价确定的土地价格中已包含投资利润,因此这里不再单独计算土地投资利润。

$$投资利润 = (开发费用 + 管理费) \times 20\% = 341.78(元/m^2)$$

(6) 销售税费。销售税费包括销售税金(两税一费)、其他销售税费,如印花税、交易手续费等,参照该市有关规定,综合税率取建筑物售价的 8%。

$$销售税费 = V_b \times 8\%$$

(7) 建筑物重置价格。设建筑物重置价格为 V_b。

$$V_b = 1\,429.75 + 1\,550 + 77.5 + 81.38 + 170.88 + 341.78 + V_b \times 8\%$$
$$V_b = 3\,969(元/m^2)(取整)$$

(8) 综合成新率。待估房产综合成新率为十成新。

(9) 建筑物现值。

$$建筑物现值 = 建筑物重置价 \times 成新率 = 3\,969 \times 100\% = 3\,969(元/m^2)$$

2. 剩余法测算过程

(1) 规划方案及技术经济指标分析。估价对象规划用途为汽车百货广场,且各部分数量比例比较合理;估价对象为在建工程,其续建周期短,销售的启动较为灵活主动,在一定程度上可规避在建的项目竞争。因此,在满足合法原则的前提下估价对象继续按规划用途及批准的规划指标开发续建最为有效。估价对象规划指标表,如表 4-26 所示。

表 4-26 估价对象规划指标表

项目	用途	总面积(m^2)	可售面积(m^2)
东区地上	联排别墅式临街门店	71 391.02	71 391.02
东区地下	操作服务区,停车区	37 850.69	37 850.69

对象估价建设期为 2016 年 5 月 25 日至 2018 年 2 月 10 日,现状在建,预计建成半年内可全部售完。

(2) 估价对象市场售价的确定。楼盘的开盘预售价格为 15 000 元/m^2,根据估价人员对估价对象所在区域同类性质的房地产市场情况进行调查,预售价格符合市场正常水平,估价对象地上商业物业的销售总价为 107 086.53 万元(15 000×71 391.02);结合商业物业特点,对比地上一层和地下室结构和区位差异用市场提取法确定地下室调整系数为-40%,得出地下室价格为 9 000 元/m^2[15 000×(1-40%)],故地下商业物业的销售总价为 34 065.62 万元(9 000×37 850.69)。假设项目在建成半年后可全部售出,则折现到价值时点折现期 1.92 年。

第一,折现率的确定。本次估价采取累加法确定折现率,折现率=无风险报酬率+投资风险补偿率+管理负担补偿率+缺乏流动性补偿率-投资带来的优惠率,根据中国人民银行公布的存款利率,1 年期基准存款利息为 3.5%,经对房地产开发企业同类项目的调查,综合考虑,确定折现率为 15%。

第二,估价对象总开发折现净值。

$$折现值 = 107\,086.53 \div (1+15\%)1.92 + 34\,065.62 \div (1+15\%)1.92 = 107\,931.35(万元)(取整)$$

(3) 计算估价对象开发成本。

第一,续建工程费用。项目前期勘查、设计等已完成,所以在这里不考虑前期工程费,未完工项目有装饰装修工程、附属工程、消防工程、电气工程、管线工程、弱电工程、通讯工程、煤气工程、智能系统及附属设施等,根据该市建筑工程造价定额测算及估价对象实际情况确定续建工程费用为 2 500 元/m^2。项目完工后总工程费用为 27 310 万元(2 500×109 241.71)(取整)。

第二,配套设施建设费。按规定配套设施建设费在开发期初已缴清,故不作考虑。

第三,工程管理费、不可预见费等。管理费、不可预见费合计取续建工程费用的 5%,则:

$$管理费、不可预见费 = 27\,310 \times 5\% = 1\,365.5(万元)$$

第四,总开发成本。

$$总开发成本 = 27\,310 + 1\,365.5 = 28\,675.5(万元)$$

(4) 销售费用及税费。销售费用及税费取总开发价值的 8%。则:

$$销售费用及税费 = 107\,931.35 \times 8\% = 8\,634.51(万元)$$

(5) 续建开发成本及费用。

$$续建开发成本及费用折现净值 = 28\,675.5 \div (1+15\%)1.92 + 8\,634.51 = 30\,561.10(万元)$$

(6) 求取估价对象的市场价值 V。

买方购买土地应负担的契税、交易手续费等税费约为 3.01%。

$V\times(1+3.01\%)=(107\ 931.35-30\ 561.10)$

$V=(107\ 931.35-30\ 561.10)\div(1+3.01\%)=75\ 109.46$(万元)

单价＝市场价值／地上可售面积

单价＝75 109.46÷109 241.71＝6 876(元/m^2)(取整)

思考与练习

一、单项选择题

1. 下列建筑物价格影响因素中，不属于经济因素的是(　　)。

A. 居民收入增加　　B. 房产税征收

C. 人民币升值　　D. 居民消费价格指数上升

2. (　　)是对建筑物所有权、使用权的一种限制，它存在对建筑物价格有一定影响。

A. 相邻关系　　B. 使用管制　　C. 市政府监督　　D. 其他管制

3. 关于估价对象状况描述的说法，正确的是(　　)。

A. 对估价对象范围的描述就是说明其四至

B. 对建筑物外观的描述应说明其周围环境和景观

C. 对建筑物实物状况的描述应说明建筑物朝向和楼层

D. 对土地开发程度的描述应说明到达地块红线的基础设施完备程度

4. 确定估价对象及其范围和内容时，应根据(　　)，并征求委托人同意后综合确定。

A. 估价原则　　B. 估价目的　　C. 估价方法　　D. 估价程序

5. 下列关于实地查看估价对象的表述中，错误的是(　　)。

A. 房地产估价师应亲自到估价对象现场，对估价对象的坐落、用途等情况进行核对

B. 房地产估价师应亲自到估价对象现场，拍摄反映估价对象外观状况的影像资料

C. 房地产估价师应亲自到估价对象现场，感受估价对象位置、交通、环境景观等优劣

D. 估价对象为已经消失房地产，房地产估价师也应去估价对象原址进行必要调查了解

6. 估价对象及下列交易实例均为单层标准厂房，估价对象的建筑面积为1 200 m^2，现空置。估算估价对象的租金时，最适宜作为可比实例的是(　　)。

A. 建筑面积1 800 m^2，两年前出租，年租金35万元，位于同一工业区

B. 建筑面积1 100 m^2，近期出租，年租金150元/m^2，位于20 km外

C. 建筑面积10 000 m^2，近期出租，年租金180万元，位于同一工业区

D. 建筑面积1 000 m^2，近期出租，年租金20万元，位于同一工业区

7. 已知1年期国债利率为3.31%，贷款利率为5.43%，投资风险补偿率为2.23%，管理负担补偿率为1.32%，缺乏流动性补偿率为1.42%，所得税抵扣的好处为0.5%，则报酬率为(　　)。

A. 7.78%　　B. 8.28%　　C. 13.21%　　D. 14.21%

8. 某建筑物的建筑面积为200 m^2，有效经过年数为12年，重置价格为800元/m^2，建筑物经济寿命为40年，残值率为2%，则运用直线法计算该建筑物的现值为(　　)万元。

A. 10.2　　B. 11.0　　C. 11.3　　D. 11.5

9. 下列关于建筑物寿命和经过年数的说法中，正确的是(　　)。

A. 建筑物的经济寿命短于自然寿命，有效经过年数也短于实际经过年数

B. 建筑物的经济寿命长于自然寿命，有效经过年数也可能长于实际经过年数

C. 建筑物的经济寿命与自然寿命相等,有效经过年数与实际经过年数也相等

D. 建筑物的经济寿命短于自然寿命,有效经过年数可能短于、等于或长于实际经过年数

10. 某8年前建成交付使用的建筑物,建筑面积为120 m^2,单位建筑面积的重置价格为600元/ m^2,建筑物残值率为5%,年折旧额为1 440元,用年限法计算该建筑物的成新率是(　　)。

A. 81%　　B. 84%　　C. 84.17%　　D. 84.80%

二、多项选择题

1. 下列关于居民收入水平对建筑物价格影响的表述中,正确的有(　　)。

A. 居民收入的真正增加,通常会导致建筑物价格上升

B. 如果居民收入的增加是衣食较困难的低收入者的收入增加,则对建筑物价格影响不大

C. 如果居民收入的增加是中等收入者的收入增加,则会促使建筑物上升

D. 如果居民收入的增加是高收入者的收入增加,且其无建筑物投资或投机行为,则对建筑物价格影响不大

2. 下列情况中,会导致建筑物价格上升的有(　　)。

A. 上调贷款利率　　B. 收紧房地产开发贷款

C. 开征物业税　　D. 减免房地产持有环节的税收

3. 以下内容属于现场勘查中建筑物实物状况是(　　)。

A. 坐落　　B. 景观　　C. 用途　　D. 建筑面积

4. 在接受建筑物估价委托时,首先要弄清楚(　　)等基本事项,以此判断能否胜任该项估价工作。我们把这个步骤称为明确估价基本事项。

A. 估价目的　　B. 估价对象　　C. 价值时点　　D. 价值类型

5. 选取可比实例时,应符合的要求包括(　　)等。

A. 可比实例与估价对象所处的地区必须相同

B. 可比实例的交易类型与估价目的吻合

C. 可比实例的规模与估价对象的规模相当

D. 可比实例的成交价格是正常价格或可修正为正常价格

6. 评估某套住宅价格中,进行区位状况调整时,比较、调整的内容包括(　　)等。

A. 景观　　B. 离市中心距离

C. 朝向　　D. 城市规划限制条件

7. 市场法中实物状况比较和调整的内容包括(　　)。

A. 环境　　B. 地形地势　　C. 外部配套设施　　D. 内部基础设施

8. 有一出租的写字楼拟选用收益法估价,现需要搜集(　　)等方面的资料。

A. 开发完成后的房地产价值　　B. 租金水平

C. 开发成本　　D. 出租率或空置率

9. 在运用成本法时最主要的有(　　)。

A. 区分计划成本和实际成本　　B. 区分实际成本和客观成本

C. 结合实际成本来确定评估价值　　D. 结合实际开发利润来确定评估价值

10. 下列关于估价上的建筑物折旧的说法中,正确的有(　　)。

A. 估价上的折旧与会计上的折旧有本质区别
B. 建筑物的折旧就是建筑物的原始建造价格与账面价值的差额
C. 建筑物的折旧就是各种原因所造成的价值损失
D. 建筑物的折旧就是建筑物在价值时点时的重新购建价格与市场价值之间的差额

11. 成本法主要适用于评估(　　)的房地产。
A. 新开发的　　B. 重新开发　　C. 正在开发建设　　D. 计划开发建设

12. 城镇基准地价内涵包括(　　)。
A. 容积率　　B. 土地使用税　　C. 土地开发程度　　D. 土地使用年限

13. 剩余法估价中,对于开发完成后的价值可以采用(　　)进行预测。
A. 市场法　　B. 收益法　　C. 成本法　　D. 剩余法

14. 在建工程适用的评估方法有(　　)。
A. 市场法　　B. 成本法　　C. 收益法　　D. 剩余法

15. 剩余法评估在建工程时,采用投资利润率计算后续开发利润,计算基数应包括(　　)。
A. 待开发在建工程价值　　B. 已完工程建设成本
C. 取得在建工程的税费　　D. 后续开发的投资利息

三、判断题

1. 一般来说,国内生产总值的增长会形成较多供给,引起建(构)筑物价格下降。(　　)

2. 因为地球表面的土地总量是有限的,在一定时期同用途的土地数量是固定不变的,因此土地的经济供给是有限的。(　　)

3. 估价目的是由委托人提出的,价值时点是根据估价目的确定的。(　　)

4. 在一个估价项目中,估价目的、估价对象和价值时点三者是有着内在联系的,其中估价目的是龙头。(　　)

5. 估价对象及其范围和内容,既不能简单地根据委托人要求确定,也不能根据估价人员主观愿望确定,而应根据估价目的,依据法律、行政法规并征求委托人认可后综合确定。(　　)

6. 运用市场法求取建(构)筑物的价格时,选取的可比实例的规模一般应在估价对象规模0.5～2范围内。(　　)

7. 对于估价人员搜集的交易实例,只要是估价对象类似建筑物就可以作为可比实例。(　　)

8. 出租的房地产求取净收益时,对于出租人应负担的费用,根据真正的房租构成因素,一般为其中的维修费、管理费、保险费、房地产税、租赁费用和租赁税费。(　　)

9. 商业经营的房地产的净收益为商品销售收入扣除商品销售成本、经营费用、商品销售税金及附加、管理费用、财务费用和商业利润。(　　)

10. 在求取整体房地产的价值时,期末转售收益是指在房地产持有期末转售房地产并扣减抵押贷款余额之后的收益。(　　)

11. 经分析,某建筑物重置价格为1 000万元,其建筑结构、装修和房屋设备的价值分别占重置价格的60%、25%和15%,经观察评定,三部分各自的成新率分别为90%、70%和80%,该建筑物的现时价格为835万元。(　　)

12. 成本法是先分别求取估价对象在估价作业日期的重新购建价格和折旧,然后将重新购建价格减去折旧来求取估价对象价值的方法。(　　)

13. 在基准地价修正法中进行交易日期调整,是将基准地价在价值时点时的值调整为其

基准日期时的值。 （ ）

14. 城镇基准地价是指在某个城镇的一定区域范围内，对现状利用条件下不同级别或不同均质地域的土地的平均价格。 （ ）

实务训练

【实训资料 4-1】

建筑工程评估现场勘查实训

1. 实训目的：掌握建(构)筑物评估基本程序，根据评估基本事项拟定评估工作计划并收集整理评估资料，熟练填制建(构)筑物现场勘查表。

2. 实训重点：根据估价目的制定评估工作计划，填制建(构)筑物评估现场勘查。

3. 实训地点：资产评估实训室，估价对象现场。

4. 实训教学形式：采用角色扮演法，学生按评估工作岗位分组，分工协作拟定评估工作计划、查找资料和现场勘查，教师根据存在问题有针对性地进行指导。

5. 实训考核评量：制作评估工作计划，填制建(构)筑物现场勘查表，用 PPT 展示成果，学生自评与小组互评相结合，教师进行点评。

6. 实训要求：为测算学校所在区域房产均价，对学校周边附近住宅小区的住宅用途房地产进行评估，需要分组完成以下内容：

(1) 制作评估工作计划。

(2) 选择评估所采用的方法。

(3) 掌握使用该方法需要收集的资料。

(4) 填制建(构)筑物现场勘查表。

【实训资料 4-2】

市场法评估实训

1. 实训目的：掌握建(构)筑物市场法评估基本程序，收集整理市场法评估所需评估资料，能够熟练选择可比实例、进行建筑物状况调整、市场状况调整及交易情况修正并估算待估对象价值。

2. 实训重点：建筑物选择可比实例、进行建筑物状况调整。

3. 实训地点：资产评估实训室，某某资产评估公司，估价对象现场。

4. 实训教学形式：采用角色扮演法，学生按评估工作岗位分组，分工协作查找资料、现场勘查及评定估算，教师根据存在问题有针对性地进行指导。

5. 实训考核评量：填制建(构)筑物现场勘查表，制作工作底稿和简单评估报告，用 PPT 展示成果，学生自评与小组互评相结合，教师进行点评。

6. 实训要求：

(1) 选择评估所采用的方法及对应的计算公式。

(2) 明确该方法的评估步骤。

(3) 掌握使用该方法需要收集的资料。

(4) 选择可比实例。

(5) 进行建筑物状况调整、市场状况调整及交易情况修正。

(6) 计算比准价格。

7. 实训资料:

(1) 估价对象概况:本估价对象为学校周边住宅,位于住宅小区院内;建筑物总楼层为32层,估价对象所在层为9层。

(2) 估价基准日:2017年8月1日。

(3) 建筑结构:钢筋混凝土结构。

(4) 建筑面积85 m^2。

(5) 建成年份:2016年8月。

(6) 建筑格局:两室一厅。

(7) 参照本地区房地产价格指数,从2016年9月至今,房地产价格指数月环比增加0.3%。

【实训资料4-3】

收益法评估实训

1. 实训目的:掌握建(构)筑物收益法评估基本程序,收集整理收益法评估所需评估资料,能够熟练计算建筑物净收益、折现率、收益年限并估算待估对象价值。

2. 实训重点:建筑物净收益、折现率、收益年限计算。

3. 实训地点:资产评估实训室,某某资产评估公司,估价对象现场。

4. 实训教学形式:采用角色扮演法,学生按评估工作岗位分组,分工协作查找资料、现场勘查及评定估算,教师根据存在问题有针对性地进行指导。

5. 实训考核评量:填制建(构)筑物现场勘查表,制作工作底稿和简单评估报告,用PPT展示成果,学生自评与小组互评相结合,教师进行点评。

6. 实训要求:

(1) 选择评估所采用的方法及对应的计算公式。

(2) 明确该方法的评估步骤。

(3) 掌握搜集类似写字楼的正常租金、出租率、经常费有关资料的方法。

(4) 确定建筑物净收益。

(5) 求取建筑物折现率。

(6) 计算收益期限。

(7) 计算估价对象价值。

7. 实训资料:

(1) 对商品房市场价格进行估价。

(2) 估价基准日:2017年6月30日。

(3) 搜集了四个近期租金的案例资料,如表4-27所示。

表4-27　案例资料

编　号	A	B	C	D
坐　落	市区内	市区内	市区内	市区内
用　途	商品住宅	商品住宅	商品住宅	商品住宅

续 表

编 号	A	B	C	D
结 构	钢混	砖混	砖混	砖混
楼 层	3层	3层	3层	3层
建筑面积/ m^2	105	110	130	102
租金(元/月)	1 200	1 300	1 400	1 100

(4) 估价对象2012年建成,房屋重置价格为1 800元/ m^2,房地产资本化率为7%。

【实训资料4-4】

成本法评估实训

1. 实训目的:掌握建(构)筑物成本法评估基本程序,收集整理成本法评估所需评估资料,能够熟练计算建筑物重置价值及折旧并估算待估对象价值。

2. 实训重点:建筑物重置价值及折旧计算。

3. 实训地点:资产评估实训室,某某资产评估公司,估价对象现场。

4. 实训教学形式:采用角色扮演法,学生按评估工作岗位分组,分工协作查找资料、现场勘查及评定估算,教师根据存在问题有针对性地进行指导。

5. 实训考核评量:填制建(构)筑物现场勘查表,制作工作底稿和简单评估报告,用PPT展示成果,学生自评与小组互评相结合,教师进行点评。

6. 实训要求:

(1) 选择评估所采用的方法及对应的计算公式。

(2) 明确该方法的评估步骤。

(3) 掌握使用该方法需要收集的资料。

(4) 确定求取建筑物重新购建价格。

(5) 求取建筑物折旧。

(6) 计算积算价格(不包含土地价格)。

7. 实训资料:

(1) 估价对象概况:本估价对象是一个专用仓库,位于某城市建成区内;土地面积5 000 m^2,建筑面积8 500 m^2;建筑物建成于1996年8月底,建筑结构为钢筋混凝土结构;土地原为划拨土地使用权,2015年6月15日补办出让手续,补交出让金等费用,取得了50年出让土地使用权。

(2) 估价基准日:2016年8月30日。

(3) 根据《省建设工程费用定额》《省建筑安装工程费用定额》及估价对象结构、层高、进伸、跨度、装修等工程的实地查勘情况,确定估价对象于价值时点的建安工程费为1 000元/ m^2。

(4) 2015年8月26日中国人民银行公布的一年期贷款利率为4.6%。

(5) 参照有关规定并根据估价师到实地查看的判断,该专用仓库建筑物的经济寿命为60年,有效年龄为20年,残值率为零。

学习情境5

无形资产评估

学习目标

读者通过学习，了解无形资产评估的基本内容和程序，掌握专利资产、商标资产、著作权及商誉的评估方法，重点关注收益法在无形资产评估中的应用，培养对无形资产进行信息搜集、评定估算、编制工作底稿和出具评估报告的能力。

引导案例

腾讯夺得2017中国上市公司品牌价值榜桂冠

3月31日下午，2017中国上市公司品牌价值榜在清华大学发布，该榜单由清华大学中国企业研究中心与每日经济新闻联合发布，包括总榜Top100、海外榜Top50和民营榜Top50，腾讯夺得该榜单总榜的第一名。

一、学术权威机构首次定义上市公司品牌价值

3月31日下午2时许，超过50家上市企业汇聚在清华大学舜德楼，等待揭晓"2017中国上市公司品牌价值榜"。在权威学术机构与专业财经媒体的合力推动下，这份被称为"首次定义中国上市公司品牌价值"的榜单备受期待。

据清华方面研究人员透露，该榜单研究以2016年12月31日为截止日期，选取了此日期前在A股上市的全部公司，包括上交所、深交所的主板、创业板和中小板全部A股上市公司；同时选取全部海外上市中国概念股公司，包括在香港联合交易所、NASDAQ、NYSE等地上市交易的中国概念股公司，海内外共计4 344家。

榜单研究不仅样本丰富、行业涵盖面广，在评估方法上也做到了针对上市公司"特别设计"。品牌价值评定涵盖企业的财务收益(Business Earning，简称BE)、品牌对总收益的贡献比例(Brand Ration，简称BR)、品牌收益强度(Brand Potential，简称BP)，最终得到品牌价值。

"我们可以基于任何一家中国上市公司的数据，给出其最终的品牌价值，而这也是我们此次发布品牌价值榜单的亮点之一。”清华大学中国企业研究中心主任赵平教授介绍，榜单也可供没上榜的企业对比行业内领先企业制定其品牌建设计划。

二、腾讯以6 213亿摘得上市公司品牌价值桂冠

从范围上看，2017中国上市公司品牌价值榜·总榜Top100上榜品牌的涵盖范围十分广泛，上榜企业代表既有像腾讯控股这样的互联网巨头，也有中国石油、中国石化等央企，以及中国电建等制造企业。

榜单显示，2017中国上市公司品牌价值榜·总榜Top100上榜品牌前5名占上榜企业品牌价值总和的53.3%，以腾讯为代表的互联网企业占据Top100中7个席位，且位次多居前列；与互联网联系紧密的通信行业三大巨头企业也均榜上有名，其中中国移动仅次于腾讯，位列第2名，中国电信以345亿元品牌价值位列第18名，中国联通为第46名，品牌价值为97亿元。

值得注意的是，2017中国上市公司品牌价值榜·总榜Top100前三甲腾讯控股、中国移动、阿里巴巴的市值(2016年1～12月平均值，下同)分别为16 081.15亿元、15 055.36亿元、14 550.16亿元，品牌价值分别为6 213亿元、5 854亿元、5 606亿元，品牌价值占据总市值的百分比分别为38.64%、38.89%、36.89%。对比榜单价值与市值后不难发现，企业的品牌价值和总市值紧密关联。而这也在某种程度上说明，品牌价值对市值的促进作用明显。

有业内人士分析认为，资本市场“股王”频现，而在品牌价值体系下的再评价，让中国上市公司的新“股王”角逐不再止于股价和市值，而进入更深层次的品牌对垒。

根据案例讨论，如何认识专利权、商标权、商誉在资本市场的价值？如何对上市公司的无形资产进行评估？

资料来源：腾讯科技 2017年4月4日　http://tech.qq.com/a/20170404/015360.htm

情境任务 5.1　无形资产评估概述

5.1.1　无形资产评估

1. 无形资产的概念

在《国际评估准则》中对无形资产的定义为："无形资产是指为用于商品或劳务的生产或供应、出租给其他单位，或为管理目的而持有、没有实物形态的非货币性长期资产。"我国资产评估协会 2008 年制定的《资产评估准则——无形资产》中指出："无形资产，是指特定主体所拥有或者控制的，不具有实物形态，能持续发挥作用且能带来经济利益的资源。"

评估人员应从以下几个方面理解无形资产的概念：

(1) 非实体性。无形资产没有具体的物质实体，但却是客观存在的资产，表现为专利文件、商标标记、技术图纸、工艺文件、软件著作权等。

(2) 控制性。无形资产应当为特定主体拥有或控制。假设某项技术的使用能够产生效益，但该技术是该行业公知技术，不只是某企业拥有或控制，就不能将该技术确认为无形资产。

(3) 效益性。确认为无形资产的前提是必须能够以一定的方式，直接或间接地为其控制主体（所有者、使用者或投资者）创造效益，而且必须能够在较长时期内持续稳定地产生经济效益。

2. 无形资产的功能特性

无形资产发挥作用的方式明显区别于有形资产，因而在评估时需把握其固有的特性。

(1) 共益性。无形资产的共益性是指一项无形资产可以在不同的地点、同一个时间，由不同的主体所使用。假设一项新能源汽车专利技术推广，可以使一系列汽车企业提高产品质量、降低产品成本，该技术在北京汽车企业使用的同时，并不影响在广州汽车企业使用。并且，同一无形资产在其所有者继续使用前提下，可以多次转让其使用权。

(2) 积累性。无形资产的积累性是指无形资产的形成基于其他无形资产的发展，同时无形资产自身的发展也是一个不断积累和演进的过程。因而，评估人员应该认识到，无形资产的成熟程度、影响范围和获利能力是处在变化之中的。

(3) 替代性。无形资产具有替代性。例如，一种技术取代另一种技术，一种工艺替代另一种工艺等，该特性就是替代。由于一种无形资产可能会被更新的无形资产所替代，在评估无形资产价值时，就应考虑无形资产作用的期间，尤其是尚可使用年限，这取决于该领域内技术进步的速度和无形资产竞争程度。

3. 无形资产的分类

无形资产的种类很多，按照不同的标准进行分类。

(1) 按取得无形资产的方式分，有自创的无形资产和外购的无形资产。前者是由其持有人研制或发明的，如专利权、专有技术、商标权及商誉；后者是付出一定的代价从其他单位或个人购入的，如外购专利权、商标权等。

(2) 按无形资产能否独立存在分，有可辨认无形资产和不可辨认无形资产。凡是那些具有专门名称,可单独取得、转让或出售的无形资产,称为可辨认无形资产,如专利权、商标权、著作权、非专利技术、销售网络、客户关系、特许经营权、合同权益等;那些不可辨认、不可单独取得,离开企业整体就不可能存在的无形资产,称为不可辨认无形资产,如商誉。

(3) 国际评估准则委员会在其颁布的《国际评估准则》之《指南 4——无形资产评估指南》中,将无形资产分为权利型无形资产(如租赁权)、关系型无形资产(如顾客关系、客户名单等)、组合型无形资产(如商誉)和知识产权(包括专利权、商标权等)。

(4) 按无形资产的性质分,有知识型无形资产、权利型无形资产、关系型无形资产、其他无形资产。知识型无形资产的资产构成主要是依靠高度密集的知识、智力、技术和技巧及可能带来的高附加值,主要包括专利权、非专利技术、计算机软件、著作权(版权)、商标权等,其评估价格远不是开发成本所能包括的,一般用收益现值法来计算。权利型无形资产的资产构成主要是依靠特许权利和可获盈利条件的关系,主要包括土地使用权、矿业权、租赁经营权、特许经营权、专卖权等,则较多地采用市场法、收益法以及重置成本法来进行评估。关系型无形资产包括顾客关系、销售网络、员工队伍等。其他无形资产是指没有包括在上述三种类型中的无形资产,如商誉。

5.1.2 影响无形资产评估价值的因素

1. 成本

无形资产与有形资产一样,也有成本。对于外购的无形资产,其成本比较容易确定,但自创无形资产的成本计量则较为困难。因为无形资产的创造与其投入的研发经费和人力不具有横向比较性,同时,研发的阶段性成功和失败次数等成本很难确定。一般来说,这些成本项目包括发明创造成本、法律保护成本、发行推广成本等。

2. 机会成本

机会成本是指该项无形资产转让、投资、出售后所失去的市场和损失收益的大小。

3. 预期收益

无形资产最重要的特征是其具有创造收益的能力。一项无形资产,在环境、制度允许的条件下,获利能力越强,其评估值越高;获利能力越弱,评估值越低。尽管有的无形资产创造成本很高,但不符合市场需求,收益能力差。其评估值也会较低。

4. 使用期限

无形资产一般都有一定的使用期限。无形资产的使用期限,除了应考虑法律保护期限外,还要考虑其具有实际超额收益的期限。例如,某项发明专利保护期为 20 年,但由于无形损耗较大,拥有该项专利实际能获得超额收益的期限为 10 年,则这 10 年即为评估该项专利时所应考虑的期限。

5. 技术成熟程度

科技成果的发展都有一个发展、成熟、衰退的过程。科技成果的成熟程度如何,直接影响评估价值的高低。其开发程度越高,技术越成熟,运用该技术成果的风险性越小,评估价值越高。

6. 转让内容

从转让内容看,无形资产的产权转让有完全产权转让和部分产权转让两种形式。一般无形资产所有权转让的评估价值高于使用权转让的评估价值。即使是同一使用权转让,由于许可程度不同,也会影响评估值的高低。

7. 市场状况

无形资产的评估价值受市场供需状况的制约，需求大，评估价值高；反之，评估价值则低。此外，同类无形资产的价格水平和市场适用程度也会影响评估值。

5.1.3 无形资产评估程序

无形资产评估程序是评估无形资产的操作规程，为确保评估结果科学有效，一般按以下程序进行。

1. 明确评估目的

无形资产因其评估目的不同，其评估的价值类型和选择的方法也不一样，评估结果也会不同。评估目的是由发生的经济行为决定的，一般包括：无形资产的转让、许可使用、出资、拍卖、质押、诉讼、损失赔偿、财务报告和纳税等。

根据《国有资产评估管理若干问题的规定》(财政部令第 14 号)和《 企业国有资产评估管理暂行办法》(国资委令第 12 号)的规定，可能涉及无形资产评估的经济行为有对外投资、转让、偿还债务、涉讼，以及收购、接受非国有单位以无形资产出资、抵债等。

《中华人民共和国公司法》《中华人民共和国公司登记管理条例》规定，有限责任公司或者股份有限公司登记或者变更注册资本或实收资本时，作为股东或者发起人出资的实物、知识产权、土地使用权等非货币资产，应当进行资产评估。

《企业会计准则》也提出了以财务报告为目的的无形资产评估要求。《企业会计准则第 20 号——企业合并》要求，对本身不存在活跃市场，也无同类或者类似资产活跃市场的无形资产，应当运用估值技术确定其公允价值。《企业会计准则第 8 号——资产减值》要求，对无形资产及商誉进行减值测试，原则上应当及时确认和计量。《企业会计准则》所要求的无形资产估值和计量，通常由企业委托专门的评估机构完成。2007 年 11 月，中国资产评估协今发布了《以财务报告为目的的评估指南(试行)》，对该类无形资产评估业务进行了规范。

企业可以无形资产质押融资，也可授权其他企业许可使用本企业拥有的专利权、商标权、著作权，有时税务管理部门也会要求企业核定无形资产价值应纳税额。根据相关管理部门的要求，可能需要质押、纳税等目的对涉及的无形资产进行评估，以供有关部门决策或办理相关手续。

2. 确认和鉴定无形资产

评估人员应对被评估的无形资产进行确认和鉴定，旨在确认无形资产是否存在、鉴别无形资产的种类和确定无形资产的有效期限。

(1) 确认无形资产的存在。主要验证无形资产的来源是否合法，产权是否明确，经济行为是否合法、有效。可从以下几方面进行：

第一，查询被评估无形资产的内容、国家有关规定、专业人员评价情况、法律文书(如专利证书、商标注册证、著作权登记证等)，核实有关资料的真实性、可靠性和权威性。

第二，分析无形资产使用所要求的与之相适应的特定技术条件和经济条件，鉴定其应用能力。

第三，确定无形资产的归属是否为委托者所有，要考虑其存在的条件和要求，对于剽窃、仿造的无形资产要加以鉴别，对于部分特殊的无形资产要分析其历史渊源，看其是否符合国家的有关规定。

第四，分析专利证书是否有实际意义，有的商标注册了但还没有对消费者产生影响力，就没有形成无形资产。

(2) 鉴别无形资产种类。主要是确定无形资产的种类、具体名称、存在形式。有些无形资产是由若干项无形资产综合构成的,应加以确认和分离,避免重复评估和漏评估。例如,有的专利技术需要其他专利技术及专有技术组合在一起才能发挥作用,需要组合评估。

(3) 确定无形资产有效期限。无形资产有效期限是其存在的前提。某项专利权,如超过法律保护期限,就不能作为专利权评估。有的未交专利费,被视为撤回,专利权失效。有效期限对无形资产的评估值具有很大影响,如有的商标,历史越悠久,价值越高,而有的知名互联网、高科技企业的注册商标比较新,但也有较高的价值。

3. 搜集相关资料

搜集无形资产的相关资料具体包括:

(1) 无形资产的法律文件、权属有效文件或其他证明材料。

(2) 无形资产的自创、自制成本或外购成本。

(3) 无形资产给受益主体带来的显著持续的、可辨识的经济利益。

(4) 无形资产的剩余经济寿命、法定寿命、技术寿命期等。

(5) 技术性无形资产在所处技术领域中所处的发展阶段、开发程度、领先程度和替代技术的现状等。

(6) 无形资产的转让是完全产权转让还是部分产权转让。

(7) 同类无形资产在市场上的需求范围、活跃程度、变动情况等。

(8) 根据无形资产评估的具体类型,还需有针对性地搜集有关行业盈利水平及风险资料。

(9) 行业出版物及相关网站。随着信息化的发展,相关网站成为无形资产信息外部获取的重要资源。例如,国家知识产权局 http://www.sipo.gov.cn/,中国专利信息网 http://cpquery.sipo.gov.cn/,中国商标网 http://sbj.saic.gov.cn/,美国专利资源网 https://www.uspto.gov/。

4. 确定评估方法

根据评估无形资产的具体类型、特点、评估目的及外部市场环境等具体情况,选用合适的评估方法。无形资产的评估方法主要包括收益法、市场法和成本法。

采用收益法评估无形资产,要注意确定无形资产的受益期限,分析与收益有关的资金规模、配套资产、现金流量及货币时间价值等因素,合理确定无形资产的超额获利能力和预期收益。要注意区分无形资产的收益额与其他资产带来的收益额;要充分考虑法律法规、宏观经济环境、技术进步、行业发展变化、企业经营管理、产品更新和换代等因素对无形资产收益期、收益额和折现率的影响。若评估价值与实际情况明显不符,要分析产生差异的原因。

采用市场法评估无形资产,要注意被评估无形资产必须确实满足运用市场法的前提,确定具有合理比较基础的类似无形资产交易参照对象,搜集类似无形资产交易的市场信息和被评估无形资产以往的交易信息。参照类似无形资产的市场价值,根据宏观经济、行业和无形资产变化情况,考虑交易条件、时间因素和影响价值的各种因素的差异,调整确定评估值。

采用成本法评估无形资产,要注意根据现行条件下重新形成或取得该项无形资产所需的包括资金成本在内的全部成本费用和合理利润来确定评估价值,同时要注意扣除实际存在的功能性贬值和经济性贬值。

5. 做出评估结论，整理并撰写报告

无形资产评估报告是梳理评估资料和评估计算过程的总结，是评估师履行评估义务和承担法律责任的依据。评估报告书要简洁、明确、避免误导。无形资产的评估报告要符合《资产评估准则——无形资产》的要求。无形资产评估报告书，是无形资产评估过程的总结，也是评估者承担法律责任的依据。

【背景资料 5-1】

《企业会计准则第 6 号——无形资产》的相关规定

《企业会计准则第 6 号——无形资产》第三条规定：无形资产是指企业拥有或者控制的没有实物形态的可辨认非货币性资产。资产满足下列条件之一的，符合无形资产定义中的可辨认性标准：能够从企业中分离或者划分出来，并能单独或者与相关合同、资产或负债一起用于出售、转移、授予许可、租赁或者交换。源自合同性权利或其他法定权利，无论这些权利是否可以从企业或其他权利和义务中转移或者分离。

《企业会计准则第 6 号——无形资产》第四条规定：无形资产同时满足下列条件的，才能予以确认：与该无形资产有关的经济利益很可能流入企业；该无形资产的成本能够可靠地计量。

《企业会计准则第 6 号——无形资产》第五条规定：企业在判断无形资产产生的经济利益是否很可能流入时，应当对无形资产在预计使用寿命内可能存在的各种经济因素作出合理估计，并且应当有明确证据支持。

《企业会计准则第 6 号——无形资产》第十一条规定：企业自创商誉以及内部产生的品牌、报刊名等，不应确认为无形资产。

情境任务 5.2　无形资产评估方法

与其他资产评估类似，无形资产的评估方法也可归纳为收益法、市场法和成本法。评估方法的选择要与评估目的一致，评估目的决定了评估对象，而与评估对象相关的各种可收集资料则是我们选择方法的基础，具体选择方法时要关注这些影响因素，如表 5-1 所示。

表 5-1　相对资料对无形资产评估方法选择的影响

评估方法	具体方法	关键参数	资料要求	方法影响
市场法	—	可比交易信息或价值乘数	收集可比交易案例，交易案例数量、信息公开程度及可比性需要满足要求	在交易信息不完全、案例差异性超过可比性的情况下，难以采用
收益法	通用方法	收益额	能够合理预测未来预期收益	满足这两个条件后，判断收益法能否采用还取决于其他资料
		折现率	风险可以确定并量化	
	许可费节省法	获取许可费率	获取方式通常包括可比许可协议的详细资料、统计的行业平均数据、行业经验值、市场投资回报率分析资料等	贴近市场交易，获取数据途径较多，数据可观察性较好

续　表

评估方法	具体方法	关键参数	资料要求	方法影响
收益法	增量收益法	增量收益	需要在市场上找到一个没有无形资产的类似企业，但可能无法获得该企业的财务预测数据	通常难以找到仅存在被评估无形资产差异的可比企业
	超额收益法	超额收益	需要获取其他资产对现金流贡献的资本成本、所占比重数据	当贡献收益来源于较多类型无形资产时，较难合理扣除其他无形资产的贡献
成本法	—	重置成本	需要获得确切的成本投入资料，特别是人力资本的创造性投入	重置成本一般对应所有权价值。无形资产使用权、著作权财产权利的某一项权利很难进行重置

5.2.1　无形资产评估的收益法

采用收益法评估无形资产一般是通过测算该项无形资产所产生的未来预期收益折算成现值，借以确定被评估无形资产的价值。具体应用形式包括许可费节省法、增量收益法和超额收益法。

1. 许可费节省法

许可费节省法的基础是虚拟许可使用费，以此作为收益流测算无形资产价值，即参考虚拟的许可使用费价值来确定无形资产价值。具体思路是，测算拥有该项资产而节省的向第三方定期支付的许可使用费，扣除每年节省许可费支出的税收因素后，收益折现到评估基准日时点，即该项无形资产评估值。许可使用费一般包括期初入门费和年经营业绩的分成费。许可费节省法的计算公式如下：

许可费节省法的计算公式形式与收益法基本公式形式大致相同通过在后者基础上进行调整，无形资产评估值如下：

$$p=Y+\sum_{t=1}^{n}\frac{KR_t}{(1+r)^t} \tag{5-1}$$

式中：Y——入门费或最低收费额；

K——无形资产分成率，即许可费率；

R_t——第 t 年分成基数(扣除税收影响后)；

t——许可期限；

r——折现率。

许可费率 K(提成率/分成率)的估算是许可费节省法应用的关键。许可费节省法(提成法/分成法)的操作核心就是估算许可费率，通常有以下方式："三分"或"四分"分成方式；市场案例方式；对比公司方式。"三分"分成法是指企业的收益是资金、劳动力和技术三项因素共同创造的，技术占 33%。"四分"分成法是指企业的收益是资金、劳动力、技术和管理四项因素共同创造的，技术占 25%。"四分法"应该是在"三分法"基础上的进一步发展。这种方法实际是一种技术分成的经验数据法，源于 20 世纪 80 年代前，技术是企业最主要的无形资产。资金、技术和管理三个要素的贡献在不同行业是不一样的，一般认为，资金密集型行业，三者的贡献依次是 50%、30%、20%；技术密集型行业，三者的贡献依次是 40%、40%、20%；一般行业，三者的贡献依次是 30%、40%、30%；高科技行业，三者的贡献依次是 30%，50%，

20%。这些数据,仅供确定无形资产收益额时参考。但是,现代企业中技术不再是唯一的无形资产,不能简单理解为是单项技术无形资产所创造的收益。这种方法的优势是估算简单,容易理解,比较适合传统行业的评估。要注意该方法是利润的分成,不是现金流收益的分成,其劣势是理论基础欠缺,不适用现代高科技行业无形资产的评估,对于评估某些单项无形资产时需要进行一些修正。

许可费节省法适用于商标、专利及技术特许使用权的转让和出租评估,一般在可比资产存在、经济行为双方独立、熟悉情况并自愿的情形下适用。需要注意的是,由于无形资产许可权只能反映无形资产的使用权价值,所以比无形资产的所有权价值低一些。在无形资产侵权损失评价过程中,该方法的相关数据可以成为重要的参考依据,在实务中具有重要现实意义。

【例5-1】 某评估机构为某电影公司的新年贺岁片进行评估,计算国内院线的放映权价值。预计该电影在国内院线放映共可获得10 000万元的票房收入,放映期限为20年,则日均收益P如下:

$$P = 10\,000 \div 20 = 500(\text{万元})$$

许可费率按照电影行业许可费平均值确定,取$K = 20\%$,假设日折现率为1%,不考虑税收影响,则该电影作品放映权的价值V为:

$$V = \sum_{i=1}^{10} \frac{500 \times 20\%}{(1+1\%)^i} = 94\ 710(\text{万元})$$

采用许可费节省法评估无形资产时,需要注意以下几点:该项无形资产寿命年限的估计应当与所采用的许可费率相对应;所采用的许可费率是否考虑了税前抵扣;是否考虑了营销成本等。

2. 增量收益法

增量收益法也称为溢价利润法,是基于未来增量收益的预期来确定无形资产价值的方法。评估师通过是否拥有被评估无形资产所在企业的对比,分析评估使用该无形资产可以产生额外的利润或现金流量,或使用该无形资产可以带来成本的节省,将两者的差异作为被评估无形资产所创造的增量收益。然后,再采用适当的折现率,将预测的每期的增量利润或现金流量转换成现值,或者运用一个资本化倍数,将恒定的增量利润或现金流量进行资本化,最后确定无形资产价值。主要包括两种类型:收入增长型和成本费用节约型无形资产。

(1) 收入增长型。收入增长型无形资产能够使产品的销售收入大幅度增加的原因在于:第一,生产的产品能够以高出同类产品的价格销售;第二,在产品价格相同时,销售数量大幅度增加,市场占有率扩大,从而获得超额收益。

第一种原因形成的超额收益的计算公式为:

$$R = (P_2 - P_1)Q(1-T) \tag{5-2}$$

式中:R——超额收益;

P_1——使用无形资产前单位产品的价格;

P_2——使用无形资产后单位产品的价格;

Q——产品销售量(此处假定销售量不变);

T——所得税税率。

第二种原因形成的超额收益的计算公式为:

$$R=(Q_2-Q_1)(P-C)(1-T) \tag{5-3}$$

式中：R——超额收益；

Q_1——使用无形资产前产品的销售量；

Q_2——使用无形资产后产品的销售量；

P——产品价格（此处假定价格不变）；

C——产品的单位成本；

T——所得税税率。

(2) 成本费用节约型。成本费用节约型无形资产，是指使用该无形资产导致生产成本费用降低，从而形成超额收益，计算公式为：

$$R=(C_1-C_2)Q(1-T) \tag{5-4}$$

式中：R——超额收益；

C_2——使用无形资产后产品的单位成本；

C_1——使用无形资产前产品的单位成本；

Q——产品销售量（此处假定销售量不变）；

T——所得税税率。

无形资产的使用带来的收益，不能简单地划分为收入增长或成本费用节约，大多数时候超额收益是收入变动和成本费用变动共同作用的结果。评估者应根据上述特殊情况，加以综合性的运用和测算，以科学地测算超额收益。

3. 超额收益法

超额收益法是指归属于目标无形资产所创造收益的折现值来确定该项无形资产价值的评估方法。超额收益法适用于特许经营权、公路收费权、矿权等无形资产评估中，也常用于企业合并对价分摊、商誉减值测试、可辨认无形资产减值测试等以财务报告为目的的无形资产评估。

首先，测算无形资产与其他相关贡献资产共同创造的整体收益，在整体收益中扣除其他相关贡献资产的相应贡献，将剩余收益确定为超额收益，并作为目标无形资产所创造的收益，再将上述收益采用适当的折现率转换成现值，或者运用一个资本化倍数，将恒定的超额收益进行资本化，以获得无形资产价值。这里其他相关贡献资产一般包括流动资产、固定资产、其他无形资产和组合劳动力成本等。超额收益法的无形资产评估公式为：

$$p=\sum_{t=1}^{n}\frac{R_t}{(1+i)^t} \tag{5-5}$$

式中：R_t——第 t 年无形资产预期超额收益；

r——折现率或资本化率；

n——收益年限。

超额收益有三种形式：一是直接收益方式，直接销售无形资产产品获取收益，如著作权、计算机软件等；二是间接收益方式，主要利用无形资产设计、制造生产产品，通过销售无形资产产品或提供服务获取收益，如专利权、专有技术、商标；三是混合收益方式，将上述两种收益方式混合使用。

确定超额收益需要将被评估无形资产与其他共同发挥作用的相关资产组成资产组，然后调整溢余资产（包括资产能力溢余），完成后对资产组的预期经营业绩进行估计，并且剔除非正常项目的收益及费用，调整经营业绩预期，以便预测固定资产折旧及无形资产摊销并预测未来资本性支出，从而确定贡献资产、贡献资产贡献率，并估计贡献资产的全部合理贡献，最后从经营收益中扣除全部贡献资产的贡献，得出超额收益。在实务中，评估人员可将被评估无形资产企业和另外无该项无形资产的相似企业的财务业绩进行对比，计算其利润或现金流量差额，得到超额收益。折现率可以采取风险累加法、回报率拆分法等，计算中要注意税前或者税后口径的一致。

在实务中，由于科学技术飞速发展，无形资产更新周期加快，无形资产的有效期限可能比其法定保护期限短，无形资产具有获得超额收益能力的期限才是真正的无形资产收益期限。通常依据法律或合同、企业申请书的规定确定无形资产的有效期限，具体如下：

(1) 法律、企业合同、企业申请书分别规定有法定有效期限和受益年限的，可按照法定有效期限与受益年限孰短的原则确定。

(2) 法律未规定有效期，企业合同或企业申请书中规定有受益年限的，可按照规定的受益年限确定。

(3) 法律、企业合同、企业申请书均未规定有效期限和受益年限的，按预计受益期限确定。预计受益期限可以采用更新周期法以及剩余经济寿命预测法等。

4. 分成率法

无形资产收益通过分成率来获得，是目前国际和国内技术交易中常用的一种方法。其计算公式为：

$$无形资产收益额 = 销售收入 \times 销售收入分成率$$

或

$$无形资产收益额 = 销售利润 \times 销售利润分成率 \qquad (5-6)$$

销售收入和销售利润的测算比较容易，公式中无形资产收益的分成率是无形资产在总收益中的分成比例，实质上是确定无形资产对总收益的贡献率。分成对象是销售收入或销售利润，因而就有两个不同的分成率。由于销售收入与销售利润有内在的联系，可以根据销售利润分成率推算出销售收入分成率；反之，亦然，两者的关系为：

$$无形资产收益额 = 销售收入 \times 销售收入分成率 \qquad (5-7)$$
$$无形资产收益额 = 销售利润 \times 销售利润分成率$$

即有：

$$销售收入分成率 = 销售利润分成率 \times 销售利润率 \qquad (5-8)$$
$$销售利润分成率 = 销售收入分成率 \div 销售利润率$$

在资产转让实务中，一般是双方商定一个销售收入分成率，俗称“抽头”或“收入提成”。国际市场上一般技术转让费为销售收入的 1%～10%，如果按社会平均销售利润率 10%推算，则利润分成率为 30%。从销售收入分成率很难看出价格是否合理，换算成利润分成率，则可以加以判断。

5.2.2 成本法在无形资产评估的应用

1. 无形资产的成本特性

无形资产成本包括研制、取得和持有期间的全部物化劳动和活劳动的费用支出，其成本特性明显区别于有形资产。

(1) 不完整性。我国现行财务制度一般把科研费用从当期生产经营费用中列支,而不是先对科研成果进行费用资本化处理,再按无形资产折旧或摊销的办法从生产经营费用中补偿。这种办法简便易行,大体上符合实际,并不影响无形资产的再生产。这样企业账簿上反映的无形资产成本就是不完整的,大量账外无形资产的存在是不可忽视的客观事实。同时,即使是按国家规定进行费用支出资本化的无形资产的成本核算一般也是不完整的。例如,培训、基础开发或相关试验等通常没有计入无形资产成本。

(2) 弱对应性。无形资产的创建经历基础研究、应用研究和工艺生产开发等漫长过程,成果的出现具有很大的随机性和偶然性,其价值并不与其开发费用和时间产生某种既定的关系。如果在一系列的研究失败之后偶尔出现一些成果,由这些成果承担所有的研究费用是不合理的。在大量的先行研究(无论是成功还是失败)成果的积累之上,往往可能产生一系列的无形资产,很难确定这些研究成果是否应该承担先行的研究费用,如何承担也很难明确。

(3) 虚拟性。无形资产的成本往往是相对的,特别是一些无形资产的内涵已经远远超出了它的外在形式的含义,这种无形资产的成本只具有象征意义。例如商标,其成本核算的是商标设计费、登记注册费及广告费等,而知名商标的内涵包括商品的内在质量信誉、特种技术配方和多年经验积累,而商标设计费等成本形式只具有象征意义,称之为虚拟性。

2. 无形资产重置成本的确定

无形资产重置成本,是指现时市场条件下重新创造或购置一项全新无形资产所耗费的全部货币总额。根据无形资产的取得来源划分,可分为自创无形资产和外购无形资产两种类型,其重置成本构成和评估方式不同,需要分别进行估算。

(1) 自创无形资产重置成本的估算。自创无形资产的成本是由创制该资产所消耗的物化劳动和活劳动费用构成的,自创无形资产如果已有账面价格,由于它在全部资产中的比重一般不大,可以按照定基物价指数做相应调整,即得到重置成本。在实务上,自创无形资产往往无账面价格,需要进行评估,评估方法主要有两种,即核算法和倍加系数法。

第一,核算法。

$$\text{无形资产重置成本} = \text{成本} + \text{期间费用} + \text{合理利润} \tag{5-9}$$

$$\text{期间费用} = \text{管理费用} + \text{财务费用} + \text{销售费用} \tag{5-10}$$

成本包括材料成本、人工成本、固定资产支出等。期间费用是指创建无形资产过程中分摊到该项无形资产的期间费用,主要是指与无形资产开发有关的财务费用、管理费用销售费用等,合理利润是企业开发无形资产应得到的合理回报,按现行行业平均投资利润率计算。该方法使用时,要求企业要有无形资产研究开发过程中积累的各种资料,如果企业相关统计资料不全,该方法的使用就受到了限制。

第二,倍加系数法。对于投入智力比较多的技术型无形资产,考虑到科研劳动的复杂性和风险性,可用以下公式估算无形资产重置成本:

$$P = \frac{C + \beta_1 V}{1 - \beta_2} \times (1 + L) \tag{5-11}$$

式中:C——无形资产研制开发中的物化劳动消耗;

V——无形资产研制开发中活劳动消耗；

β_1——科研人员创造性劳动倍加系数；

β_2——科研的平均风险系数；

L——无形资产投资报酬率。

(2) 外购无形资产重置成本的估算。外购无形资产一般有购置费用的原始记录，也可能有可以参照的现行交易价格，评估相对比较容易。外购无形资产的重置成本包括购买价和购置费用两部分，一般可以采用以下两种方法计算：

第一，市价类比法。在无形资产交易市场中选择类似的参照物，再根据功能和技术先进性、适用性对其进行调整，从而确定其现行购买价格，购置费用可根据现行标准和实际情况核定。

第二，物价指数法。物价指数法是以无形资产的账面历史成本为依据，用物价指数进行调整，进而估算其重置成本。其计算公式为：

$$\text{无形资产重置成本} = \text{无形资产账面成本} \times \text{评估时物价指数} \div \text{购置时物价指数} \tag{5-12}$$

从无形资产价值构成来看，主要包括两类费用：一是物质消耗费用；二是人工消耗费用。前者与生产资料物价指数相关度较高，后者与生活资料物价指数相关度较高，并且最终通过工资、福利标准的调整体现出来。不同无形资产的两类费用比重可能有较大差别，如需利用现代科研和实验手段的无形资产，物质消耗的比重就比较大。在两种价格指数差别较大时，可根据两类费用的大致比例按结构分别适用生产资料物价指数和生活资料物价指数估算；在两种价格指数比较接近时，可按比重较大费用类适用的物价指数来估算。

【例 5-2】 某企业 2015 年外购的一项无形资产账面值为 200 万元，于 2016 年进行评估。经鉴定，该无形资产系运用现代先进的实验仪器经反复试验研制而成，物化劳动耗费的比重较大，可适用生产资料物价指数。物价的市场资料显示，此项无形资产购置时的物价指数和评估时的物价指数分别为 120% 和 150%，确认该项无形资产的重置完全成本为：

$$p = 300 \times \frac{150\%}{120\%} = 375(\text{万元})$$

3. 无形资产贬值率的估算

一项或一组无形资产的贬值是指其数量或效用随时间变化而预期的损失。贬值率是运用成本法评估无形资产价值的关键。通常，无形资产贬值率的确定，可以采用专家鉴定法和剩余经济寿命预测法进行。

(1) 专家鉴定法，是指邀请有关技术领域的专家，对被评估无形资产的先进性、适用性做出判断，从而确定其成新率的方法。

(2) 剩余经济寿命预测法，是指由评估人员通过对无形资产剩余经济寿命的预期和判断，确定其成新率的方法。其计算公式为：

$$\text{贬值率} = \text{已使用年限} \div (\text{已使用年限} + \text{剩余使用年限}) \times 100\% \tag{5-13}$$

【例 5-3】 2017 年 6 月，某评估机构受 A 公司委托对 B 公司进行评估，B 公司由于经营管理不佳而连续二年严重亏损，将要被同行的 A 公司收购兼并。B 公司有一项实用新型的专利技术，4 年前自行研制开发并获得专利证书，法律保护期限为 10 年，但根据专家鉴定分析和预测，该项专利技术的剩余使用期限仅为 4 年，由此可以计算贬值率为：

$$贬值率 = 4 \div (4+4) \times 100\% = 50\%$$

在评估实践中，一般选择综合考虑被评估无形资产的各种功能和经济方面的无形损耗后的折算比率。在确定适用的贬值率时，应注意无形资产使用效用与时间的关系，这种关系通常是非线性的，有的无形资产效用是非线性递减的(如技术型无形资产)，有的无形资产其效用在一定时间内呈非线性递增(如商标等)，评估时应对这种变化趋势进行分析和说明。

5.2.3 无形资产评估的市场法

无形资产具有的非标准性和唯一性特征限制了市场法在无形资产评估中的应用，但这并不排除采用市场法的可能性。国外学者认为，市场法强调的是具有合理竞争能力的财产的可比性特征。如果有充分的源于市场的交易案例，可以从中取得作为比较分析的参照物，并能对评估对象与可比参照物之间的差异做出合适的调整，就可采用市场法。如果采用市场法评估无形资产，评估人员应注意以下事项。

1. 具有合理比较基础的类似无形资产

作为参照物的无形资产与被评估无形资产至少要满足四项要求，即形式相似、功能相似、载体相似及交易条件相似。所谓形式相似，是指参照物与被评估资产按照无形资产分类原则，可以归并为同一类；所谓功能相似，是指尽管参照物与被评估资产的设计和结构不可避免地存在差异，但它们的功能和效用应该相同和近似；所谓载体相似，是指参照物与被评估资产所依附的产品或服务应满足同质性要求，所依附的企业则应满足同行业与同规模的要求；所谓交易条件相似，是指参照物的成交条件与被评估资产模拟的成交条件在宏观和微观层面上都应大体接近。

国际资产评估准则委员会颁布的《指南4——无形资产评估指南》指出："使用市场法必须具备合理的比较依据和可进行比较的类似的无形资产。参照物与被评估无形资产必须处于同一行业，或处于对相同经济变量有类似反应的行业。这种比较必须具有意义，并且不能引起误解。"

2. 无形资产市场交易信息的横向比较与纵向比较

关于横向比较，评估人员在参照物与被评估无形资产在形式、功能和载体方面满足可比性的基础上，应尽量搜集致使交易达成的市场信息，即要涉及供求关系、产业政策、市场结构、企业行为和市场绩效的内容。其中，对市场结构的分析尤为重要，即需要分析卖方之间、买方之间、买卖双方之间、市场内已有的买方和卖方与正在进入或可能进入市场的买方和卖方之间的关系。评估员应熟悉经济学市场结构做出的完全竞争、完全垄断、垄断竞争和寡头垄断的分类。对于纵向比较，评估人员既要看到无形资产具有依法实施多元和多次授权经营的特征，使得过去交易的案例成为未来交易的参照依据。同时，也应考虑时间、地点、交易主体和交易条件的变化对被评估无形资产的未来交易价格的影响。

3. 作为市场法应用基础的价格信息应满足相关、合理、可靠和有效的要求

在这里，相关是指所搜集的价格信息与需要做出判断的被评估无形资产的价值有较强的关联性；合理是指所搜集的价格信息能反映被评估无形资产载体结构和市场结构特征，不能简单地用行业或社会平均的价格信息推理具有明显结构异质特征的被评估无形资产的价值；可靠是指所搜集的价格信息经过对信息来源和搜集过程的质量控制，具有较高的置信度；有效是指所搜集的价格信息能够有效地反映评估基准日的被评估资产在模拟条件下的可能的价格水平。

4. 合理调整

无论是横向比较，还是纵向比较，参照物与被评估无形资产都会因时间、空间和条件的变化而产生差异，评估人员应对此做出合理的调整。

国际评估准则委员会颁布的《指南 4——无形资产评估指南》强调指出："当以被评估无形资产以往的交易记录作为评估的参照依据时，则可能需要根据时间的推移、经济、行业和无形资产的环境变化进行调整。"

情境任务 5.3　专利资产评估

5.3.1　专利资产

1. 专利权

专利权(Patent Right)简称"专利"，是发明创造人或其权利受让人对特定的发明创造在一定期限内依法享有的独占实施权，是知识产权的一种。专利(patent)一词来源于拉丁语 Litterae patentes，意为公开的信件或公共文献，是中世纪的君主用来颁布某种特权的证明，后来指英国国王亲自签署的独占权利证书。专利是世界上最大的技术信息源，据实证统计分析，专利包含了世界科技信息的 90%～95%。我国于 1984 年公布《中华人民共和国专利法》，规定专利包括发明专利、实用新型专利和外观设计专利。

发明是指对产品、方法或者其改进所提出的新的技术方案。发明必须是一种技术方案，是发明人将自然规律在特定技术领域进行运用和结合的结果，而不是自然规律本身，因而科学发现不属于发明范畴。同时，发明通常是自然科学领域的智力成果，文学、艺术和社会科学领域的成果不能构成专利法意义上的发明。

实用新型是指对产品的形状、构造或者其结合所提出的适于实用的新的技术方案。实用新型专利只保护产品。该产品应当是经过工业方法制造的、占据一定空间的实体。一切有关方法(包括产品的用途)和未经人工制造的自然存在的物品不属于实用新型专利的保护客体。上述方法包括产品的制造方法、使用方法、通讯方法、处理方法、计算机程序和将产品用于特定用途等。例如，一种齿轮的制造方法、工作间的除尘方法、数据处理方法、自然存在的雨花石等不能获得实用新型专利保护。

外观设计又称工业产品外观设计，是指对产品的形状、图案或者其结合以及色彩与形状、图案相结合所做出的富有美感并适于工业上应用的新设计。外观设计的载体必须是产品。产品，是指任何用工业方法生产出来的物品。不能重复生产的手工艺品、农产品、畜产品、自然物不能作为外观设计的载体。通常，产品的色彩不能独立构成外观设计，除非产品色彩变化的本身已形成一种图案。

2. 专利权特征

(1) 独占性，也称排他性。同一内容的技术发明只授予一次专利，对于已取得专利权的技术，任何人未经许可不得进行营利性实施。

(2) 地域性。任何一项专利只在其授权范围内才有法律效力，在其他地域范围内不具有法律效力。

(3) 时间性。依法取得的专利权在法定期限内有效,受法律保护,期满后,专利权人的权利自行终止。《中华人民共和国专利法》规定,发明专利的保护期限为20年,实用新型专利和外观设计专利的保护期限为10年。

(4) 共享性。专利权人可以许可多家在同一时间,同时使用专利资产。

3. 专利权使用的限制条件

专利权转让一般有两种情形:一种情形是刚刚研究开发的新专利技术,专利权人尚未投入使用就直接转让给接受方;另一种情形是转让的专利已经过长期的或一段时间的生产,是行之有效的成熟技术,而且转让方仍在继续使用。不同情形下的专利权和转让形式不同,确定的评估方法也不相同。

专利权转让形式主要分为全权转让和使用权转让两种。使用权转让时其使用权限、时间期限、地域范围和处理纠纷的仲裁程序都受到一定条件的约束和限制。

(1) 使用权限。按技术使用权限的大小,使用权限可以分为独家使用权、排他使用权、普通使用权和回馈转让权。

第一,独家使用权,是指在合同规定的时间和地域范围内卖方只把技术转让给某一特定买方,买方不得转卖。同时,卖方也不得在合同规定的时间和地域范围内使用该技术和销售该技术生产的产品。

第二,排他使用权,是指卖方在合同规定的时间和地域范围内只把技术授予买方使用,同时卖方自己保留使用权和产品销售权,不再将该技术转让给第三者。

第三,普通使用权,是指卖方在合同规定的时间和地域范围内可以向多家买主转让技术,同时卖方自己也保留技术使用权和产品销售权。

第四,回馈转让权,是指卖方要求买方在使用过程中将对转让技术的改进和发展反馈给卖方的权利。

(2) 地域范围。专利技术许可证合同大多数都规定明确的地域范围,如某个国家或地区,买方的使用权不得超过这个地域范围。

(3) 时间期限。专利技术许可证合同一般都规定有效期限,不同专利技术的许可期限一般要和该专利的法律保护期相适应。

(4) 法律和仲裁。专利技术许可证合同是法律文件,是依照参与双方所在国的法律来制定的,因此受法律保护,当一方违约时另一方可遵循法律程序追回损失的权益。

5.3.2 专利资产的评估程序

专利权一般按下列程序进行评估。

1. 证明和鉴定专利权的存在

一般应搜集的证明专利权存在的资料有:专利说明书、权利要求书、专利证书、当年度缴费证明、有关法律性文件等。另外,应由有关专家鉴定该项专利的有效性和可用性。专利检索是实施鉴定的重要环节。

(1) 专利权的有效性。专利权凭借法定的垄断权,为特定权利主体带来经济利益。对专利权有效性的分析,就是判断该技术是否享有法定的垄断权。专利权的有效性判断包括两个方面:

第一,核实该专利是否为有效专利。对专利权的核实,评估人员不能仅凭《专利证书》就判断该专利的有效性。其原因在于,专利权随时可能因各种原因而失效,如未交年费或经过无效程序都可能导致丧失专利权。但是根据我国专利管理制度规定，失效后的《专利证书》政府有关部门并未收回，而是在《专利公报》上予以公告作废，但是作废的《专利证书》仍保留在原专利权人手中。因而，不能仅以《专利证书》证明专利权的有效性，还必须要求委托方提供知识产权局出具的确认证明，或通过检索，确认该专利权的法律状态是否为有效。对于已提出专利申请并正在受理中的专利申请权，要核实《受理通知书》和缴费凭证等。

第二，核实该专利是否具有专利性。由于我国对实用新型专利实行"初步审查"制度，很多已授权的实用新型专利是不符合专利法的实质性要求。因此，即使是有效的实用新型专利，仍有可能因不具备"三性"，经过无效程序丧失专利权。由于专利技术的专业性较强，在必要的情况下，应咨询有关该技术领域的专家。

(2) 专利权的保护范围。根据我国《专利法》的规定，专利权垄断的法定边界是专利权利要求书记载的范围，即专利权的范围是由权利要求书确定的。如果评估人员没有对权利要求书进行全面的分析，将导致评估对象与实际情况相差较大。造成这种差异的原因，主要包括以下三种情况：

第一，由于专利文件的撰写质量问题，导致专利权利人希望获得的权利范围与实际获得的保护存在明显的差异。

第二，根据《专利法》的规定，专利法保护的是技术方案，对于一些不属于技术方案的描述，专利法是不提供保护的。

第三，委估对象的权利要求书中，存在侵害了他人在先权利的要求，不被《专利法》保护。

(3) 专利权人。专利证书中的专利权人是最初获得该专利权的权利人，而该专利权在日后是否已转让给他人，在专利证书中并没有记载，而往往需要通过查询和审阅有关资料来获得该专利权最终的专利权人。

2. 搜集相关资料，确定评估方法

依据《专利资产评估指导意见》，专利权评估时市场法、收益法、成本法均可使用，但是在评估实务中，专利权评估最常用的评估方法是收益法。评估人员应注意以下问题对评估方法选取的影响：

(1) 对处于研制阶段、能否研发成功具有很大不确定性的技术，一般不能作为无形资产进行评估。

(2) 对处于研制、小批量试制阶段，技术研制仍未完成，但可预见其技术能取得成功，但对未来市场参数、财务参数、投资参数不确定性较大时，一般可采用成本法评估。

(3) 对于委估专利权应用后有良好的市场前景、有较多的同类资产的交易作为参照物的，可采用收益法或市场法进行评估。

搜集相关资料，分析确定方法运用中的各项技术参数和指标，这些分析包括技术状况分析、收益能力分析、市场分析和投资可行性分析。具体而言，技术状况分析包括对技术先进性的确认、对技术成熟程度与寿命周期的分析等。收益能力分析包括对是否具有获利能力，获利表现为收入增长型还是费用降低型等的分析。市场分析包括对应用该专利技术的产品市场需求总量的分析、对市场占有率的分析和对风险的分析等。投资可行性分析是通过分析项目技术可行性以及经济可行性，分析确定各有关技术参数指标，最后进行评定估算，确定评估值。

3. 完成评估报告，并加以详尽说明

评估报告是专利权评估结果的最终反映，其结果是建立在各种假设和分析的基础之上的，在评估报告中应详尽说明评估中的各有关内容，如专利技术的成熟度、受让方的基础设施、技术素质、投资规模、资金需求等方面的要求和预期。

5.3.3 专利权的评估方法

专利权评估主要采用收益法，特殊情况下也可以采用成本法。

1. 收益法

专利权的收益额是指由专利权带来的直接预期收益，对于收益额的测算，通常可以通过直接测算超额收益和测算利润分成率获得。采用利润分成率测算专利技术收益额是以专利技术投资产生的收益为基础，按一定比例(利润分成率)分成确定专利技术的收益。利润分成率反映专利技术对整个利润额的贡献程度。联合国工业发展组织在对印度等发展中国家引进技术价格的分析中认为利润分成率在16%～27%之间是合理的；美国一般认为利润分成率在10%～30%之间是合理的；我国理论工作者和评估人员通常认为利润分成率在25%～33%之间较合适。这些观点在实际评估业务过程中具有一定的参考价值。

【例5-4】 A公司3年前自行开发研制了新能源汽车项目，并获得发明专利证书，专利保护期为20年，该公司拟将该专利技术出售给B公司，现对该项专利技术进行评估。

评估分析和计算过程如下：

(1) 评估对象和评估目的。由于A公司系出售该项专利，故A公司转让的是专利技术的所有权。

(2) 专利技术鉴定。该项技术已申请专利，技术已在A公司使用了3年，产品已进入市场，并深受消费者欢迎，市场潜力较大，这说明该项专利技术的有效功能较好。

(3) 评估方法选择。经了解，市场上同类型技术授权使用情况较多，分成率较易获得，因此，决定采用收益法进行评估。

(4) 判断确定评估参数。根据对该类专利技术的更新周期以及市场上产品更新周期的分析，确定该专利技术的剩余使用期限为5年。分析该专利技术对产品的贡献率，判断销售收入的分成率为3%。

根据历年经营绩效和未来市场需求的分析，评估人员对未来3年的销售收入进行了预测，结果(见表5-2)：第1年500万元，第2年650万元，第3年900万元，第4年900万元。

根据目前的市场投资收益率，确定该专利技术评估的折现率为10%。

(5) 计算评估值。得出结论，如表5-2所示。

表5-2 评估值计算表 单位：万元

年度	销售收入 ①	分成额 ①×3%	复利现值系数 (r=10%)	收益现值 ②
第1年	500	15	0.909 1	13.64
第2年	650	19.5	0.824 6	16.08
第3年	900	27	0.751 3	20.29
第4年	900	27	0.683 0	18.44
合计				68.45

因此，该专利技术的评估值为68.45万元。

2. 成本法

应用成本法对专利技术进行评估，要分析计算其重置完全成本构成、数额以及相应的成新率。专利分为外购和自创两种，外购专利技术重置成本的确定比较容易，自创专利技术的成本一般由下列因素组成。

(1) 研制成本。研制成本包括直接成本和间接成本两大类。直接成本是指研制过程中直接投入所发生的费用；间接成本是指与研制开发有关的费用。

第一，直接成本，是指研制过程中直接投入发生的费用，一般包括：

A. 材料费用，即为完成技术研制所耗费的各种材料费用。

B. 工资费用，即为参与研制技术的科研人员和相关人员支付的工资。

C. 专用设备费，即为研制开发技术所购置或专用设备的摊销。

D. 资料费，即购买研制开发技术所需的资料等所产生的费用。

E. 咨询鉴定费，即为完成该项目发生的技术咨询、技术鉴定费用。

F. 协作费，即项目研制开发过程中某些零部件的外加工费以及使用外单位资源的费用。

G. 培训费，即为完成本项目，委派有关人员接受技术培训所产生的各种费用。

H. 差旅费，即为完成本项目发生的差旅费用。

I. 其他费用。

第二，间接成本，是指与研制开发有关的费用，主要包括：

A. 管理费，即为管理、组织本项目开发所负担的管理费用。

B. 非专用设备折旧费，即采用通用设备和其他设备所负担的折旧费。

C. 应分摊的公共费用及能源费用。

(2) 交易成本。发生在交易过程中的费用支出，主要包括：

第一，技术服务费，是指卖方为买方提供专家指导、技术培训、设备仪器安装调试及市场开拓所产生的费用。

第二，交易过程中的差旅费及管理费，是指谈判人员和管理人员参加技术洽谈会及在交易过程中发生的食宿及交通费等。

第三，手续费，是指有关的公证费、审查注册费、法律咨询费等。

第四，税费，是指无形资产交易、转让过程中应缴纳的税。销售不动产，转让土地使用权，转让商标、商誉和著作权，都应缴纳增值税。

【例 5－5】 上市公司 A 准备重组，需对该公司全部资产进行评估。公司有一项发明专利技术，2 年前自行研制开发并获得专利证书，现对该专利技术进行评估。

评估分析和计算过程如下：

(1) 确定评估对象。该项专利技术为上市公司 A 申请的专利技术，因此，确定的评估对象是专利技术的完全产权。

(2) 技术功能鉴定。该专利技术的专利权证书、技术检验报告书均齐全，根据专家鉴定和现场勘察，表明该项专利技术应用中对于提高产品质量、降低产品成本均有很大作用，效果良好，与同行业同类技术相比，处于领先水平。

(3) 评估方法选择。由于该公司经济效益欠佳，很难确切地预计该项专利技术的超额收益，同类技术在市场上尚未发现有交易案例，因此，决定选用成本法。

(4) 各项评估参数的估算。该项专利技术系自创形成，其开发形成过程中的成本资料可从企业中获得，具体如下：材料费用 45 000 元、工资费用 10 000 元、专用设备费 6 000 元、资料费1 000元、咨询鉴定费5 000元、专利申请费5 000元、培训费3 000元、差旅费10 000元、管理费分摊2 000元、非专用设备折旧费分摊9 600元,合计96 600元。

由于市场上无该类专利技术的参考资料,故按过去实际发生定额计算各类消耗,但价格按现行价格计算。根据考察、分析和测算,近两年生产资料价格上涨指数分别为2%和3%。因生活资料物价指数资料难以获得,该专利技术开发中工资费用所占份额不大,因此,将全部成本按生产资料价格指数调整,即可估算出重置完全成本。

$$重置完全成本 = 96\ 600 \times (1+2\%) \times (1+3\%) = 101\ 487.96(元)$$

该项发明专利技术的法律保护期限为10年,尽管还有8年保护期限,但根据专家分析和预测,该项专利技术的剩余使用期限仅为6年,因此该发明专利技术的实际寿命按照8年(12+2)计算,由此可以计算成新率为:

$$成新率 = 6 \div (2+6) \times 100\% = 75\%$$

(5) 计算评估值,做出结论。

$$评估值 = 101\ 487.96 \times 75\% = 76\ 115.97(元)$$

最后,确定该项专利技术的评估值为76 115.97元。

【背景资料5-2】

美法院判决三星侵犯苹果专利 赔偿10亿美元

新浪科技讯 北京时间2012年8月25日上午消息,在美国加州圣何塞地区法院的苹果三星专利侵权诉讼中,陪审团裁定,三星侵犯了苹果的6项专利,并要求三星向苹果赔偿10.5亿美元。

苹果的设计和软件指控涉及多款三星设备,包括Nexus S 4G和Galaxy S II,这些产品均被认定侵权。这意味着三星在更改设计前不能在美国市场继续销售这些产品。

苹果胜诉

苹果最初向三星索赔25亿美元,而陪审团裁定的赔偿金额不到这一数额的一半。不过法官仍有可能大幅上调最终赔偿金额。

陪审团驳回了三星对苹果的专利侵权诉讼以及相关的索赔要求。陪审团周五发布判决,认定苹果的涉案专利均是有效的。陪审团还认为,三星产品侵犯了苹果的外观专利。

三星在一封电子邮件声明中表示:"今天的判决不应被视作苹果的胜利,而是美国消费者的失败。不幸的是,专利法被操纵,使得某家公司可以垄断圆角矩形的外观,以及三星和其他公司每天都在改进的技术。"三星同时表示,这一判决并不意味着最终结局。

苹果于2011年4月对三星提起诉讼,而三星随后提起反诉。根据Bloomberg Industries的数据,全球智能手机的市场规模已达2 191亿美元,而市场竞争也很激烈。除美国之外,苹果和三星还在英国、澳大利亚和韩国相互提起诉讼。

苹果在起诉中称,三星侵犯了该公司与iPhone和iPad有关的4项设计专利和3项软件专利,索赔25亿至27.5亿美元。三星则反诉苹果侵犯了该公司的5项专利,要求苹果赔偿4.218亿美元。

在周五美国股市的盘后交易中,苹果股价上涨1.8%,至675美元。陪审团成员认为,三星并未侵犯一项与iPad设计有关的专利。苹果有关该专利的诉讼仅针对Galaxy Tab 10.1平板电脑。苹果寻求在美国永久禁售Galaxy Tab 10.1,并扩大对三星智能手机的禁令。美国地区法官高兰惠随后将考虑苹果的这一请求。

资料来源:http://www.sina.com.cn 2012年08月25日 新浪科技微博

情境任务5.4 商标资产评估

5.4.1 商标资产

1. 商标的概念和作用

商标(TRADEMARK)是商品或服务的标记,是商品生产者或服务的提供者为了把自己的商品或服务区别于他人的商品或服务,而使用的一种特殊标记。商标包括文字、图形、字母、数字、三维标志和颜色组合,以及上述要素的组合,均可作为商标申请注册。经国家工商总局商标局核准注册的商标为"注册商标",受法律保护。商标通过确保商标注册人享有用以标明商品或服务,或者许可他人使用以获取报酬的专用权,而使商标注册人受到保护。

商标的作用表现在:商标能表明商品或服务的来源;商标能把一个企业提供的商品或服务与其他企业的商品或服务相区别;商标标志一定的商品或服务的质量;商标反映向市场提供某种商品或服务的特定企业的声誉;商标可以让消费者了解这个企业的品牌与形象,企业也可以通过商标宣传自己的商品,提高企业的知名度;商标最终能为企业带来超额收益。

2. 商标的分类

商标的种类很多,可以依照不同标准予以分类:

(1) 按商标是否具有法律专用权可分为注册商标和未注册商标。商标权的评估,是指对受法律保护的注册商标专用权的评估。

(2) 按商标的表现形式可分为文字商标、图形商标、符号商标、文字图形组合商标、色彩商标、三维标志商标等。

(3) 按商标的不同作用可分为商品商标、服务商标、集体商标和证明商标等。集体商标是指以团体、协会或者其他组织的名义注册,该组织成员在商事活动中使用时,表明使用者在该组织中的成员资格的标志。证明商标是指由对某种商品或者服务具有监督能力的组织所控制,而由该组织以外的单位或者个人使用,用以证明该商品或者服务的原产地、原料、制造方法、质量或者其他特定品质的标志。

3. 商标权

商标权一般包括排他专用权(或独占权)、转让权、许可使用权、继承权等。排他专用权是指注册商标的所有者享有禁止他人未经其许可而在同一种商品劳务或类似商品劳务上使用其商标的权利。转让权是指商标所有者作为商标权人享有将其拥有的商标转让给他人的权利。《中华人民共和国商标法》(以下简称《商标法》)规定:"转让注册商标的,转让人和受让人应当签订转让协议,并共同向商标局提出申请。受让人应当保证使用该注册商标的商品质量。"《商标法》还规定:"转让注册商标经核准后,予以公告。"许可使用权是指商标权人依法通过商标使用许可合同允许他人使用其注册商标的权利。商标权人通过使用许可合同，转让的是注册商标的使用权。继承权是指商标权人将自己的注册商标交给指定的继承人继承的权利，但这种继承必须依法办理有关手续。法律保护商标所有者的权益，未注册商标则不受法律保护。

2001 年 10 月 27 日第九届全国人民代表大会常务委员会第二十四次会议通过了《关于修改〈中华人民共和国商标法〉的决定》。为遏制恶意抢注商标行为，修改后的《商标法》放弃了“申请在先”原则，强调“诚实信用”原则。修改后的《商标法》第三章第三十一条明确规定：“申请商标注册不得损害他人现有的在先权利，也不得以不正当手段抢先注册他人已经使用并有一定影响的商标。”

商标权和专利权都属于知识产权，它和专利权一样需要经过申请、审批、核准、公告等法定程序才能获得，但取得商标权与专利权的实质性条件不同，具体表现为：①《专利法》规定取得专利权的技术要求是具有新颖性、创造性和实用性，而商标权取得的条件是具有显著性、不重复性和不违反禁用条款；②专利权有法定的有效保护期限，一般不准续展，而商标权尽管在注册时需要规定有效期，如我国修改后的《商标法》规定商标权的有效期为 10 年，但可以按照每一期 10 年无限续展。

商标权的价值是由商标所带来的超额收益决定的，如果企业产品质量、信誉、经营状况提高，超额收益就越大，商标价值就越高；反之，亦然。很多企业在商标设计、制作、注册和保护等方面都耗费较大的费用来扩大商标知名度，但其只对商标价值起影响作用，而不是决定作用，起决定作用的是商标所能带来的超额收益。

4. 商标权人的权利

商标权人的权利包括独占使用权、许可使用权和商标转让权。

(1) 独占使用权。商标一经国家商标管理机关核准注册，商标权人即享有在一定范围内对其注册商标完全的独占使用权。所谓独占使用权，是指他人未经注册商标所有人的许可，不得在同一种商品或者类似商品上使用该注册商标或者与该注册商标相近似的商标；否则，即构成商标侵权，商标权人可以请求工商行政管理机关依法处理或者向法院起诉。

(2) 许可使用权。商标权人可以将其注册商标许可他人使用，并因此而获得报酬。根据许可人(商标权人)与被许可人(商标使用人)签订的使用许可合同，商标权人可以保留自己对商标的使用权，也可以放弃使用权，由被许可方独占使用或者多人同时使用。无论商标权人保留自己对商标的使用权还是放弃使用权，商标的所有权人仍然是原来的商标注册人。在商标许可使用条件下，仅仅是商标的使用权发生转移，所有权并没有发生变化。

(3) 商标转让权。转让注册商标，是商标权人根据《商标法》规定的程序将商标所有权转让给他人的法律行为。商标权转让后，原商标注册人，即商标权人则丧失对于注册商标的一切权利，商标所有权转移给了新的商标权人，注册商标本身没有发生变化，而注册商标的所有者发生了变化。

5. 以商标权出资条件

以商标权作为出资有两种方式：一是商标权的转让，二是商标的使用许可。

(1) 以商标权转让方式出资应符合以下条件：①接受商标权投资的企业必须具备《商标法》第四条规定的商标注册申请人的资格；②企业接受人用药品、烟草制品的注册商标权投资，必须有相应的商品生产主管机关的证明；③企业接受商标权投资，必须保证使用该注册商标的商品或服务的质量；④商标权人须将其在同一种或者类似商品或服务上的注册商标一并作为投资客体；⑤商标权人如果已将该商标许可他人使用，办理投资转让之前，须征得被许可人的同意,按照使用许可合同的规定,处理好善后事宜,不得因用商标权投资而损害被许可人的利益。

(2) 以商标使用许可方式投资应符合以下条件:①商标权投资者,即商标使用许可方必须是该注册商标的商标权人;②商标权出资者和所投资的企业必须对使用该商标的商品质量负责;③采取商标使用许可方式投资,使用许可合同须报商标局备案,并报当地工商行政管理机关备查。

5.4.2 商标资产的评估程序

1. 明确评估目的

商标权评估目的即商标权发生的经济行为。商标权的转让方式有商标权转让和商标权许可使用两种。商标权转让是指将商标权转让给受让方所有,即出售商标所有权。商标权许可使用则是商标权人在不放弃商标所有权的前提下,特许他人按照许可合同规定的条款使用商标。商标权转让方式不同,评估价值也不一样,通常情况下,商标所有权转让的评估值高于商标权许可使用的评估值。

2. 向委托方收集有关资料

收集的资料包括:①委托方概况,包括经营历史、现状以及经营业绩,还包括前 3 年或前 5 年的财务报表;②商标概况,包括商标注册的法律性证件、注册时间、注册地点、注册证书号、保护内容以及商标的适用范围、商标的种类、商标的法律诉讼情况、商标的知名度、商标有无其他协议等;③商标产品的历史、现状与展望,包括市场环境、同行业情况、商标产品的信誉、商标产品的市场占有率等;④商标的广告宣传等情况;⑤委托方未来的经营规划;⑥未来财务数据预测,包括生产、销售预测,成本费用预测,损益预测等;⑦相关产业政策、财税政策等宏观经济政策对商标的影响。

3. 市场调研和分析

市场调研和分析的主要内容包括:①产品市场需求量的调研和分析;②商标现状和前景的分析;③商标产品的信誉、竞争情况的分析;④商标产品市场占有率的分析;⑤财务状况分析,主要分析判断商标产品现有获利能力,为未来收益发展趋势预测提供依据;⑥市场环境变化的风险分析;⑦其他相关信息资料的分析。

4. 确定评估方法,搜集确定有关指标

商标权评估多采用收益法,也可以采用市场法和成本法。

5. 计算分析,得出结论,撰写评估报告

根据计算分析结果,分析得出结论的合理性,编制评估工作底稿,撰写评估报告。

5.4.3 商标权的评估方法

商标权评估一般采用收益法,下面通过案例说明收益法在商标权评估中的应用。

1. 商标资产转让的评估

【例 5-6】 A 企业转让注册商标给 B 企业,经核查,A 企业近 5 年使用该商标的每件产品比同类产品多 4 元,每年生产该产品 16 万件。目前市场状况良好,产品供不应求,假设 B 企业使用该商标每年能生产 20 万件,每件可获超额利润 3 元,预计继续使用 8 年,前 5 年依然保持目前超额利润水平,后 3 年每年超额利润为 80 万元,计算该商标所有权转让的评估值。

(1) 计算其预测期内前5年中每年的超额利润:

$$前5年中每年的超额利润 = 20 \times 3 = 60(万元)$$

(2) 根据企业的资金成本率及相应的风险率,确定折现率为10%。

(3) 确定该项商标所有权转让的评估值:

$$\begin{aligned} p &= \frac{A_1}{r}\left[1-\frac{1}{(1+r)^t}\right]+\frac{A_2}{r(1+r)^t}\left[1-\frac{1}{(1+r)^{n-t}}\right] \\ &= \frac{60}{10\%}\left[1-\frac{1}{(1+10\%)^5}\right]+\frac{80}{10\%(1+10\%)^5}\left[1-\frac{1}{(1+10\%)^{8-5}}\right] \\ &= 60 \times 3.790\,8 + 80 \times 2.486\,9 \times 0.620\,9 \\ &= 350.98(万元) \end{aligned}$$

由此,可以确定商标所有权转让的评估值为350.98万元(参见教材最后附表——年金现值系数表)。

2. 商标使用权评估

【例5-7】 A公司欲转让蓝鹰牌电动车注册商标使用权给B公司,使用时间为5年,双方约定B公司每年按使用该商标新增利润的30%支付给A公司作为商标使用费,计算该商标使用权价值:

(1) 预测使用期限内新增利润。根据企业经营状况和评估分析,未来5年产量分别是35万辆、40万辆、48万辆、60辆件、65万辆,每年每件产品可新增净利润15元、13元、10元、8元、8元,则每年的新增净利润为:

$$第1年的新增净利润 = 35 \times 15 = 525(万元)$$
$$第2年的新增净利润 = 40 \times 13 = 520(万元)$$
$$第3年的新增净利润 = 48 \times 10 = 480(万元)$$
$$第4年的新增净利润 = 60 \times 8 = 480(万元)$$
$$第5年的新增净利润 = 65 \times 8 = 520(万元)$$

(2) 确定分成率。按许可合同中确定的30%作为分成率。

(3) 确定折现率。假设折现率为10%,查书后复利现值系数表,将新增利润额乘以折现系数,计算出每年新增净利润的折现值,如表5-3所示。

(4) 按30%的分成率计算该商标使用权的评估值。

$$该商标使用权的评估值 = 1\,918.34 \times 30\% \times (1-25\%) = 431.63(万元)$$

因此,该商标使用权的评估值为431.63万元。

表5-3 **每年新增净利润的折现值** 单位:万元

年 份	产 量	产品新增价格	新增利润额	折现系数	折现值
1	35	15	525	0.909 1	477.28
2	40	13	520	0.826 4	429.73
3	48	10	480	0.751 3	360.62
4	60	8	480	0.683	327.84
5	65	8	520	0.620 9	322.87
合 计					1 918.34

情境任务 5.5 著作权资产评估

5.5.1 著作权概述

著作权过去称为版权。版权最初的含义是 copyright(版和权),也就是复制权。此乃因过去印刷术的不普及,当时社会认为附随于著作物最重要之权利莫过于将之印刷出版之权,故有此称呼。不过随着时代演进及科技的进步,著作的种类逐渐增加。世界上第一部版权法——英国《安娜法令》,开始保护作者的权利,而不仅仅是出版者的权利。1791 年,法国颁布了《表演权法》,开始重视保护作者的表演权利。1793 年又颁布了《作者权法》,作者的精神权利得到了进一步的重视。我国自 1991 年起实施《中华人民共和国著作权法》(以下简称《著作权法》),2001 年,我国对《著作权法》进行了第一次修订,新的《著作权法》从 2001 年实施。

1. 著作权人

《著作权法》第九条规定:著作权人包括作者和其他依照本法享有著作权的公民、法人或者非法人单位。

2.《著作权法》的保护对象

《著作权法》的保护对象就是作品,具体说就是保护作品的表现形式。一般情况下,一部作品可以分为两部分,即作品的内容及作品的表现形式。

(1) 作品的内容。作品的内容即作品的构成要件,作为《著作权法》保护的对象,作品应符合创造性、可复制性及合法性的条件。

(2) 著作权保护的作品。我国《著作权法》第三条规定:"本法所称的作品,包括以下列形式创作的文学、艺术和自然科学、社会科学、工程技术等作品:①文字作品;②口述作品;③音乐、戏剧、曲艺、舞蹈、杂技艺术作品;④美术、建筑作品;⑤摄影作品;⑥电影作品和以类似摄制电影的方法创作的作品;⑦工程设计图、产品设计图、地图、示意图等图形作品和模型作品;⑧计算机软件;⑨法律、行政法规规定的其他作品。"

我国《著作权法》的第四条及第五条还规定了不受其保护的作品:①依法禁止出版、传播的作品;②法律、法规,国家机关的决议、决定、命令和其他具有立法、行政、司法性质的文件,以及其官方正式译文;③时事新闻;④历法、数表、通用表格和公式。

3. 著作权的归属

著作权是一种法律赋予的权利,是一种无形资产。我国《著作权法》对如何确定著作权的归属作了规范。

(1) 著作权属于作者。我国《著作权法》第十一条规定:除著作权另有规定外,著作权属于作者。创作作品的公民是作者。由法人或者其他组织主持,代表法人或者其他组织意志创作,并由法人或者其他组织承担责任的作品,法人或者其他组织视为作者。如无相反证明,在作品上署名的公民、法人或者其他组织为作者。

著作权的取得,采用自动保护原则。著作权归属确定的基本原则是著作权属于作者,作者指在作品上署名的公民、法人或者其他组织。

(2) 具体类别作品著作权的归属。《著作权法》除规定著作权归属于作者外，还对演绎作品、合作作品、汇编作品、委托作品、职务作品、美术作品及影视作品等七种作品的著作权归属分别进行了规范。

4. 著作权的作品含义

(1) 文字作品，指小说、诗词、散文、论文等以文字形式表现的作品。

(2) 口述作品，指即兴的演说、授课、法庭辩论等以口头语言创作、未以任何物质载体固定的作品。

(3) 音乐作品，指交响乐、歌曲等能够演唱或者演奏的带词或者不带词的作品。

(4) 戏剧作品，指话剧、歌剧、地方戏曲等供舞台演出的作品。

(5) 曲艺作品，指相声、快书、大鼓、评书等以说唱为主要形式表演的作品。

(6) 舞蹈作品，指通过连续的动作、姿势、表情表现的作品。

(7) 美术作品，指绘画、书法、雕塑、建筑等以线条、色彩或者其他方式构成的有审美意义的平面或者立体的造型艺术作品。

(8) 摄影作品，指借助器械，在感光材料上记录客观物体形象的艺术作品。

(9) 电影、电视、录像作品，指摄制在一定物质上，由一系列有伴音或者无伴音的画面组成，并且借助适当装置放映、播放的作品。

(10) 工程设计、产品设计图纸及其说明，指为施工和生产绘制的图样及对图样的文字说明。

(11) 地图、示意图等图形作品，指地图、线路图、解剖图等反映地理现象、说明事物原理或者结构的图形或者模型。

5. 著作权中的经济权利

2001 年修订的《著作权法》中，列出了 12 种经济权利，并对各项权利的内容做了准确的界定。另外，为避免遗漏，同时规定著作权人享有“应当由著作权人享有的其他权利”。

(1) 复制权。复制是指以印刷、复印、临摹、拓印、录音、录像、翻录、翻拍等数字化或非数字化方式将作品制作成一份或者多份的行为。它的特征是复制的作品与原作品相比在内容和形式上没有任何变化，复制权就是权利人有权禁止他人复制其受保护作品的权利。

(2) 发行权。发行权是指向公众提供作品复制件的权利由著作权人享有，这也是著作权人获得经济利益的重要手段。

(3) 出租权。出租权是指有偿许可他人临时使用电影作品和以类似摄制电影的方法创作的作品、计算机软件的权利。

(4) 展览权。展览权是指公开陈列美术作品、摄影作品原件或者复制件的权利。

(5) 表演权。表演权是指通过演员的声音、表情、动作在现场直接公开再现作品，以及通过放映机、录音机、录像机等技术设备间接公开再现作品或者作品的表演的权利。著作权人可以自己表演，也可以授权他人表演。

(6) 放映权。放映权是指通过放映机、幻灯机等技术设备公开再现美术、摄影、电影和以类似摄制电影的方法创作的作品等的权利。

(7) 广播权。广播权是以无线方式公开广播或者传播作品，以有线传播或者转播的方式向公众传播广播的作品，以及通过扩音器或者其他传送符号、声音、图像的类似工具向公众传播广播的作品的权利。2001 年修订后的《著作权法》中规定：“广播电台、电视台播放已经出版的录音制品，可以不经著作权人许可，但应当支付报酬。当事人另有约定的除外。”根据新的《著作权法》，播放权将成为音乐作品等著作权人获得收益的重要保障。

(8) 信息网络传播权。信息网络传播权是通过互联网向公众提供作品，使公众可在其个人选定的时间和地点获得作品的权利。这也是在2001年修订的《著作权法》中新增加的，它明确了把作品上网是著作权人的权利，未经著作权人的许可，把其作品在网上传播，就将构成侵权，要承担相应的法律责任。

(9) 摄制权。摄制权是指以摄制电影或者以类似摄制电影的方法首次将作品固定在载体上的权利。

(10) 改编权。改编权是指在原有作品的基础上，改变原作品的表现形式，创作出具有独创性的新作品的权利。

(11) 翻译权。翻译权是指将原作品从一种语言文字转换成另一种语言文字的权利。

(12) 汇编权。汇编权是指将原作品或者作品的片段通过选择或者编排，汇集成新作品的权利。

对于摄制、改编、翻译及汇编后的作品，它的著作权由上述工作完成者所有，或由依据法律享有著作权的公民或组织所有，评估人员对著作权进行评估时，不应将摄制、改编、翻译及汇编后作品的收益计算在内，而对摄制、改编、翻译及汇编作品著作权的价值进行评估时，评估人员应该注意，这种作品的权利人有权自行禁止他人复制、发行或以其他方式使用有关作品，但无权单独许可他人使用自己的作品，他必须得到原作品权利人的许可。

另外，《著作权法》同时规定了应当由著作权人享有的其他权利。著作权人可以许可他人行使以上各项权利，并依照约定或者《著作权法》有关规定获得报酬。著作权人可以全部或者部分转让规定的经济权利，并依照约定或者《著作权法》有关规定获得报酬。

6. 著作权的限制

著作权的限制是指对著作权经济权利的限制，《著作权法》对权利人的权利进行了一定的限制，具体包括以下几个方面：

(1) 地域的限制。著作权的赋予具有一定的时间和地域的限制。《著作权法》属于国内法，赋予的著作权仅在本国有效，但我国承认《保护文学和艺术作品伯尔尼公约》及《世界版权公约》，并且我国是世界贸易组织的成员，根据这些国际公约的条款，著作权受到保护的地域已经远远超出了一个国家的范围，国内法变成了区域性法律。著作权的获得采用“自动获得”原则，可以通过国际公约在世界各国获得保护。

(2) 时间的限制。我国的《著作权法》规定了各种类型的著作权的期限。评估时，法定的权利期限是判断收益期限的一个重要参数。

(3) 合理使用。在法律许可下，使用作品可以不经过著作权人许可，不付报酬，但不能侵犯著作权人的其他权利。关于该条款，在新修订的《著作权法》中做了较大改动，对于免费使用作品的12种情形，修订后的《著作权法》做了更为清晰的界定。评估人员在计算评估对象的收益时，应该根据新《著作权法》的规定，将相关收益计算在内。

(4) 强制许可。由政府部门发放强制许可证，可以不经著作权人许可，但要支付报酬。

(5) 法定许可。在法律特定的条款下，不经著作权人许可，也可以使用已发表的作品，但必须支付稿酬，并且不得侵犯著作权人的其他权利。

7. 著作权的保护期

著作权中作者的署名权、修改权、保护作品完整权的保护期不受限制，永远归属于作者。

公民作品的发表权、使用权和获得报酬权的保护期为作者终生及其死亡后50年，对于合作作品，保护期为最后死亡的作者死亡后50年。

单位作品的发表权、使用权和获得报酬权的保护期为首次发表后50年。

电影、电视、录像和摄影作品的发表权、使用权和获得报酬权的保护期为首次发表后的50年。

计算机软件的保护期限，在新修改的《计算机软件保护条例》(以下简称《保护条例》)中做了修改，根据新的《保护条例》，软件著作权自软件开发完成之日起产生。自然人的软件著作权，保护期为自然人终生及其死亡后50年，截至自然人死亡后第50年的12月31日；软件是合作开发的，截至最后死亡的自然人死亡后第50年的12月31日。法人或者其他组织的软件著作权，保护期为50年，截至软件首次发表后第50年的12月31日，但软件自开发完成之日起50年内未发表的，不受本条例保护。

5.5.2 著作权的特点

1. 自动保护

我国著作权采用自动保护原则，即作品一旦产生，作者便享有著作权，登记与否都受法律保护，这是与专利权和商标权不同的地方。由于著作权无须登记，其权利范围不易确定，容易出现相关权利纠纷，因此许多作者要求将自己的作品交著作权管理部门登记备案。已登记的作品比未登记的作品受法律保护的力度更大。

2. 保护形式的局限性

著作权从根本上说是为某些思想、观点的原创表达形式提供法律保护，但并非保护这些思想本身，这是它区别于《专利法》的重要特征。下面分别针对工业类著作权及学术类著作权说明著作权保护的内容，并分析它们在形式上的局限性。

(1) 工业类著作权。工业类著作权一般是指与工业生产相关的著作权，如计算机软件、工程设计图及模型等享有的著作权，其中，以计算机软件的权利范围最难判定，在学术界及公众中引发的争论也最多。

(2) 艺术类著作权。艺术类著作权是指在艺术领域内作品享有的著作权，如文学作品、音乐舞蹈作品、美术摄影作品、电影电视作品等享有的著作权。很多情况下，艺术作品描述的对象是一致的，如历史人物或历史事件，如何界定“思想”及“表达”同样是比较困难的。

3. 独立性

著作权对保护的内容强调创作的独立性，不强调新颖性，即不同的人有相同的思想，创作的作品只要是独立完成的，就分别享有著作权。

4. 权利的多样性

《著作权法》规定的著作权人的权利多达十几项，其中法律明确规定著作权人享有的经济权利有12项，而且这些权利的行使可以是彼此独立的，不同的经济权利，如表演权、播放权、翻译权等其他权利在行使过程中彼此独立。对于专利权及商标权而言，虽然在许可或转让方式上具有多种形式，但在权利内容方面，一般体现为使用权，而不存在公开表演权、播放权、翻译权等其他权利。著作权权利内容的多样性，使其在参与经济活动时，具有最强的灵活性，著作权交易中，很多情况实际是部分权利的交易。一般来说，著作权的受让方或者被许可人没有必要也不会打算获得供方著作权的全部。例如，某影视公司需要将一部小说改编成影视作品，向原作者购买著作权，其真正需要购买的是该作品的改编权以及摄制权等，并不需要购买该作品的所有著作权。

5. 法律保护性

《著作权法》规定了著作权的权利内容、保护期以及权利的限制，因此著作权具有显著的法律特性，主要体现在时间性、地域性及独占性等，这些特点与专利权及商标权是相同的。

6. 扩散性

著作权与专利权、商标权相比，在使用过程中，除了具有共享性外，还具有扩散性。著作权的扩散性是指具有著作权的作品在使用过程中可以产生新的具有著作权的作品。

【评估案例】

电影著作权的评估

《战狼2》是北京登峰国际文化传播有限公司出品，五洲电影发行有限公司，吴京执导的动作军事电影，由吴京等主演。该片于2017年7月在中国内地上映，讲述了脱下军装的冷锋被卷入了一场非洲国家的叛乱，本来能够安全撤离的他无法忘记军人的职责，重回战场展开救援的故事。《战狼2》上映以来保持22天单日票房连冠的纪录，并冲破50亿收入大关。中国市场观影人次已达1.4亿人次，创造了全球影史“单一市场观影人次”新纪录。

本案例对电影著作权的价值进行评估，评估结果作为电影著作权所有者，即制片方投资回收额的参考。作为无形资产中的一种，电影著作权具有独特性，每一部电影的著作权价值都不同，市场上很难找到可比对象，市场法的适用性较低。一部电影的投资与回报并不都是成正比的，有很多小投资电影获得了高票房的案例，所以成本法也不适合用来评估电影著作权。电影著作权的价值靠未来的收益实现，收益法能较好地评估出电影未来的收益，故本次评估采用收益法。评估过程采用收益分成率法模型。由于电影ABC没有进行衍生品开发，后期将播放权出售给视频网站和电视台所得收入比例较小且较难进行预估，也就是说，总体衍生品收入较少且难估计，所以我们只对票房收入用收益分成率法进行评估，以此作为该电影著作权的价值。评估模型为：

$$P=\sum_{i=1}^{n}\frac{kR_i}{(1+r)^i} \tag{5-14}$$

式中：P——电影著作权价值；

k——收益分成率；

R_i—平均每天票房收入；

r—票房收入折现率。

(1) 收益分成率。一般情况下，每部电影票房收入5%向国库缴纳电影专项资金；按照原票房收入计算缴纳6.6%税金(包括增值税和相关附加费)。扣税后的可分账票房中，电影院及院线提留57%，中影数字提留1%～3%的发行代理费。剩余的40%～42%归于电影制片方和发行方。发行方会收取归属制片发行方部分票房的5%～15%作为发行代理费用，即为可分账票房的2%～6%作为发行代理费。

发行方会收取12%～20%的代理发行费。部分影片同档期处于竞争劣势，出于增加影片排映场次的目的，给影院及院线承诺票房返点。返点一般占到可分账票房的3%～5%。制片方回收的票房回款公式为：

$$[1\times(1-6.6\%-5\%)\times40\%\times(1-10\%)]=31.82\%$$

即一般情况下的制片方分账比率为31.82%。

(2) 票房收入折现率。因为电影制片方总资产中对该部电影的投资很难单独分清并计算，电影票房分账收入与公司总资产中该电影制作的投资成本之比就很难确定。所以，一般采用风险累加法来获取折现率数据，即折现率等于无风险报酬率、风险报酬率和个别风险的和。由于电影票房的收益期限较短，故采用1年期国债利率作为无风险报酬率，评估基准日为3%。用行业投资回报率减去无风险报酬率得到风险报酬率。采用10家大型上市影视公司近5年的平均总资产收益率作为行业投资回报率，即7%，所以，风险报酬率为4%(7%－3%)。电影投资作为一项高风险的投资活动，电影个别风险调整确定为5%。

用风险累加法计算折现率：

$$折现率 = 3\% + 4\% + 5\% = 12\%$$

$$对应的日折现率 = 12\% \div 360 = 0.03\%$$

假设该电影的票房总收益50亿元，收益期限为30天，则平均每天票房收入约1.67亿元。

$$p = \sum_{i=1}^{n} \frac{kR_i}{(1+r)^i}$$

$$p = \sum_{i=1}^{30} \frac{33\% \times 500\,000 \div 30 \times (1 - 5\% - 3.3\%)}{(1 + 0.03\%)^{30}} = 151\,305(万元)$$

评估结论，该电影著作权价值约为151 305万元。

【背景资料5-3】

《战狼2》掉进知识产权的坑 票房收入或成别人嫁衣?

《战狼2》于2017年7月27日上映，上映才20天，票房已破46亿元，直奔50亿元，一举刷新了华语电影的最高票房纪录。《战狼2》的奇迹背后，是大国崛起的全民心态。

然而，在票房和商业上大获成功的同时，《战狼2》也陷入了知识产权纠纷，如今票房收入直奔50亿元，关于知识产权方面的纠纷成本也变得越来越高，商标权也迟迟没有拿到手，不得不说，的确是一件忧心的事情。

随着《战狼2》的大热，“战狼”俨然成了一个超级IP，受到各方瞩目。而被前投资人起诉、商标注册受阻等事件，也使得知识产权纠纷这一问题一并进入公众视野。

看过《战狼》和《战狼2》的人都知道，《战狼2》是在《战狼》的故事结局与人物关系基础上，通过对故事线索与人物关系的再创造拍摄形成的。

《战狼》是由登峰国际、南京军区政治部电视艺术中心和原春秋时代三方发起拍摄而成的，三方曾在协议中约定，电影《战狼》名称的全部权利归登峰国际(吴京旗下公司)独享，而武汉传奇人则是后引入的二级投资人，仅享有《战狼》的署名权和投资收益权，无权干预《战狼》后续影片的拍摄及“战狼”片名的使用。

而《战狼》投资方之一武汉传奇人公司则认为，《战狼2》制片方之一登封国际在未取得自己授予改编权及名片使用权的前提下，对《战狼》进行了改编、拍摄，属侵权行为，其对北京登封国际文化传播有限公司提起诉讼，要求赔偿损失1 000万元。同时，传奇人公司请求法院禁播《战狼2》。

原告称被告是“过河拆桥”，被告对侵权问题坚决否认。登峰公司称，自己从未与传奇人公司签署任何协议，也从未向其转让过影片版权，电影《战狼》的版权应由登峰公司独家享有。

北京市海淀区人民法院已受理本案。

资料来源：http://www.sohu.com/a/164900831_466907 搜狐财经 2017-08-15

情境任务5.6 商誉评估

5.6.1 商誉

1. 商誉的概念

商誉(Goodwill)是指能在未来期间为企业经营带来超额利润的潜在经济价值，或一家企业预期的获利能力超过可辨认资产正常获利能力(如社会平均投资回报率)的资本化价值。商誉是企业整体价值的组成部分。在企业合并时，它是购买企业投资成本超过被合并企业净资产公允价值的差额。

商誉最早出现在财产纠纷案件中，1859年，英国一次法庭判决中法官对商誉下的定义："商誉是指企业在从事经济活动中所取得的一切有利条件，包括地理位置、商号等与企业经营有联系，并由于它们而使企业受益的一切有利条件"。从历史渊源考察，20世纪60年代以前所称的无形资产是一个综合体，商誉则是这个综合体的总称。20世纪70年代以后，随着对无形资产确认和计量的需要，无形资产以不同的划分标准，形成各项独立的无形资产。现在所称的商誉，则是指企业所有无形资产扣除各单项可辨认无形资产以后的剩余部分。

美国财务会计准则委员会(FASB)于1999年公布了一项征求意见稿，首次提出了“核心商誉”(core goodwill)的概念。FASB认为，商誉可描述为由六个要素组成：①被收购企业净资产在收购日的公允市价大于其账面价值的差额。②被收购企业未确认的其他净资产的公允市价。③被收购企业存续业务“持续经营”(going-concern)构件的公允价值。④收购企业与被收购企业净资产和业务结合的预期协同效应的公允市价。⑤收购企业由于计量收购报价的错误而多计量的金额。尽管在所有现金交易中的收购价格不会出现计量错误，但如果是涉及股票交换的交易，则很难说不会出现计量错误。⑥收购企业多支付或少支付的金额。

2. 商誉的特性

商誉的经济含义是企业收益水平与行业平均收益水平差额的资本化价格。它是由顾客形成的良好声誉、企业管理卓著、经营效率较好、生产技术的垄断和地理位置的天然优势所产生的。

商誉能为企业创造间接的经济效益。它之所以作为一项资产具有价值，正是因为它的这种效益性特征。它是企业收益水平与按社会平均收益率计算的差额的资本化价格。人们通常是采用资本化率把企业超额收益还原求得商誉价格的，而资本化率实际上又是投资报酬率，企业超额收益经过还原所得的就是创造这种超额收益的资本额。所以，应把商誉的价格看作为资本化价格。商誉的值有正值，但当企业亏损时，或企业收益水平低于本行业平均获利水平时，商誉也可有负值。

商誉是一种不可确指的无形项目,它不具可辨认性故不属于无形资产。它不能独立存在,它具有附着性特征,与企业的有形资产和企业的环境紧密相连。它既不能单独转让、出售,也不能以独立的一项资产作为投资,不存在单独的转让价值。它只能依附于企业整体,商誉的价值是通过企业整体收益水平来体现的。

按未入账资产理论,商誉是计量了未入账资产的结果。商誉属于自创的无形资产,其开发成本很难从账簿中完整地反映出来。而且它的功用与其开发成本之间的关系也很不确定,没有一个统一的标准。

影响企业商誉形成的因素很复杂,企业经营管理水平起了重要的作用,在此,人的因素是第一位。由于企业具有良好的声誉,获得客户信赖;或由于严密的组织,生产效率显著。

3. 商誉的构成

(1) 商号。商号即厂商字号,或商业名称、企业徽记等。商号作为企业特定化的标志,是企业具有法律人格的表现。声誉良好的企业,其名称或徽记对顾客或用户有着巨大的吸引力。社会公众对某一企业的认同,往往同该企业的营业标志联系在一起,所谓"老字号",就说明商誉附着于商号,商号是商誉特定化的主体与有形化载体。

(2) 社会资本。社会资本包括顾客名单、经销网络、供应合同。拥有长期稳定的销售渠道是商誉的构成要件之一,无销售渠道的企业不可能评出高价的商誉,这也应该是现实或潜在销售收入的重要反映。

(3) 人力资本。员工队伍应该成为无形资产中被重点关注的对象,它强调劳动的非同质性,即劳动力的素质,对人力资本的评估应揭示人力资本与企业价值的密切关系,强调人力资本运营对企业战略制定与管理方式的影响。

5.6.2 商誉评估的方法

1. 割差法

割差法是根据企业整体评估价值与可辨认的各单项资产评估值之和进行比较确定商誉评估价值的方法。基本公式如下:

商誉的评估值 = 企业整体资产评估值 − 企业可确指的各单项资产评估值之和　　(5 − 15)

假设被评估单位是上市公司,可按评估基准日股票市价总额确定企业整体资产评估值,对于非上市公司,可将企业未来预期收益折现或资本化。割差法的理论依据是,企业价值与企业可辨认的各单项资产价值之和是两个不同的概念,如果有两个企业,企业可辨认的各单项资产价值之和大体相当,但由于经营业绩悬殊,预期收益悬殊,其企业价值自然相去甚远。企业中的各项单项资产,包括有形资产和可辨认的无形资产,由于可以独立存在和转让,评估价值在不同企业中趋同。但它们由于不同的组合,不同的使用情况和管理,使其运行效果不同,导致其组合的企业价值不同,使各类资产组合后产生的超过可辨认的各单项资产价值之和的价值,即为商誉。

【例 5 − 8】 甲企业进行股份制改制,根据企业过去经营情况和未来市场形势,预测其未来 5 年的净利润分别是 13 万元、14 万元、11 万元、12 万元和 15 万元,并假定从第 6 年开始,以后各年净利润均为 15 万元。评估人员根据无风险报酬率及企业经营风险等情况确定的折现率和资本化率均为 10%,并且,采用适当的资产评估方法,评估确定该企业可辨认的各单项资产评估值之和(包括有形资产和可辨认的无形资产并且已扣除审核后负债的价值)为

90 万元，计算该企业商誉的评估价值。（参照书后复利现值系数表）

$$p=\frac{13}{1+10\%}+\frac{14}{(1+10\%)^2}+\frac{11}{(1+10\%)^3}+\frac{12}{(1+10\%)^4}+\frac{15}{(1+10\%)^5}+\frac{15}{10\%(1+10\%)^5}$$

$$=13\times0.9091+14\times0.8264+11\times0.7513+12\times0.683+15\times0.6209+15\div10\%\times0.6209$$

$$=49.1617+93.135$$

$$=142.2967(\text{万元})$$

商誉的评估价值 = 142.30 − 90 = 52.296 7(万元)

2. 超额收益资本化法

超额收益资本化法是把被评估企业的超额收益进行资本化来确定该企业商誉价值的一种方法。其计算公式为：

$$\text{商誉的价值}=\frac{\text{企业预期年收益额}-\text{该企业的单项资产评估值之和}\times\text{行业平均收益率}}{\text{适用资本化率}}\tag{5-16}$$

$$\text{商誉的价值}=\frac{\text{被评估企业单项资产评估值之和}\times\left(\text{被评估企业预期收益率}-\text{行业平均收益率}\right)}{\text{适用资本化率}}\tag{5-17}$$

【例 5-9】 甲企业的预期年收益额为 20 万元，该企业的各单项资产的评估值之和为 80 万元，企业所在行业的平均收益率为 20%，并以此作为适用的资本化率。计算该企业商誉评估值。

$$\text{商誉的评估值}=(20-80\times20\%)\div20\%=20(\text{万元})$$

或：

$$\text{商誉的评估值}=80\times(20\div80-20\%)\div20\%=20(\text{万元})$$

超额收益资本化法主要适用于经营状况一直较好、超额收益比较稳定的企业。如果在预测企业预期收益时，发现企业的超额收益只能维持有限的若干年，应按超额收益折现法进行评估。

3. 超额收益折现法

超额收益折现法是把企业可预测的若干年预期超额收益进行折现，按其折现值确定企业商誉价值的一种方法。其商誉评估值为：

$$p=\sum_{i=1}^{n}\frac{R_i}{(1+r)^i}\tag{5-18}$$

式中：R_i——第 i 年企业预期超额收益；

r——折现率；

n——收益年限；

i——年序号。

【例 5-10】 甲企业预计今后 5 年内保持超额收益经营，预期年超额收益为 50 000 元，若折现率为 10%，计算该企业商誉的评估价值。

$$\text{商誉的评估价值}=50\,000\times(P/A,10\%,5)$$

$$=50\,000\times3.7908$$

$$=189\,540(\text{元})$$

5.6.3 商誉评估需要注意的几个问题

由于商誉本身的特性，决定了商誉评估的困难性。商誉评估理论和操作方法争议较大，现在虽然尚难定论，但在商誉评估中，下列问题应予以明确：

(1) 不是所有企业都存在商誉，商誉只存在于那些具有长期超额收益能力的企业之中。一个企业在同类型企业中实现的超额收益越大，则商誉评估值越大。如果评估人员不能对被评估企业所属行业收益水平有全面的了解和掌握，也就无法合理确定该企业商誉的评估价值。

(2) 商誉评估必须坚持预期原则。是否拥有获取超额收益的能力是判断企业有无商誉和商誉价值大小的标志，这里所说的超额收益是指企业未来的预期超额收益，并不是企业过去或现在的超额收益。

(3) 商誉的评估不能采用投入费用成本累加的方法进行。尽管企业为商誉所发生的投资会影响商誉评估价值，但商誉的价值是通过未来预期收益的增加得到体现的，因此，商誉评估价值高低与企业为其投入的费用或成本没有直接联系。

(4) 商誉是由众多因素共同作用的结果，但形成商誉的个别因素不能单独计量，各项因素的定量差异调整难以运作，所以商誉评估也不能采用市场类比的方法进行。

(5) 企业负债与否、负债规模大小与企业商誉没有直接联系。负债经营是企业融资策略之一，负债比例大会增加企业风险，对资本收益率会产生影响。

(6) 商誉与商标有区别，反映两个不同的价值内涵。企业拥有某项评估值很高的知名商标，但并不意味着该企业一定就有商誉。商誉与商标的区别体现在以下方面：

第一，商标是产品的标志，而商誉则是企业整体声誉的体现。商标与其产品相结合，它所代表的产品质量越好，市场需求越大，商标的信誉越高，据此带来的超额收益越大，商标权的评估值也就越大。而商誉则与所依附的企业的生产经营活动密切相关，企业经营机制完善并且运转效率高，企业的经济效益就高，信誉就好，其商誉评估价值也就越大。因而，商标价值来自于产品所具有的超额获利能力；商誉价值则来自于企业所具有的超额获利能力。

第二，商誉作为不可辨认无形资产，是与所依附的企业及其超额获利能力结合在一起的，不能脱离企业而单独存在。商标则是可辨认无形资产，可以在原组织继续存在的同时，转让给另一个组织使用。

第三，商标可以转让其所有权，也可以转让其使用权，而商誉只能随所依附企业的整体资产的交易而发生转移，不存在转让所有权与使用权之分。

尽管商誉和商标的区别很多，两者之间还是密切关联的，有时存在相互包含的因素，这也是评估过程中必须加以分析确认的。

思考与练习

一、单项选择题

1. 不应当确认为无形资产的是(　　)。

A. 商标权　　B. 土地使用权　　C. 专营权　　D. 商誉

2. 下列选项中，(　　)不属于无形资产。

A. 非注册商标　　B. 专利权　　C. 计算机软件　　D. 非专利技术

3. 对外购无形资产，可以根据(　　)及该项资产具有的获利能力评定重估价值。

A. 生产成本　B. 折余价值
C. 预计价格　D. 形成时所需的实际成本

4. 某发明专利权已使用了4年，尚可使用2年，目前该无形资产的贬值率为（　　）。

A. 25%　B. 66.7%　C. 33.3%　D. 50%

5. 无形损耗会对无形资产的（　　）产生影响。

A. 剩余使用价值　B. 已使用价值　C. 实体　D. 已使用年限

二、多项选择题

1. 自创无形资产重置成本包括（　　）。

A. 材料成本　B. 人工成本　C. 期间费用　D. 合理利润

2. 下列选项中，属于无形资产的是（　　）。

A. 商誉　B. 专营权　C. 商标　D. 非专利技术

3. 根据无形资产自身性质和内容构成划分可分为（　　）。

A. 非技术类　B. 关系类　C. 组合类　D. 技术类

4. 按结构和状态划分可将商标分为（　　）。

A. 视觉商标　B. 听觉商标　C. 味觉商标　D. 证明商标

5. 专利权的种类包括（　　）。

A. 发明专利　B. 改进专利　C. 实用新型专利　D. 外观设计专利

三、判断题

1. 由于无形资产评估要进行收益、成本的相关预测，因此，要假设企业可以持续不断地经营下去，这样才能对无形资产进行有效评估。（　　）

2. 清算价格法是无形资产评估中常用的方法。（　　）

3. 非专利技术是企业或技术人员经过长期经营积累而形成，而且不断发展。（　　）

4. 特许权受让方在使用转让的特许权后能在经营中取得垄断性超额利润。（　　）

5. 商誉的价值表现为同行业资本平均收益和超额收益之间的差额，这个差额能够用价值量表示出来，能够将其资本化。（　　）

实务训练

【实训资料5-1】

注册商标权评估实训

1. 实训目的：掌握商标权评估在资产评估实务中的应用技能与技巧。

2. 实训内容：

(1) 获取被评估单位AB汽车制造公司填制的无形资产——商标权评估申报表，进行账账、账表核对，填制账账、账表核对记录表。

(2) 明确AB汽车注册商标权及其范围，填写无形资产——商标权评估明细表中相关内容。

(3) 证明与鉴定AB汽车商标权存在：取得商标注册书复印件和商标使用许可合同书。

(4) 收集收益法评估无形资产——商标权所需的相关资料，获取被评估单位前3年销售收入统计表，预测未来商标权获取超额收益，确定商标权评估使用的折现率。

(5) 评定估算，测算AB汽车商标权评估值。

(6) 填写AB汽车注册商标权评估程序复核表。

(7) 编写AB汽车注册商标权评估说明。

3. 实训补充资料:

(1) 取得AB汽车无形资产——商标权评估申报表。

(2) 获取AB汽车商标注册证书复印件。

(3) 商标使用权许可合同。

(4) 编制被评估AB汽车公司前3年营业收入分析表。

(5) 注册商标使用权评估假设。

第一,营业收入预测:预测期营业收入是按各商标所属产品前3年实现营业收入的算术平均数计算,且假设预测期各年营业收入是均衡的。

第二,超额收益预测:预测期各年所获取超额收益占预测期各年营业收入的比为5%,即收入提成率为5%。

(6) 折现率取定:依据整体评估中收益法所采用的折现率。

4. 评估要求及成果:

填制账账、账表核对记录表,编制被评估企业AB汽车公司营业收入统计分析表,分别编制C、D、E牌商标权评估作业表,注册商标基本情况调查表,编制商标权评估程序复核表,编写商标权评估说明。

商标使用授权合同

商标使用许可人(甲方):

商标使用被许可人(乙方):

根据《中华人民共和国商标法》和《商标法实施条例》及相关规定,双方遵循自愿和诚信的原则,经过友好协商签订本商标使用许可合同。

一、商标授权范围

1. 甲方将注册登记的第类商标(注册号:)许可乙方使用该商标生产/定制/销售________________产品,并进行相应产品的推广销售。

2. 商标标识:(另附页)

3. 授权地域范围:中华人民共和国境内。

4. 授权使用期限:自年月日起至年月日止。合同期满,如需延长使用时间,由甲、乙双方另行续订商标使用许可合同。

5. 具体使用形式:乙方在产品包装、宣传资料及产品说明中使用。

二、双方的权利和义务

1. 乙方可以在授权范围内使用甲方商标。

2. 乙方必须保证其生产授权商标的产品,符合国家卫生、质量、计量、环保、包装、行业标准及法定说明文字等要求。

3. 乙方不得任意改变甲方注册商标的文字、图形或者其组合,不得超越许可的产品范围使用甲方的注册商标。

4. 乙方负责生产,甲方负责销售。

5. 甲、乙方应在商标许可合同到期前2个月,就是否继续授权使用商标进行协商,到期继续使用重新签订《商标使用授权合同》,不续签合同则自行终止。

6. 合同终止后，乙方不得在其生产的产品上使用甲方的授权商标、标识。否则甲方有权依法追究其侵权责任。

三、合同终止条件

1. 商标使用许可合同的许可期限到期没有续签合同。

2. 乙方违反相关法律规定，在使用甲方注册商标之后，其产品粗制滥造，以次充好，欺骗消费者并构成对甲方声誉的严重损害的，甲方有权单方解除合同。

3. 其他违约情形。

四、违约责任

乙方只限于在本企业生产的产品上使用公司授权使用的商标，不得以任何形式和理由，将甲方授权使用的商标再许可给第三方使用，也不得作为投资与第三方新成立法人机构进行生产销售并盈利。乙方若违反本合同约定，应向甲方支付违约金　　万元人民币。

五、履行中若发生争议由双方协商，协商不成诉至甲方所在地人民法院。

六、附则

甲乙双方依据本合同，再行签订的其他任何合同、协议均视为本合同的组成部分，与本合同具有同等效力。

本合同一式两份，甲乙双各一份，每份具有同等效力。

许可人(甲方)：　　　　　　　　　　被许可人(乙方)：

法定代表人：　　　　　　　　　　　法定代表人：

年　月　日　　　　　　　　　　　　年　月　日

表 5-4　　注册商标基本情况

序号	商标注册证号	商标名称	使用商品	有效期	取得方式	原始价值	账面价值
1							
2							
3							
合计							

表 5-5　　注册商标基本情况调查表

被评估单位：		评估基准日：　年　月　日			编制人及日期：	
项目名称						
商标名称					使用条件	
商标种类			联系人		电话	
注册商标批准部门			注册时间		注册编号	
注册权人			所有权人		账面值(元)	
续展时间			续展条件		尚存保护期限	
商标概况	商标使用人数量					
	授权使用和使用权转让					
	商标使用范围					
	商标使用对象					
	商标使用场所					

续 表

商标概况	商标的知名度					
	广告宣传情况					
	使用次数或数量					
同类商标情况	调查情况	1	2	3	4	
	商标名称					
	商标使用范围					
	商标知名度					
	市场占有率					
商标形成过程	申报或购买、持有情况					
	商标设计、注册费用					
	商标设计人					
收益期和预期收益额情况	商标的预期寿命					
	单位售价					
	商标销售量					
	市场占有率					
	利润					
其他状况						

【实训资料5-2】

专利资产评估实训

1. 实训目的：培养对专利资产评估的信息搜集和评定估价能力。

2. 实训操作步骤：登录国家知识产权局网站，查找发明专利公报（如2017.08.15）；查询专利资产评估网站，针对被评估公司，查询其权利要求书、费用信息、公告信息等；填制专利基本情况调查表、专利收益法评估计算表或专利重置成本法评估计算表。

登录网站：http://epub.sipo.gov.cn

http://cpquery.sipo.gov.cn/

表5-6 **专利基本情况调查表**

被评估单位： 评估基准日： 年 月 日 编制人及日期：

项目名称			
专有技术名称			
专利所属行业		账面值	
使用权人		所有权人	
专有技术类别		设计资料/技术规范/工艺流程/材料配方/图纸/数据/知识/经验/技巧/其他	
具体内容	适用产品和领域		
	真实性、有效性、先进性、垄断性		
	成熟程度		

续 表

具体内容	经过的鉴定、验证等法律权属资料	
	能被保持的原因及预期的保持时间	
	改进技术的有关情况	
	类似或相关技术的有关情况	
	技术查新报告、技术(科技成果)鉴定报告、专家鉴定意见	
	实施的地域范围、领域范围	
	实施过程中受到的国家法律、法规或者其他资产的限制	
使用情况	经济、技术、设备、工艺、原材料、环境等方面的前提或基础条件	
	启用时间	
	使用范围	
	使用人数量	
	权利转让情况	
成本费用和历史收益情况	创制或购买、保持、改进等支出成本	
	使用、转让所带来的历史收益	
收益期和预期收益额有关情况	技术更新和新产品开发能力	
	经营管理能力	
	产品的技术寿命和经济寿命	
	单位售价	
	销售量	
	市场占有率和利润情况	
	同功能产品单位售价情况	
	主要竞争对象的市场占有率、盈利情况	
	获利能力	
	收益水平	
	宏观经济和行业前景、行业状况及发展前景、企业状况及发展前景	
其他状况	抵押、质押、担保及其他项权利	
	经济行为的可行性	
	存在或预计未来可能出现的有可能影响软件产品销售的政策限制	
	曾经做过的评估	
	曾经做过的交易	

表 5-7　　专利重置成本法评估计算表

资产占有单位名称：　　评估基准日：　年　月　日　　编制人及日期：

一、历史成本计算表								
年度 费用名称								
直接成本	能源、材料费							
	专用设备费							
	资料费							
	外协费							
	咨询鉴定费							
	培训费							
	差旅费							
	其他费用							
	研究人员工资							
间接成本	管理费							
	折旧费							
	摊派费							
	总计							

二、重置成本计算表			
年份	历史账面成本(万元)	物价变动指数	重置成本(万元)
……			
总计			

三、成新率＝尚可使用年限/法定使用年限×100%

四、评估值＝重置全价×成新率

表 5-8　　专利收益法评估计算表

资产占有单位名称：　　评估基准日：　年　月　日　　单位：万元

年份 费用名称							
销售额							
产品成本							
销售费用							
管理费							
其他费用							
经营利润							
所得税							
税后利润							
净现金流量							

续 表

费用名称 \ 年份							
折现系数							
净现值							
总净现值							
折现率的确定							
评估值							

学习情境 6

企业价值评估

学习目标

读者通过本情境学习，了解企业组织形式，熟悉企业价值的概念和构成，掌握企业价值影响因素，掌握运用收益法进行企业价值评估，理解企业价值评估的其他方法，从而具备初步的评估企业价值的能力。

引导案例

A 公司(非上市企业)是哈尔滨市一家水稻加工企业，主要产品为大米，市场销售一直比较稳定，多年来每年净收益为 100 万元左右。A 公司为 3 个自然人于 2002 年投资 500 万元组建的有限责任公司，甲作为股东之一持有 A 公司 50%的股权。2016 年 12 月，甲决定出国定居，拟全部转让其持有的 A 公司股权。

B 企业有意收购股东甲所持有的那部分股权，但双方协商交易价格时出现分歧。B 企业首先派调查员进入 A 公司，开展调查摸底。在调查 A 企业财务数据后，B 企业财务人员认为 A 企业全部实物资产不足 700 万元，只认可支付 350 万元(700×50%)交易对价。而甲认为其持有的股权每年为其产生 50 万元经济收益，且股权转让后 B 企业未来将无限期享受持续流入的经济收益，因此保守估计交易价格不能低于 5 000 万元(甲谦虚的给出 100 年收益期限，并认为这是下限，进而自认为 50 万元/年×100 年=5 000 万元属于比较保守价格)。5 000 万元与 350 万元的巨大心理落差让甲无法接受，收购谈判进入僵局。最终，双方决定聘请资产评估机构，并认可，该部分股权交易价格将根据资产评估机构出具的企业价值参考意见协商确定。

你作为受委托评估机构的评估人员，如何执行该项评估业务？你通过本情境课程学习，将了解企业组织形式，熟悉企业价值评估基本原理及企业价值评估基本方法运用，从而具备分析和解决企业价值评估实际问题的能力。

情景任务 6.1　认知企业价值评估

6.1.1　企业及其价值

1. 企业的概念及其特点

（1）企业的概念。企业是以盈利为目的，按照法律程序建立的经济实体，形式上体现为由各种要素资产组成并具有持续经营能力的自负盈亏的经济实体。现代企业不仅是一个经济组织，它的存在还必须接受一定的法律法规的约束。例如，我国《中华人民共和国公司法》《中华人民共和国合伙企业法》对企业的界定中，均强调企业是依法成立的社会经济组织，确定了企业的法律属性。

（2）企业的特点。

第一，合法性。企业是依法建立起来的经济组织，它的存在必须接受法律、法规的约束。对企业的判断和界定必须首先从法律、法规的角度，从合法性、产权状况等方面进行。

第二，盈利性。企业作为一种特殊的资产，其经营目的就是盈利。为了达到盈利的目的，企业需要在既定的生产经营范围内，以其生产工艺为主线，将若干要素资产有机组合并形成具有盈利能力的整体。

第三，整体性。构成企业的各种要素资产虽然具有不同功能，但只要它们在服从特定的系统目标前提下构成企业整体，其各种要素资产的功能就会产生相互补充，因此，它们可以被整合为具有良好整体功能的资产综合体。但是，有时构成企业的各种要素资产的个体功能良好，如果它们不能服从特定系统目标拼凑成企业，它们之间的功能可能就会不匹配，由此组合而成的企业整体功能也未必良好。因此，整体性是企业区别于其他资产的一个重要特征。

第四，持续经营与环境适应性。企业要实现其盈利的目的，就必须进行持续经营，在持续经营中不断创造收入、降低费用和成本。而企业要在持续经营中保证实现盈利目的，企业要对各种生产经营要素进行有效组合并保持最佳使用状态，企业还必须能够适应不断变化的各种外部环境及市场结构，并适时做出调整，包括生产经营方向、生产经营规模，即保持企业生产结构、产品结构与市场结构的协调。

第五，权益可分性。从企业作为生产经营能力和获利能力载体的角度看，企业具有整体性的特点，企业的要素资产是不能随意拆分的。但是，企业权益却具有可分性的特点，企业的权益可分为股东全部权益和股东部分权益。

（3）企业的组织形式。企业组织形式是指企业财产及其社会化大生产的组织状态，它表明一个企业的财产构成、内部分工协作与外部社会经济联系的方式。企业的类型一般划分为公司制企业、合伙企业和个人独资企业。

第一，公司制企业。公司是企业的一种重要组织形式。公司是企业法人，有独立的法人财产，享有法人财产权。公司以其全部财产对公司的债务承担责任。其主要形式分为有限责任公司和股份有限公司两种。有限责任公司的股东以其认缴的出资额为限对公司承担责任；股份有限公司的股东以其认购的股份为限对公司承担责任。

《公司法》第 3 条规定:"公司是企业法人,有独立的法人财产,享有法人财产权。公司以其全部财产对公司的债务承担责任。"根据该条规定,股东出资后,其用作出资的财产所有权即与股东相分离,转为公司所有的财产,由公司享有法人财产所有权,并依法实施占有、使用、收益和处分权,股东不能再直接支配出资财产。

一人有限责任公司是有限责任公司的一种特殊形式,是指只有一个自然人股东或者一个法人股东的有限责任公司。一个自然人只能投资设立一个一人有限责任公司。该一人有限责任公司不能投资设立新的一人有限责任公司。一人有限责任公司应当在公司登记中注明自然人独资或者法人独资,并在公司营业执照中载明。一人有限责任公司的股东不能证明公司财产独立于股东自己的财产的,应当对公司债务承担连带责任。

第二,合伙企业。合伙企业是由两个或两个以上的自然人通过订立合伙协议,共同出资经营、共负盈亏、共担风险的企业组织形式。合伙企业分为普通合伙企业(其中包括特殊的普通合伙企业)和有限合伙企业。

第三,个人独资企业。个人独资企业是指由一个自然人投资设立的营利性经济组织。企业财产为投资人个人所有,投资人以其个人财产对企业债务承担无限连带责任。个人独资企业不具有法人资格,也无独立承担民事责任的能力。但个人独资企业是独立的民事主体,可以以自己的名义从事民事活动。同时,个人独资企业的分支机构的民事责任由设立该分支机构的个人独资企业承担。个人独资企业的投资人只能是自然人,不包括法人。投资人只能是中国公民,不包括港、澳、台同胞。国家公务员、党政机关领导干部、法官、检察官、警官、商业银行工作人员等,不得投资设立个人独资企业。

个人独资企业的名称中不能出现"有限""有限责任"或者"公司"字样。

《个人独资企业法》第 17 条规定:"个人独资企业投资人对本企业的财产依法享有所有权,其有关权利可以依法进行转让或者继承。"《个人独资企业法》第 31 条明确规定:"个人独资企业财产不足以清偿债务的,投资人应当以其个人的其他财产予以清偿。"《个人独资企业法》第 18 条规定:"个人独资企业投资人在申请企业设立登记时明确以其家庭共有财产作为个人出资的,应当依法以家庭共有财产对企业债务承担无限责任。"

一人有限责任公司与个人独资企业均是市场法律主体,都是由一个投资主体创立的。两者在形式上有相似之处,但两者在本质上却存在根本区别。一人有限责任公司属于法定民事主体,具有法人资格,个人独资企业不具有。一人有限责任公司是独立的企业法人,股东仅以其所认缴的出资额为限对公司债务承担有限责任,但一人有限责任公司的股东不能证明公司财产独立于股东自己财产的,应当对公司债务承担连带责任。个人独资企业不是独立的企业法人,不具备法人资格,投资人以个人财产对企业债务承担无限责任。

2. 企业价值的概念

企业价值是企业获利能力的货币化体现。企业价值可定义为企业遵循价值规律,通过以价值为核心的管理,使所有与企业利益相关者(包括股东、债权人、管理者、普通员工、政府等)均能获得满意回报的能力。企业给予其利益相关者回报的能力越强,企业的价值就越高。而这个价值是可以通过其经济定义加以计量的。评估人员应从以下三个方面的特点理解企业价值:

(1) 企业价值是一个整体概念。企业的价值通常不能通过对企业所拥有的各项资产进行简单相加而得到,而是将企业的人力、物力、财力等生产经营要素整合到一起所体现出来的目前以及未来的获利能力。

(2) 企业价值受企业可存续期限的影响。企业价值依附于企业这一实体而存在,企业这一实体本身又具有生命周期。在企业的生命周期中,其发展、成长、成熟、衰退等不同阶段的企业价值也会有所不同。与其他资产相比,企业未来的存续期限往往是不确定的,很多时候难以预计,这对企业价值评估产生影响。

(3) 资产评估中的企业价值表现形式具有虚拟性。金融制度的变迁导致了企业的实体价值与虚拟价值并存,两者分别依托于实体经济和虚拟经济而存在。实体经济是指商品市场上进行的生产、流通、交换和消费活动以及自给自足等非商品的经济活动。企业的实体价值表现为企业在商品市场上的交易价格或资产价值(包括有形资产和无形资产)。虚拟经济是指金融市场上金融资产的形成和交易活动。企业的虚拟价值是指在金融市场上(特别是指股票市场)形成的企业虚拟资产(股票)的市场价格。在实体价值与虚拟价值并存的情况下,对企业价值的判断应综合考虑企业实体价值和虚拟价值带来的影响。

3. 企业价值与业务价值

业务是指企业内部某些生产经营活动或资产负债的组合,该组合具有投入、加工处理和产出能力,能够独立计算其成本费用或所产生的收入。比如企业的分公司、不具备独立法人资格的分部等。企业持有业务的目的,主要是为了向投资者提供回报,能够为企业的生产经营带来经济利益。业务与企业具有很多相同之处,都以获利为出发点,都考虑利益相关者的期望并承担社会责任,都能够独立计算经营收益。业务与企业的主要差异体现在主体资格方面。业务存在于企业内部,不是依法设立的实体组织。业务不具备独立法人资格,当然合伙企业和个人独资企业与业务一样不具备独立法人资格,从这个角度讲,业务与合伙企业和个人独资企业具有相似性。

对于存在多种业务类型、经营活动涉及多种行业的企业,可以将其不同的业务或业务单元进行拆分,拆分后的各项业务之间不再有相互依赖关系,各自独立为实体组织。因此,在资产评估实践活动中,可以将业务价值理解为企业价值的一种特殊形式。

在企业并购业务实践中,涉及业务并购的案例层出不穷。例如,联想于 2004 年与 IBM 签订资产购买协议,以 12.5 亿美元收购 IBM 的 PC 事业部(全球台式电脑和笔记本业务)。

4. 企业价值影响因素

影响和决定企业价值的因素很多,不同因素之间还可能相互作用。在企业价值评估实务中,通常是把企业置于发展的环境中,依次从宏观环境因素、行业发展状况和企业自身状况三个方面对影响企业价值的因素进行梳理,分别涉及宏观、中观和微观三个层次。

6.1.2 企业价值评估的概念和特点

企业价值评估,是指评估人员依据相关法律、法规和资产评估准则,对评估基准日特定目的下企业整体价值、股东全部权益价值或者股东部分权益价值等进行分析、估算并发表专业意见的行为和过程。

企业价值是企业在特定时期、地点和条件约束下所具有的持续获利能力的市场表现。企业价值评估具有以下特点:

(1) 从评估对象来看,企业价值评估的对象包括企业整体价值、股东全部权益价值和股东部分权益价值。而从企业价值评估的范围和资产构成看,企业价值评估的范围包括构成企业的全部要素资产,企业价值评估的范围涵盖了构成企业的所有单项资产及资产组合体。

(2) 从决定企业价值的因素来看,决定企业价值的因素是企业的整体获利能力。企业价值评估是对企业具有的潜在获利能力所能实现部分的估计。

(3) 企业价值评估是一种整体性评估，它充分考虑了企业各构成要素资产之间的匹配与协调，以及企业资产结构、产品结构与市场结构之间的协调，而并非企业各单项资产评估值的简单相加。

6.1.3　企业价值评估结果的价值类型

与其他资产评估结果的价值类型分类一样，企业价值评估结果的价值类型也包括市场价值和市场价值以外的价值两类。

企业价值评估中的市场价值，是指企业在评估基准日公开市场上正常使用状态下最有可能实现的交换价值的估计值。评估企业的市场价值要求评估人员在评估时所使用的信息资料都来源于市场，即使是企业提供的并且是真实的数据资料，评估人员也需要进行认真分析，判断这些信息资料是否属于公开市场信息，用于企业市场价值评估的信息资料必须是公开市场信息。由于评估企业价值的市场价值所依据的信息资料都来源于公开市场，因此，企业价值评估中的市场价值的公允合理性是面向整个市场的，而不是针对某个特殊投资者的。

企业价值评估中的市场价值以外的价值并不是一种具体的企业价值存在形式，它是一系列不符合企业价值评估中的市场价值定义条件的价值形式的总称或组合。企业价值评估中的市场价值以外的价值也是企业公允价值的具体表现形式，企业价值评估中的市场价值以外的价值主要包括投资价值、持续经营价值、保险价值、清算价值等。

投资价值是指企业对于具有明确投资目标的特定投资者或某一类投资者所具有的价值。如企业并购中的被评估企业对于特定收购方的收购价值；关联交易中的企业交易价值；企业改制中的管理层收购价值等。企业的投资价值可能正好等于企业的市场价值，也可能高于或低于企业的市场价值。

持续经营价值是指被评估企业按照评估基准日时的用途、经营方式、管理模式等继续经营下去所能实现的预期收益(现金流量)的折现值。企业的持续经营价值是一个整体的价值概念，是相对于被评估企业自身既定的经营方向、经营方式、管理模式等所能产生的现金流量和获利能力的整体价值。由于企业的各个组成部分对企业的整体价值都有相应的贡献，企业持续经营价值可以按企业各个组成部分资产的相应贡献被分配给企业的各个组成部分资产，即构成企业各局部资产的在用价值。

保险价值是指根据企业的保险合同或协议中规定的价值定义所确定的价值。

清算价值从性质上讲，是指企业处于清算、迫售、快速变现等非正常市场条件下所具有的价值。从数量上看，企业的清算价值是指企业停止经营，变卖所有的企业资产所得现金减去所有负债后的余额。破产清算企业的价值评估，不是对企业持续经营前提下的价值揭示，该类企业作为生产要素整体继续经营已经不经济了，或者说企业作为生产要素整体已经丧失了盈利能力，因而也就不具有通常意义上的持续经营企业所具有的价值，对破产清算企业进行价值评估，实际上是对该企业的单项资产的变现价值之和进行判断和估计。在企业作为生产要素整体继续经营已经不经济或者已经丧失了盈利能力的情况下，企业在清算前提下的清算价值并不必然小于企业在持续经营前提下的价值。如果出现了企业生产要素整体继续经营已经不经济或者已经丧失了盈利能力这种情况，评估人员可以向委托方提出咨询建议，建议相关权益人启动被评估企业的清算程序。如果相关权益人有权启动被评估企业的清算程序，评估人员应当根据委托，分析被评估企业在清算前提下价值大于在持续经营前提下价值的可能性。

以上是按正常情况下企业价值评估中价值类型的基本分类，由于我国市场发育程度较低，经济处于转型时期，许多企业产权变动与经济体制改革相关联，在企业产权变动中经常要体现政府的政策因素，产权变动中的企业价值也经常有别于规范市场经济条件下企业价值类型。企业价值评估通常涉及企业兼并重组，但由于产权模糊，导致兼并主体不明确，企业作为受托人无权决定是否兼并而由政府决定兼并。许多国有企业的产权主体由国家代为行使，致使它们之间的并购事实上是在同一产权主体下的交易行为，对企业交易的评估通常选择市场价值以外的价值类型。

6.1.4 企业价值评估的目的

在企业价值评估中，由于不同的评估目的及评估对象不同，所以对评估方法的选择也会不同。一般来说企业价值评估目的有以下几种。

1. 企业的买卖出售

企业出售是指对独立核算的子公司或企业内设的分厂、车间及其他整体性资产的出售。在出售方做出出售决策之前，会考虑出售的价值问题，设定出售的底价，对于有意购买的买方来讲，也要估计将要购买的资产的价值。

2. 企业清算

企业清算是指依据《中华人民共和国企业破产法》的规定，在企业破产时进行清算；或依照国家有关规定对企业改组、合并、撤销法人资格等进行清算；或企业按照合同、契约、协议规定终止经营活动的清算。当企业发生上述清算业务时，都需要对企业的价值有一个合理的估计。

3. 企业合并

企业之间进行合并，合并过程中的各方都需要对各自的企业价值进行必要的合理估计，以合理协调合并各方的利益。

4. 税收

在西方国家，如果进行企业或单独某个部门的交易，都必须依照法律缴税，因而，必须首先确定企业交易的课税价值，对企业价值进行评估。

5. 财务管理

由于财务管理目的是企业价值最大化，也就是在权衡企业相关者利益的约束下实现所有者或股东权益的最大化。对于企业的管理者来讲，在其任期内是否增加了企业价值，企业价值增加了多少，就可能需要对企业价值进行评估。

6.1.5 企业价值评估范围的界定

1. 企业价值评估对象和范围

根据评估目的、评估结果的不同用途，以及企业价值评估时的条件等，企业价值评估对象通常分为整体企业权益、股东全部权益和股东部分权益三种。

（1）整体企业权益是指企业总资产价值减去企业负债中的非付息债务价值后的余值，或用企业所有者权益价值加上企业的全部付息债务价值表示。企业整体价值反映了投资资本价值（或投资总额）。评估实践中，评估得出的整体企业权益价值通常并非最终要达到的目的，而是为评估股东全部权益价值而采用的中间过程。

(2) 股东全部权益价值是指企业的所有者权益价值或净资产价值。

(3) 股东部分权益价值是指企业一部分股权的价值,或股东全部权益价值的一部分。

股东部分权益价值概念并不难理解,但由于存在着控股权溢价和少数股权折价因素,评估人员应当知晓股东部分权益价值并不必然等于股东全部权益价值与股权比例的乘积。在评估实务中,股东部分权益价值的评估通常是在得到股东全部权益价值后再来评定,评估人员应当在适当及切实可行的情况下考虑由于控股权和少数股权等因素产生的溢价或折价,应当在评估报告中披露是否考虑了控股权和少数股权等因素产生的溢价或折价。

企业价值评估的一般范围,就是为进行企业价值评估所应进行的具体工作范围,通常是指企业产权涉及的具体资产范围。不论是进行整体企业权益价值评估、股东全部权益价值评估,还是进行股东部分权益价值的评估,都要求对企业进行整体性评估。因而,企业价值评估的工作范围必然要涉及企业产权内的所有资产。从产权的角度看,企业价值评估的一般范围应该是企业产权涉及的全部资产,包括以下几个方面:

(1) 企业产权主体自身拥有并投入经营的资产。

(2) 企业产权主体自身拥有但未投入经营的资产。

(3) 不为企业产权主体自身占有及经营,但可以由企业产权主体控制的资产,如企业在全资子公司、控股子公司以及非控股公司中投资的资产。

(4) 企业拥有的非法人资格的派出机构、分部及第三产业。

(5) 企业实际拥有但尚未办理产权的资产等。

由于界定企业价值评估的一般范围存在复杂性,因而评估人员在企业价值评估业务中,在界定企业价值评估的一般范围时,一般应根据以下有关数据资料进行:

(1) 企业价值评估申请报告及上级主管部门批复文件所规定的评估范围。

(2) 企业有关产权转让或产权变动的协议、合同、章程中规定的企业资产变动的范围。

(3) 企业有关资产产权证明、投资协议、财务报表。

(4) 其他相关资料等。

2. 企业价值评估中的有效资产和无效资产

企业价值的形成基于企业整体盈利能力,评估人员判断估计企业价值,就是要正确分析和判断企业的盈利能力。企业是由各类单项资产组合而成的资产综合体,这些单项资产对企业盈利能力的形成具有不同的作用和贡献。评估人员需要将企业价值评估一般范围内的具体资产按照其在企业中发挥的功效,划分为有效资产和无效资产。

有效资产是指企业中正在运营或虽未正在运营但具有潜在运营能力,并能对企业盈利能力做出贡献、发挥作用的资产。

无效资产是指企业中不能参与生产经营,不能对企业盈利能力做出贡献的非经营性资产、闲置资产,以及虽然是经营性的资产,但在被评估企业已失去经营能力和获利能力的资产的总称。

将企业价值评估一般范围内的具体资产按其在企业盈利能力的形成过程中是否做出贡献划分为有效资产和无效资产,目的在于要正确揭示企业价值。企业的盈利能力是企业中有效资产共同作用的结果,有效资产是企业价值评估的基础,无效资产虽然也可能有交换价值,但无效资产的交换价值与有效资产价值的决定因素、形成路径是有差别的。要正确揭示和评价企业价值,就需要将企业价值评估一般范围内的有效资产和无效资产进行正确界定与区分，将企业的有效资产作为企业价值评估的基本范围或具体操作范围，对无效资产单独进行评估或其他技术处理。

有效资产和无效资产划分得是否合理将直接影响运用不同评估方法评估企业价值结果的合理性和可信程度，有效资产和无效资产的正确划分也是运用多种评估方法进行企业价值评估的重要前提。

在界定企业价值评估一般范围及有效资产与无效资产时，应注意以下几个方面：

(1) 对于在评估基准日产权不清晰的资产，应划为"待定产权资产"，可以列入企业价值评估的一般范围，但应做特殊处理和说明，并需要在评估报告中恰当披露。

(2) 在产权清晰的基础上，对企业的有效资产和无效资产进行区分。

(3) 在企业价值评估中，对无效资产有以下两种处理方式。

第一，进行"资产剥离"，将企业的无效资产在进行企业价值评估前单独剥离出去，无效资产的价值作为独立的部分进行单独处理，不作为企业价值的组成部分，并在企业价值评估报告中予以披露。

第二，将企业的无效资产在进行企业价值评估前单独剥离出去，用适合无效资产的评估方法对其进行单独评估，将其评估值加总到企业价值评估的最终结果之中，并在评估报告中予以披露。

(4) 如果企业拟通过"填平补齐"的方法对影响企业盈利能力的薄弱环节进行改进时，评估人员应着重判断该改进对正确揭示企业盈利能力的影响。一般来讲，该改进应主要针对由工艺"瓶颈"和资金"瓶颈"等因素所导致的企业盈利能力的薄弱环节进行。

情景任务 6.2　企业价值评估的基本程序

6.2.1　企业价值评估中需要明确的基本事项

根据企业价值评估的特点，评估人员在进行企业价值评估时，应当明确下列基本事项：

(1) 委托方的基本情况。

(2) 委托方以外的其他评估报告使用者。

(3) 被评估企业的基本情况。

(4) 评估目的。

(5) 评估对象及其相关权益状况。

(6) 价值类型及其定义。

(7) 评估基准日。

(8) 评估假设及限定条件。

(9) 评估人员认为需要明确的其他事项。

6.2.2　评估工作方案的制定

一般来说，企业价值评估涉及面大、内容复杂、工作任务繁重，工作中首先要做好总体工作规划，合理安排工作进度，优化配置工作资源，及时沟通信息，保证各环节有序进行。

6.2.3　信息资料收集与现场勘查相结合

评估人员在进行企业价值评估时，应当收集与被评估企业相关的信息资料。这些资料通常包括：

(1) 被评估企业类型、评估对象相关权益状况及有关法律文件。

(2) 被评估企业的历史沿革、现状和前景。

(3) 被评估企业内部管理制度、核心技术、研发状况、销售网络、特许经营权、管理层构成等经营管理状况。

(4) 被评估企业历史财务资料和财务预测信息资料。

(5) 被评估企业资产、负债、权益、盈利、利润分配、现金流量等财务状况。

(6) 评估对象以往的评估及交易情况。

(7) 可能影响被评估企业生产经营状况的宏观、区域经济因素。

(8) 被评估企业所在行业的发展状况及前景。

(9) 参考企业的财务信息、股票价格或股权交易价格等市场信息，以及以往的评估情况等。

(10) 资本市场、产权交易市场的有关信息。

(11) 评估人员认为需要收集分析的其他相关信息资料。

评估结论的形成是评估专业人员根据收集的相关信息，遵循评估准则的要求，按照一定的技术路径进行的专业判断过程。评估结论需要相应的评估信息资料支持，信息资料质量的高低直接影响评估人员专业判断所形成的评估结论的可靠性。因此，评估人员应当高度重视评估对象相关信息资料的收集、整理和分析。

信息资料的获得过程与评估人员对被评估企业的现场勘查工作紧密联系，通过现场勘查了解企业历史沿革、企业现状、管理层收入状况、企业市场状况、企业财务状况，并针对勘查范围内的实物资产展开调查。

6.2.4　评估方法的选择运用

评估人员执行企业价值评估业务，应当根据评估对象、价值类型、资料收集情况等相关条件，分析收益法、市场法和成本法三种资产评估基本方法的适用性，恰当选择一种或多种资产评估基本方法。

由于企业价值评估的特殊性和复杂性，一般情况下不宜单独使用成本法评估企业价值。因此在评估方法选择过程中，应尽可能选择多种评估方法。如果确实受到条件限制，只能选择成本法时，应在评估报告中做出说明。

根据评估目的和被评估企业在评估基准日的经营状况以及面临的市场条件的影响，利用所选择的评估方法和所收集的信息资料，对影响企业价值的各种因素进行系统、全面地分析，在充分分析的基础上，综合判断企业价值。

6.2.5　撰写企业价值评估报告

评估人员在完成上述企业价值评估程序后，根据评估项目的性质和委托方以及相关当事方的要求，选择恰当的报告形式出具企业价值评估报告。

情景任务 6.3　收益法在企业价值评估中的应用

6.3.1　企业价值评估时采用收益法的思路

企业价值评估中的收益法，是指通过将被评估企业预期收益资本化或折现以确定评估对象价值的评估思路。运用收益法评估企业价值，就是要根据企业未来预期收益的具体形式和持续时间，按照适当的方式和折现率或资本化率将其折现，并以收益现值作为企业评估价值的方法。收益法只适用于持续经营假设前提下的企业价值评估。运用收益法时先要判断企业是否处于持续经营状态。

持续经营假设是指在企业价值评估时，假定企业将按原来的经营目的、经营方式持续经营下去。在判断企业是否能够持续经营时应考虑以下方面的问题：

(1) 评估目的。引起本次企业价值评估的经济活动或资产业务是否要求企业持续经营，或评估结果的具体用途是否要求企业以持续经营为前提。

(2) 企业提供的产品或服务是否满足市场需要。若企业提供的产品或服务不能满足市场需要，企业无预期收益，则不能采用持续经营假设。

(3) 企业要素资产的功能和状态。若企业各项要素资产破损严重，工艺落后或各项资产比例严重失调，不能满足企业持续经营的需要，也不能采用持续经营假设。

6.3.2　企业价值评估时采用收益法的计算公式

在企业价值评估中，收益法常用的两种具体方法是未来收益资本化法和未来收益折现法。具体包括以下两个方面。

1. 未来收益资本化法

企业在永续持续经营假设下，采用收益法评估企业价值的计算公式如下：

(1) 年金法。在收益额永续，各因素不变的条件下，其计算公式为：

$$P=\frac{R}{r} \qquad (6-1)$$

式中：P——企业评估价值；

R——未来每年的预期收益额；

r——资本化率。

(2) 分段法。分段法将持续经营的企业的收益期分成两段，对于前段企业的预期收益采取逐年预测、折现累加的方法，对于后段企业的预期收益则假定为某一固定值永续，对其折现或资本化，将企业前后两段收益的现值相加，即可得出企业评估价值。其计算公式为：

$$P=\sum_{i=1}^{n}\frac{R_i}{(1+r)^i}+\frac{R_n}{r\,(1+r)^n}$$

或：

$$P=\sum_{i=1}^{n}R_i(P/F,r,i)+\frac{R_n}{r}(P/F,r,n) \qquad (6-2)$$

式中：P——企业评估价值；

i——年序号；

R_i——未来第 i 年的预期收益额；

r——折现率或资本化率；

n——收益年期。

假设从第 $n+1$ 年起，企业每年收益按固定比率 g 递增，则分段法计算公式为：

$$P=\sum_{i=1}^{n}\frac{R_i}{(1+r)^i}+\frac{R_n(1+g)}{(r-g)(1+r)^n} \tag{6-3}$$

2. 未来收益折现法

企业在非永续持续经营假设下，采用收益法评估企业价值的计算公式为：

$$P=\sum_{i=1}^{n}\frac{R_i}{(1+r)^i} \tag{6-4}$$

式中：P——企业评估价值；

i——年序号；

R_i——未来第 i 年的预期收益额；

r——折现率或资本化率；

n——收益年期。

6.3.3 企业价值评估时采用的收益法中相关因素的估算

1. 企业收益的确定及其估算

(1) 企业收益的概念。企业收益是指企业在未来正常的生产经营条件下，可以获取的货币净收入。企业收益包括三个方面的含义：

第一，企业收益是未来收益。企业收益必须是未来年可以获取的收益，而不是以前和现在的收益。所以，评估人员应对企业未来收益进行合理的预测。企业过去和现在的收益仅是预测未来收益的基础和依据。

第二，企业收益是正常收益。企业收益应该是未来正常年份，在经营的内外部环境没有发生明显变化的情况下，可持续不断获取的收益。

第三，企业收益是权益收益。在企业中，凡是不归投资者所有的收入不能作为企业收益的组成部分，凡是归投资者所有的企业净收支，如营业外净收支、投资收益等均为企业收益。

企业价值评估中企业收益的特点是从企业产权发生变动、为确定企业交易价格这一特定目的出发，从潜在投资人的角度来看，其所分享的收益只能是未来正常情况下该企业所获得的净收入。

(2) 企业收益口径的选择。在企业价值评估中，常用的企业收益形式有净利润、息前税后利润、现金净流量等。

A. 净利润。净利润是指企业在未来经营期内所获得的归企业所有者支配的净收益。在我国企业价值评估实务中，常常采用净利润作为企业收益，这与净利润易于取得和易于估算有关。但是净利润容易受到企业采取的不同会计政策的影响，具有较大的调节空间。同时净利润也未考虑资本性支出、营运资本支出等因素对企业价值的影响。

B. 息前税后利润。其计算公式为：

$$\text{息前税后利润}=\text{净利润}+\text{长期负债利息}\times(1-\text{所得税税率}) \tag{6-5}$$

C. 现金净流量。现金净流量是指企业在未来生产经营过程中现金流入量与流出量的差额，它包括企业在未来的一切收支净额，无论是营业收支、投资收益等，只要形成现金净流量都要看作收益。现金流量包括企业所产生的全部现金流量（企业自由现金流量）和属于股东权益的现金流量（权益自由现金流量）两种口径。

第一，企业自由现金流量是指归属于包括股东和付息债权人在内的所有投资者的现金流量，其计算公式为：

企业自由现金流量 = 净利润 + 折旧和摊销 − 资本性支出 − 净营运资金增加 (6-6)

第二，权益自由现金流量是指归属于股东的现金流量，是扣除还本付息以及用于维持现有生产和建立将来增长所需的新资产的资本性资产和营运资金变动后剩余的现金流量，其计算公式为：

权益自由现金流量 = 净利润 + 折旧和摊销 − 资本性支出 − 净营运资金增加 − 付息债务增加 (6-7)

【例6-1】 企业自由现金流量和权益自由现金流量的计算举例，如表6-1所示。

由于现金流量更能真实、准确地反映企业运营的收益，因此，在国际上较为通行采用现金流量作为收益指标来估算企业的价值。

在企业价值评估业务中，息前税后利润和企业自由现金流量用于评估企业整体价值，净利润和权益自由现金流量用于评估股东全部权益价值。

表6-1 **现金流量计算表** 单位：万元

项目 \ 收益口径	企业自由现金流量	权益自由现金流量
净利润	2 000	2 000
加：折旧摊销	200	200
加：利息费用（扣除税务影响）	225	不适用
减：营运资金的增加	800	800
减：资本性支出	1 200	1 200
减（加）：付息债务的减少（增加）	不适用	(50)
自由现金流量	425	250

注：假设利息费用为300万元，所得税税率为25%，则税后利息费用=300×(1−25%)=225(万元)

(3) 影响企业收益的因素。影响企业收益的因素有多种，一般来讲，分为外部宏观因素和内部微观因素。

A. 外部宏观因素。外部宏观因素包括国民经济地区及行业因素和市场供求因素等。

第一，国民经济地区及行业因素。任何企业的运营都处于一个国家的一个地区、行业之中，其收益必然要受到国民经济的总体运行状况、经济周期以及行业和地区发展情况的影响，国家的产业政策、行业规划、地区发展政策、价格政策、税收政策等国内宏观经济政策对企业的影响是显而易见的。这一类因素主要有：产业政策、行业规划，基建投资和技术改造政策，财政政策、税收政策，金融和货币政策、利率、金融市场的开放程度，就业政策和收入分配政策，社会保障政策，外贸政策、对外开放政策、外汇政策，国家经济政策的重大调整等。评估人员应该注意到，企业的收益往往与所处行业的发展密切相关，因此，在这一类因素中，评估人员尤其应关注相关行业的收益水平及其未来变化趋势,国家对该行业甚至该企业的现行政策及其变化的可能性。

第二,市场的供求因素。首先是需求因素,在市场经济条件下,市场需求制约着企业的生存和发展,对企业的收益状况有着重要影响。而需求又受到多种因素影响,如消费者偏好的变化,人们可支配收入的变化,产品市场价格及其变动情况,产品的技术含量与技术更新速度等;其次是供给因素,即企业生产要素的供给保障及价格变化,包括原材料、能源、资金、技术、劳动力、运输等多个方面。他们的供给能否得到保障,直接关系到企业能否开工和开工率的高低,而他们的价格变化又造成了企业产品生产成本的变化,因而对企业收益有至关重要的影响。

B. 内部微观因素。内部微观因素包括财务因素和企业经营与技术开发因素。

第一,财务因素。财务因素是运用收益法评估企业价值的基础性因素。在收益预测中,其基本的依据是对企业财务状况的分析,尤其是财务比率的分析,如反映偿债能力的流动比率、反映获利能力的各种利润率等,在众多的比率中,评估人员应关注的是资产收益率、投资资本收益率和销售利润率。

第二,企业经营管理与开发因素。企业的经营管理水平对企业的收益水平和获利能力有着重要的影响,其中,营销策略、公共关系、企业形象、职工凝聚力、企业管理人员的素质、企业文化、企业内部经营管理机制等都是影响收益的经营管理因素。开发因素包括产品开发、技术开发、市场开发等,开发因素不仅影响企业的收益状况,同时也对企业未来的获利能力产生深远的影响。

对影响企业收益的因素进行分析,其目的在于找到影响收益的主要因素,以及这些主要因素在未来年度内的变动趋势,从而为预测企业未来收益提供线索。

(4) 企业收益预测的方法。企业预期收益的预测是评估人员运用具体的技术方法和手段对企业预期收益进行测算,在一般情况下,企业的收益预测分两个时间段,对于已步入稳定期的企业而言,收益预测的分段较为简单:一是对企业评估基准日后前若干年的收益进行预测;二是对企业评估基准日后若干年后的各年收益进行预测。

对企业评估基准日后前若干年的收益进行预测,若干年一般取 5 年。对评估基准日后前若干年的收益预测是在评估基准日调整的企业历史收益的基础上,结合影响企业收益实现的主要因素在未来预期变化的情况,采用适当的方法进行的。目前,较为常用的方法有综合调整法、产品周期法、时间趋势法等。企业收益的预测,一般经过以下步骤:

首先,进行预测的前提条件的设定。预测的前提条件包括:国家的政治、经济等政策变化对企业预期收益的影响,一般情况下假定其将不会对企业预期收益构成重大影响;不可抗拒的自然灾害或其他无法预期的突发事件,不作为预测企业收益的相关因素考虑;企业经营管理者的某些个人行为也未在预测企业收益时考虑等。

其次,对企业评估基准日后若干年的预期收益进行预测。预测的主要内容有:对影响被评估企业及所属行业的特定经济及竞争因素的估计;未来若干年市场的产品或服务的需求量或被评估企业市场占有份额的估计;未来若干年销售收入的估计;未来若干年成本费用及税金的估计;完成上述生产经营目标需追加投资及技术、设备更新改造因素的估计;未来若干年预期收益的估计等。进行企业收益的预测时,评估人员不能不加分析地直接引用企业或其他机构提供的数据,应把企业或其他机构提供的有关资料作为参考,在经过充分分析论证的基础上做出独立的预测判断。

最后，运用利润表或现金流量表的形式表现预测企业收益的结果。企业收益预测表，如表6－2所示。采用利润表或现金流量表的形式表现预测企业收益的结果通俗易懂，便于理解和掌握。用利润表或现金流量表来表现企业预期收益的结果，并不是说企业预期收益的预测就相当于企业利润表或现金流量表的编制。企业收益预测的过程是一个比较具体、需要大量数据并运用科学方法的分析计算过程。用利润表或现金流量表表现的仅仅是该过程的结果。所以，企业的收益预测不能简单地等同于企业利润表或现金流量表的编制，而是利用利润表或现金流量表的已有栏目或项目，通过对影响企业收益的各种因素变动情况的分析，在评估基准日企业收益水平的基础上，对表内各项目（栏目）进行合理的测算、汇总分析得到所测年份的各年企业收益。

表6－2　　　　收益预测表　　　　单位：万元

项目＼年份	20××年	20××年	20××年	20××年	20××年
一、营业收入					
减：营业成本					
其中：折旧					
销售费用					
管理费用					
财务费用					
加：投资收益					
二、营业利润					
加：营业外收入					
减：营业外支出					
三、利润总额					
减：所得税费用					
四、净利润					
加：折旧和无形资产摊销					
减：追加资本性投资					
五、净现金流量					

企业未来前若干年的预期收益的测算可以通过一些具体的方法进行，而对于企业未来更久远的年份的预期收益，则难以具体地进行测算。可行的方法是在企业未来前若干年收益测算的基础上，从中找出企业收益变化的趋势，并借助某些手段，诸如采用假设的方式把握企业未来长期收益的变化区间和趋势。一个假设是保持假设，即假设企业未来若干年以后各年的收益水平维持在一个相对稳定的水平上不变；另一个假设是递增假设，假设企业收益在未来若干年以后将在某个收益水平上，每年保持一个递增比率等。但是评估人员应该注意，不论采用何种假设，都必须建立在合乎逻辑、符合企业实际的基础上，以保证企业预期收益预测的相对合理性和准确性。

2. 折现率和资本化率及其估算

折现率是将未来有限期收益还原或转换为现值的比率；资本化率是指将未来非有限期收益转换成现值的比率，资本化率在资产评估业务中有着不同的称谓：资本化率、本金化率、还原利率等,折现率和资本化率在本质上是相同的,都属于投资报酬率。作为投资报酬率通常由两部分组成:一是无风险报酬率;二是风险投资报酬率。无风险报酬率取决于资金的机会成本,即正常的投资报酬率不能低于该投资的机会成本,这个机会成本通常以政府发行的国库券利率和银行储蓄利率作为参照依据;风险报酬率的高低主要取决于投资风险的大小,风险大的投资,要求的风险报酬率就高。从理论上说,折现率与资本化率并不一定完全相等,它们既可以相等也可以不相等,这主要取决于评估人员对企业未来有限经营期与永续经营期的风险的判断。

(1) 折现率选择的原则。

第一,不低于无风险报酬率的原则。在存在正常资本市场和产权市场的条件下,政府债券利率和银行存款利率是投资者进行投资并考虑和权衡投资报酬率时必须考虑的基本因素。如果折现率小于无风险报酬率,就会导致投资者将资金转存银行或购买无风险国债,而不愿去冒险进行得不偿失的投资。

第二,以行业平均报酬率为基准的原则。一般来说,投资者由于各自的偏好不同,投资的领域也不同。因此,在评价各种投资方案的优劣时,需要以市场平均报酬率作为统一尺度来进行衡量。但是,市场平均报酬率一般很难求得,而行业平均报酬率可以根据国家公布的有关统计数据计算出来,因此,行业平均报酬率可以取代市场平均报酬率作为确定折现率的基准。

第三,折现率与收益额相匹配的原则。折现率的选取要与企业的预期收益相匹配。通常情况下,如果预期收益中考虑了通货膨胀因素和其他因素的影响,在折现率中也应该有所体现;反之,如果预期收益中没有考虑通货膨胀因素和其他因素,那么,在折现率中也不应包含通货膨胀率。

第四,根据实际情况确定的原则。在企业价值评估中,不存在适用于所有企业的统一的折现率,适用的折现率要根据被评估企业的实际情况确定。

(2) 风险报酬率的确定。企业在未来的经营中要面临多种风险,从投资者角度看,承担了风险,就要得到相应的补偿。承担的风险越高,要求补偿的数额就越大。风险补偿额相对于风险投资额的比例称为风险报酬率。评估人员在估测风险报酬率之前,应先进行风险分析,分析企业生产经营活动可能面临的各种风险。

第一,风险分析。企业面临的风险主要有行业风险、经营风险、财务风险、其他风险等。

行业风险是指企业所在行业的市场特点、投资开发特点以及国家产业政策调整等因素造成的行业发展给企业未来预期收益带来的不确定性影响。

经营风险是指企业在经营过程中,由于市场需求变化、生产要素供给条件变化以及同类企业间的竞争给企业的未来预期收益带来的不确定性影响。经营风险主要来自市场销售、生产成本、生产技术等方面。

财务风险是指企业在经营过程中的资金融通、资金调度、资金周转等给企业未来预期收益带来的不确定性影响。

其他风险主要是外部环境变化给企业的未来预期收益带来的不确定性影响,如天灾、经济景气程度、通货膨胀、有协作关系的企业违约等。

第二,风险报酬率的确定方法。在测算风险报酬率时,评估人员应注意以下几个方面的因素:①国民经济增长率及被评估企业所在行业在国民经济中的地位;②被评估企业所在行业的发展状况及被评估企业在行业中的地位;③被评估企业所在行业的投资风险;④企业在

未来的经营中可能承担的风险等。在企业价值评估中,风险报酬率的确定有以下几种方法:

第一种,风险累加法。企业在其持续经营过程中可能要面临多种风险,像前面已经提到的行业风险、经营风险、财务风险、其他风险等,风险累加法是将企业可能面临的风险对回报率的要求予以量化并累加,便可得到企业的风险报酬率。其计算公式为:

$$\text{风险报酬率}=\text{行业风险报酬率}+\text{经营风险报酬率}+\text{财务风险报酬率}+\text{其他风险报酬率} \quad (6-8)$$

量化上述各种风险所要求的回报率,可以采取参照物类比加经验判断的方式测算。它要求评估人员充分了解国民经济的运行态势、行业发展方向、市场状况、同类企业竞争情况等。只有在充分了解和掌握上述数据资料的基础上,对于风险报酬率的判断才能较为客观合理。当然,在条件许可的情况下,评估人员应尽量采取统计和数理分析方法对风险回报率进行量化。

第二种,β 系数法。β 系数法系数法主要用于估算被评估企业(或被评估企业所在行业)的风险报酬率。其基本思路是,被评估企业(或行业)风险报酬率是社会平均风险报酬率与被评估企业(或被评估企业所在行业)风险和社会平均风险的相关系数(β 系数)的乘积。

β 系数是指某个上市公司的风险水平相对于风险充分分散的市场投资组合的风险水平的比值,在企业价值评估实践中,有时也将 β 系数作为代表相对于风险充分分散的市场投资组合而言的某个行业的系统风险,在市场经济成熟的国家和地区,β 系数可以采用参照行业比较法、参照企业比较法以及相关的数学模型测算。在我国可通过有关证券公司网站查阅上市公司的 β 系数。

β 系数法估算风险报酬率的步骤如下:

第一步,将市场期望报酬率扣除无风险报酬率,求出市场期望平均风险报酬率。

第二步,将企业(或企业所在行业)的风险与风险充分分散的市场投资组合的风险水平进行比较,求出企业(企业所在行业)的 β 系数。

第三步,用市场平均风险报酬率乘以企业(或企业所在行业)的 β 系数,便可得到被评估企业(或企业所在行业)的风险报酬率。

其计算公式为:

$$R_r=(R_m-R_g)\times\beta \quad (6-9)$$

式中:R_r——被评估企业的风险报酬率(或被评估企业所在行业的风险报酬率);

R_m——市场期望报酬率;

R_g——无风险报酬率;

β——被评估企业(或企业所在行业)的 β 系数。

上式中,如果 β 系数是被评估企业所在行业的 β 系数,而不是被评估企业的 β 系数,则需要再考虑企业的规模、经营状况及财务状况,确定企业在其所在的行业中的地位系数,即企业特定风险调整系数(α),然后与企业所在行业的风险报酬率相乘,求得该企业的风险报酬率(R_q)。其计算公式为:

$$R_r=(R_m-R_g)\times\beta\times\alpha \quad (6-10)$$

式中:R_r——被评估企业的风险报酬率(或被评估企业所在行业的风险报酬率);

R_m——市场期望报酬率;

R_g——无风险报酬率；

β——被评估企业（或企业所在行业）的 β 系数；

α——企业风险调整系数。

（3）折现率的测算方法。折现率的测算通常采用三种方法，即累加法、资本资产定价模型和加权平均资本模型。

第一，累加法。也称为直接计算法，是采用无风险报酬率加风险报酬率的方式确定折现率（资本化率）。如果风险报酬率是通过 β 系数法或资本资产定价模型估测出来的，则累加法测算的折现率（资本化率）适用于股权收益的折现或资本化。其计算公式为：

$$\text{折现率} = \text{无风险报酬率} + \text{风险报酬率} \tag{6-11}$$

第二，资本资产定价模型（CAPM）。资本资产定价模型是用来测算权益资本折现率的一种工具，其计算公式为：

$$R = R_{f1} + (R_m - R_{f2}) \times \beta \times \alpha \tag{6-12}$$

式中：R——企业价值评估中的折现率（资本化率）；

R_{f1}——现行无风险报酬率；

R_m——历史平均市场期望报酬率；

R_{f2}——历史平均无风险报酬率；

β——被评估企业所在行业权益系统风险系数；

α——企业特定风险调整系数。

第三，加权平均资本成本模型（WACC）。加权平均资本成本模型是以企业的所有者权益和企业负债所构成的全部资本，以及全部资本所要求的回报率，经加权平均计算来获得企业价值评估所需折现率（资本化率）的一种数学模型。其计算公式为：

$$R = \frac{E}{D+E} \times K_e + \frac{D}{D+E} \times (1-T) \times K_d \tag{6-13}$$

式中：$\frac{E}{D+E}$——权益资本占全部资本比重；

$\frac{D}{D+E}$——债务资本占全部资本比重；

K_e——权益资本要求的回报率；

K_d——债务资本要求的回报率；

T——被评估企业适用的所得税税率。

上述公式也可表达为：

$$\text{折现率} = \frac{\text{长期负债占}}{\text{投资资本的比重}} \times \frac{\text{长期负}}{\text{债成本}} + \frac{\text{所有者权益占}}{\text{投资资本的比重}} \times \frac{\text{净资产要求的}}{\text{投资回报率}} \tag{6-14}$$

式中，长期负债成本是扣除所得税后的负债成本。该折现率用于估算企业投资资本的价值（即企业整体价值）。

式（6－13）和式（6－14）中，权益资本要求的回报率＝无风险报酬率＋风险报酬率。

（4）收益额与折现率口径一致的问题。根据不同的评估目的和评估价值目标，用于企业价值评估的收益额可以有不同的口径，如净利润、净现金流量（股权自由现金流量）、息前净利润、息前净现金流量(企业自由现金流量)等。而折现率作为一种价值比率,就要注意折现率的计算口径。有些折现率是从股权投资回报率的角度考虑,有些折现率既考虑了股权投资的回报率同时又考虑了债权投资的回报率,净利润、净现金流量(股权自由现金流量)是股权收益形式,因此只能用股权投资回报率作为折现率。而息前净利润、息前净现金流量(企业自由现金流量)等是股权与债权收益的综合形式,因此,只能运用股权与债权综合投资回报率,即只能运用通过加权平均资本成本模型获得的折现率。如果运用行业平均资金收益率作为折现率,就要注意计算折现率时的分子与分母的口径与收益额的口径的一致问题。折现率既有按不同口径收益额为分子计算的折现率,也有按同一口径收益额为分子,而以不同口径资金占用额或投资额为分母计算的折现率,如企业资产总额收益率、企业投资资本收益率、企业净资产收益率等。所以,在运用收益法评估企业价值时,必须注意收益额与计算折现率所使用的收益额之间结构与口径上的匹配和协调,以保证评估结果合理且有意义。收益额与折现率(资本化率)、企业价值口径的对应关系,如表6-3所示。

表6-3　收益额、折现率、企业价值对应表

收益额	收益率口径	折现率	评估值内涵
净利润	股权投资回报率	权益资本成本	股东全部权益价值
息前净利润	加权平均综合投资回报率	加权平均资本成本	企业整体权益价值
股权自由现金流量(净现金流量)	股权投资回报率	权益资本成本	股东全部权益价值
企业自由现金流量(息前现金流量)	加权平均投资回报率	加权平均资本成本	企业整体权益价值

3. 收益期的确定

(1) 合同年限法。在企业整体资产发生产权变动时,如果合同约定了企业的经营期限,应该以合同年限作为企业整体资产的收益期。例如,中外合资企业应以双方的合同中规定的期限作为收益期。另外,也可按照土地使用权的有效年限作为收益期。

(2) 永续法。如无特殊情况,企业经营比较正常且没有对足以影响企业持续经营的某项资产的使用年限进行规定,在测算收益时,收益期可采用无限年期。

(3) 企业整体资产经济寿命法。在企业整体资产发生产权变动时,如果没有规定经营期限,按其正常的经济寿命测算。经济寿命是指从获利的角度看,持有某项资产有利的时间范围。对企业整体资产而言,就是企业各项资产以集合体的形式进行经营能带来收益的时间范围。而超过这个时间范围企业产权主体就可能将企业整体资产分割变卖。所以,企业整体资产经济寿命是指产权主体将企业作为整体资产持有至在经济上不再有利为止的时间范围。

4. 收益法应用

【例6-2】 某待估企业预计未来5年的净利润分别为100万元、120万元、130万元、130万元和120万元,假定企业从第6年开始收益趋于稳定,年净利润为120万元,如果企业永续经营,不改变经营方向、经营模式和管理模式,折现率及资本化率均为12%,计算该企业的股东全部权益评估价值。

$$P=\sum_{i=1}^{n}\frac{R_i}{(1+r)^i}+\frac{R_n}{r(1+r)^n}$$

$$=\frac{100}{1+12\%}+\frac{120}{(1+12\%)^2}+\frac{130}{(1+12\%)^3}+\frac{130}{(1+12\%)^4}+\frac{120}{(1+12\%)^5}+\frac{120}{12\%\times(1+12\%)^5}$$

$$=89.286+96.663+92.531+82.617+68.091+567.427$$

$$=995.62(\text{万元})$$

情景任务6.4　市场法在企业价值评估中的应用

6.4.1　企业价值评估中市场法的思路

企业价值评估中的市场法，是指将评估对象与上市公司或市场上已有交易案例的企业进行比较，以确定评估对象价值的评估思路。该方法是通过在市场上找出若干个与被评估企业相同或相似的参照企业，以参照企业的市场交易价格及其财务数据为基础测算出价值比率，通过分析、比较、修正被评估企业的相关财务数据，并通过这些价值比率得到被评估企业的初步评估价值，最后通过恰当的评估方法确定被评估企业的评估价值。评估人员在运用市场法评估企业价值时应注意下列问题：

(1) 企业价值评估的市场法是基于相同及类似企业应该具有相同或类似交易价格的理论推断。因此，企业价值评估市场法的思路是首先在市场上寻找与被评估企业类似的可比企业的交易案例作为参照物，通过对参照物交易价格及其价值比率的分析，从而确定适用于被评估企业的价值比率和评估价值。

(2) 运用市场法评估企业价值存在两个障碍：其一是被评估企业与参照企业之间的“可比性”问题。每一个企业都有各自的特性，除企业所处行业、规模大小等可确认的因素存在不同外，影响企业盈利能力的因素更多，因此，很难找到能与被评估企业直接进行比较的类似企业。其二是企业交易案例的差异。评估人员要找到能与被评估企业的产权交易类似的交易案例比较困难，因为我国目前市场上不存在一个可以共享的企业交易案例资料库，评估人员很难以较低的成本获得可以应用的交易案例。即使有渠道获得一定的案例，但这些交易的发生时间、市场条件和宏观环境又各不相同。根据上述情况分析，评估人员应通过类比调整法，对企业价值进行评估。

6.4.2　运用市场法评估企业价值的基本步骤

(1) 明确被评估企业的基本情况，包括评估对象范围及其相关权益情况。

(2) 恰当选择与被评估企业进行比较分析的参照企业。参照企业应与被评估企业在同一行业，它们已经交易或具有交易价格，参照企业与被评估企业之间具有可比性。

(3) 将参照企业与被评估企业的财务数据和经济指标进行必要的分析、对比和调整，保证它们之间在财务报告的编制基础、评估对象范围、重要数据的计算、反映方式等方面具有可比性。例如，调整非正常收入和支出、调整非经营性资产和无效资产等。

(4) 选择并计算恰当的价值比率，在选择并计算价值比率的过程中，评估人员应当注意以下事项：

第一，选择的价值比率应当有利于评估对象价值的判断。

第二，用于计算价值比率的参照企业的相关数据应当真实可靠。

第三，用于计算价值比率的相关数据的口径和计算方式应当一致。

第四，被评估企业与参照企业相关数据的计算方法应当一致。

第五，合理地将参照企业的价值比率应用于被评估企业。

(5) 将价值比率应用于被评估企业所对应的财务数据，并考虑经过适当的调整得出初步评估结论。

(6) 根据被评估企业的特点，在考虑了对于缺乏控制权、流动性以及拥有控制权和流动性等因素可能对评估对象的评估价值产生影响的基础上，评估人员进行必要的分析基础上，以恰当的方式进行调整，形成最终评估结论并在评估报告中予以披露。

6.4.3 企业价值评估中市场法的具体方法

在采用市场法评估企业价值时，常用的方法是上市公司比较法和交易案例比较法。

1. 上市公司比较法

(1) 上市公司比较法的概念。上市公司比较法是指通过对资本市场上与被评估企业处于同一行业或类似行业的上市公司的经营数据和财务数据进行分析，计算适当的价值比率或经济指标，在与被评估企业比较分析的基础上，得出评估对象价值的方法。

(2) 上市公司比较法的计算公式。

$$V_1 = X_1 \times \frac{V_2}{X_2} \tag{6-15}$$

式中：V_1——被评估企业的价值；

V_2——上市公司的价值；

X_1——被评估企业的与企业价值相关的可比指标；

X_2——上市公司的与企业价值相关的可比指标。

V/X 通常又称为可比价值倍数。式中 X 通常选用以下财务指标：①利息、折旧和税收前利润，即 EBIDT；②无负债净现金流量，即企业自由现金流量；③净现金流量，即股权自由现金流量；④净利润；⑤销售收入；⑥净资产；⑦账面价值等。

(3) 应用上市公司比较法时应注意的问题。评估人员在应用上市公司比较法估算被评估企业价值时应注意以下问题：

第一，对可比企业的选择。判断企业的可比性存在两个标准，首先，是行业标准，处于同一行业的企业可能存在着某种可比性，评估人员应尽量选择与被评估企业处于同一行业的地位相类似的企业。其次，是财务标准，如注册资本金额、资本结构等。

第二，对可比指标的选择。可比指标应与企业的价值直接相关，在企业价值评估中，净现金流量和净利润是最主要的候选指标，因为企业的净现金流量和净利润直接反映了企业的盈利能力，也就与企业的价值直接相关。

第三，上市公司比较法具有一定的局限性。在运用该方法时，评估人员需要注意作为上市公司的财务数据可能出现偏差。例如，上市公司和被评估企业的财务报表的会计政策不尽相同，评估人员需要对参考企业的财务报告进行必要的分析和调整，以使上市公司的财务信息尽可能准确和客观，并与被评估企业的会计政策相同。

第四，在利用上市公司的股票价格计算相关价值比率时，评估人员应注意到上市公司的股票价格往往反映的是少数股权价值，因此在分析被评估企业全部权益价值时需要考虑少数股权折价和控股权溢价对评估结论的影响并做出适当的披露。

在运用上市公司比较法过程中，通常使用市盈率乘数（P/E）法对企业价值进行评估。市盈率乘数法的思路是将上市公司的股票年收益和被评估企业的利润作为可比指标，在此基础上评估企业价值的方法。其基本思路如下：

首先，从证券市场上寻找与被评估企业相似的可比企业，按企业的不同收益口径，净利润、息前净利润、息前净现金流量、净现金流量等，计算出与之相应的市盈率。

其次，确定被评估企业不同口径的收益额。

再次，以可比企业相应口径的市盈率乘以被评估企业相应口径的收益额，初步评定被评估企业的价值。

最后，采用加权平均法或算术平均法计算企业价值。在运用该方法时，有时还需要对评估结果进行适当调整，以充分考虑流动性、控制权等差异对企业价值的影响。

【例6-3】 某国有企业拟整体改制为股份制企业，欲对该企业的股东全部权益价值进行评估，评估人员拟采用参考企业比较法估算该企业的股东全部权益价值。经测算，该企业在正常情况下，每年能实现2 000万元的净利润。评估人员在证券市场上找到同行业3家可比的上市公司A公司、B公司和C公司。在评估基准日，A公司每股市价为11元，每股净收益0.18元；B公司每股市价为9元，每股净收益0.14元；C公司每股市价为13元，每股净收益0.20元。确定被评估企业的股东全部权益评估价值。

$$A公司市盈率 = 11 \div 0.18 = 61$$

$$B公司市盈率 = 9 \div 0.14 = 64$$

$$C公司市盈率 = 13 \div 0.20 = 65$$

由于A公司、B公司和C公司的市盈率比较接近，这3家企业可以作为参照物计算被评估企业价值。

$$根据A公司市盈率计算的被评估企业价值 = 2\,000 \times 61 = 122\,000(万元)$$

$$根据B公司市盈率计算的被评估企业价值 = 2\,000 \times 64 = 128\,000(万元)$$

$$根据C公司市盈率计算的被评估企业价值 = 2\,000 \times 65 = 130\,000(万元)$$

$$企业股东全部权益评估价值 = (122\,000 + 128\,000 + 130\,000) \div 3 = 126\,666.67(万元)$$

2. 交易案例比较法

交易案例比较法是指通过分析与被评估企业处于同一行业或类似行业的公司的买卖、收购及合并案例，获取并分析这些交易案例的数据资料，计算适当的价值比率或经济指标，在与被评估企业比较分析的基础上，得出评估对象价值的方法。

交易案例比较法与参考企业比较法的基本思路是一致的。其区别在于上市公司比较法是通过对上市公司的经营数据和财务数据进行分析，计算出适当的价值比率；而交易案例比较法则是通过分析与被评估企业处于同一类型行业的企业的买卖、收购及合并案例计算适当的价值比率。

评估人员在选择交易案例时，应考虑下列因素：

(1) 行业种类。被评估企业应该与交易案例中的企业处于同一类型行业。

(2) 交易案例的发生时间，一般要求距离评估基准日不超过3年。

(3) 交易案例已经完成。在选取交易案例后，评估人员需要对交易案例的具体情况进行了解和分析，包括交易日期、交易价格、收购的股权比例、影响交易价格的其他重要条款(如付款条件等)。在对交易案例的具体情况进行深入了解和分析后，才能针对具体情况选取合适的价值比率，然后经过适当的计算调整，获得评估结果。对价值比率的选取、计算和调整，以及运用价值比率估算评估结果的程序与上市公司比较法基本一致。

情景任务6.5 资产基础法在企业价值评估中的应用

6.5.1 企业价值评估中资产基础法的思路

企业价值评估中的资产基础法是指在合理评估企业各项资产价值和负债的基础上确定评估对象价值的评估思路。其基本计算公式为：

被评估企业价值 = 各单项资产的评估价值 − 审核后负债的金额　　(6−16)

资产基础法实际上是通过对企业账面价值的调整得到企业价值。资产基础法以企业单项资产的再建成本为出发点，有忽视企业获利能力的可能性，而且在评估中很难考虑那些未在财务报表上出现的项目，如企业的管理效率、自创商誉、自创商标权、销售网络等。因此，以持续经营为前提对企业进行评估时，资产基础法一般不应当作为唯一使用的评估方法。

6.5.2 运用资产基础法评估企业价值应注意的问题

在具体运用资产基础法评估企业价值时，评估人员是将构成企业的各种要素资产的评估值加总减去审核后负债金额求得企业价值。

在进行资产基础法评估企业价值之前，应对企业的盈利能力以及相匹配的单项资产进行认定，以便在委托方委托的评估范围基础上，进一步界定纳入企业盈利能力范围内的资产和闲置资产的界限，明确评估对象的作用空间和评估前提。

明确各项资产的评估前提，即持续经营假设前提和非持续经营假设前提。在不同的假设前提下，运用资产基础法评估出的企业价值是有区别的。对于持续经营假设前提下的各个单项资产的评估，应按贡献原则评估其价值。而对于非持续经营假设前提下的单项资产的评估，则按变现原则进行。

评估人员在运用资产基础法进行企业价值评估时，应当考虑被评估企业所拥有的所有有形资产、无形资产以及应当承担的负债。各项资产的价值应当根据其具体情况选用适当的具体评估方法得出。负债金额按照核实后的账面金额确定。针对长期股权投资项目，评估人员应当对长期股权投资项目进行分析，根据相关项目的具体资产、盈利状况及其对评估对象价值的影响程度等因素，合理确定是否将其单独评估。

在持续经营假设前提下，一般不宜单独运用资产基础法对企业价值进行评估。因为运用资产基础法评估企业价值，是通过分别估测构成企业的所有可辨认资产价值后加和而成的。这种方法很难把握持续经营企业价值的整体性，也很难把握各单项资产对企业的贡献。对企业各单项资产间的工艺匹配和有机组合因素产生的整合效应，即不可辨认的无形资产，也很难进行有效衡量。因而，在一般情况下，评估人员不宜单独运用资产基础法评估一个在持续经营假设前提下的企业价值。在特殊情况下，评估人员采用资产基础法对持续经营企业价值进行评估，应在评估报告中将采用资产基础法的理由进行充分披露。

6.5.3 企业价值评估中资产基础法的具体方法

1. 各种资产价值的评估

在采用资产基础法评估企业价值时，评估人员可以采用市场法、收益法、成本法等方法评估各单项资产的价值，在确定各单项资产的价值时，评估人员一定要分析该项资产最适用的评估方法，不一定都要采用成本法。

2. 负债的审核

在采用资产基础法评估企业价值时，涉及评估基准日负债的审核。如果评估基准日的会计报表已经过注册会计师审计，则可根据审计后的负债金额计算企业评估价值。如果评估基准日的会计报表未经过注册会计师审计，则评估人员应采用审计的方法审核负债的金额，将负债审核后的金额作为计算企业价值的依据。

【例6-4】 评估人员采用资产基础法评估某企业价值，各单项资产的评估价值分别为：流动资产260万元、固定资产1 200万元、土地使用权300万元、其他无形资产230万元，审核后负债的金额为650万元，计算该企业的股东全部权益价值。

$$企业股东全部权益评估价值 = (260 + 1\,200 + 300 + 230) - 650 = 1\,340(万元)$$

【例6-5】 企业价值评估(收益法)

1. 评估目的。A化工集团公司拟与外商合资组建合资企业，需要对A化工集团公司在评估基准日的股东全部权益价值进行评估。

2. 评估基准日。2016年1月1日。

3. 评估方法的选择。本次评估采用收益法。

4. 评估依据。(略)

5. 评估对象说明。A化工集团公司是大型国有化工企业，主要生产某化工中间产品，2010—2015年销售收入年平均增长15%，净利润年平均增长9%，销售成本占销售收入的比例基本上维持在40%左右，经评估人员判断该企业有稳定和持久的发展能力。

6. 评估过程。A化工集团公司股东全部权益价值评估过程如下：

(1) 分析、预测企业未来收益。根据本次评估目的及价值类型对评估信息资料预测的要求，对被评估企业评估基准日以后年度的相关资料进行了分析预测，分析预测都是基于被评估企业现有经营方向、经营能力、管理能力及合理改进的前提下进行的，具体情况如下：

第一，根据被评估企业目前设备使用状况及其他生产条件分析，被评估企业每年只要有400万元左右的技术改造资金投入，企业的生产经营就能长期进行下去，并能保持略有增长势头。

第二，对被评估企业未来市场进行预测。被评估企业生产的主要产品具有较高的声誉，产品行销全国30多个省市，现有用户20 000多个，企业所在地区有30条送货上门的供应渠道，其他地区有50个代销售网点，该企业产品的主要用户均为重点骨干企业，从经济发展的趋势来看，市场对该企业产品的需求还会进一步增加，因此，被评估企业拥有一个比较稳定且能发展的销售市场。

第三，对被评估企业未来产品成本进行预测。该企业产品的主要原料来源并不稀缺，也不受季节影响，故未来市场物价变动对其产品的影响不大。占成本比重较大的电费，在今后一段时间里不会有太大的升幅，如果以后电价提高，产品价格也会相应调整，从而电价因素不会对企业未来收益造成太大的影响。

第四，从目前情况分析，在今后一段时间里，国家针对该化工行业主要经济政策不会有太大变化，化工行业将继续保持平稳增长。

第五，A 化工集团公司未来 5 年收益情况预测，如表 6－4 所示。

表 6－4　A 化工集团公司收益情况预测表　单位：万元

项目＼年份	2016	2017	2018	2019	2020
一、营业收入	4 700	5 200	5 500	5 700	5 700
减：营业成本	1 880	2 080	2 200	2 280	2 280
其中：折旧	620	650	660	700	700
销售费用	700	780	830	860	860
管理费用	300	300	300	300	300
财务费用	200	200	200	200	200
加：投资收益					
二、营业利润	1 620	1 840	1 970	2 060	2 060
加：营业外收入					
减：营业外支出					
三、利润总额	1 620	1 840	1 970	2 060	2 060
减：所得税费用	405	460	492.5	515	515
四、净利润	1 215	1 380	1 477.5	1 545	1 545
加：折旧和无形资产摊销	620	650	660	700	700
减：追加资本性投资	400	400	400	400	400
五、净现金流量	1 435	1 630	1 737.5	1 845	1 845

(2) 确定折现率(资本化率)。因为本次评估目的是确定企业股东全部权益价值，采用了资本资产定价模型测算适用的折现率及资本化率。根据评估人员对资本市场的深入调查分析，确定无风险报酬率为 3%，证券市场平均期望报酬率为 10%，被评估企业所在行业的 β 系数为 0.8，由于被评估企业是一个非上市公司，股权的流动性不强，且企业规模不大，在行业中的地位并不突出。但由于被评估企业产品信誉较高，生产经营稳步增长，而且未来市场潜力很大，企业的投资风险并不很大。因而，企业特定风险调整系数 α 为 1.07。依据资本资产定价模型测算被评估企业的折现率为 9%，计算过程为：

$$\text{折现率(资本化率)} = 3\% + (10\% - 3\%) \times 0.8 \times 1.07 = 9\%$$

(3) 确定收益期限。由于该企业所在行业符合国家的产业发展政策，企业管理状况良好，发展趋势正常，因此，本次评估假设 A 化工集团公司能够持续经营，未来 5 年收益情况预测，如表 6－4 所示。从第 6 年起以后每年的收益为 1 845 万元。

(4) 确定 A 化工集团公司在评估基准日的股东全部权益评估价值。

$$评估价值=\frac{1\,435}{1+9\%}+\frac{1\,630}{(1+9\%)^2}+\frac{1\,737.5}{(1+9\%)^3}+\frac{1\,845}{(1+9\%)^4}+\frac{1\,845}{(1+9\%)^5}+\frac{1\,845}{9\%\times(1+9\%)^5}$$
$$=1\,316.51+1\,371.94+1\,341.67+1\,307.04+1\,199.12+13\,323.59$$
$$=19\,859.87(万元)$$

7. 评估结果。A化工集团公司在评估基准日2016年1月1日的股东全部权益价值为19 859.87万元。

【例6-6】 企业价值评估(资产基础法)

1. 评估目的。龙江电子集团公司拟进行股份制改制,需要对龙江电子集团公司的全资子公司龙江华锋电子有限公司的股东全部权益价值进行评估。

2. 评估基准日。2016年12月31日。

3. 评估方法的选择。资产基础法。

4. 评估依据。

(1) 有关资产的产权证明文件。

(2) 审计后2016年度会计报表。

(3) 审计报告。

(4) 企业价值评估指导意见(试行)。

5. 评估对象说明。龙江华锋电子有限公司系龙江电子集团公司的独资子公司,主要生产彩色电视机用偏转线圈,该公司于1996年成立,由于龙江电子集团公司拟改制为股份公司,需要对龙江华锋电子有限公司的股东全部权益价值进行评估。

6. 评估过程。按照规定,龙江华锋电子有限公司对其在2016年12月31日评估基准日的资产与负债进行了核实,有关资料为:流动资产7 868 083.66元,其中货币资金3 247 980.66元、预付账款457 298.75元、应收账款2 176 603.48元、存货1 768 432.12元、其他应收款217 768.65元;长期股权投资626 517.92元;固定资产65 895 247.58元,其中建筑物41 658 254.25元,设备24 236 993.33元;流动负债7 800 000.00元,长期负债20 000 000.00元。

(1) 货币资金评估。企业提供的货币资金账面金额为831 560.00元。评估人员对现金进行了现场盘点,并以盘点日实盘数加盘点日至评估基准日的支出数减盘点日至评估基准日的收入数,倒推评估基准日的实盘数,与评估基准日账面数核对相符后,确认账面值为评估值;对银行存款,通过将银行存款日记账与总账核对相符,并取得银行对账单和银行存款余额调节表,经调节后相符,未发现金额大、时间长的未达账项,以银行存款的账面值确认评估值。故货币资金的评估值为831 560.00元。

(2) 预付账款评估。预付账款账面金额250 000.00元,是预付的材料款。评估时,首先,将预付账款评估明细表与其明细账、总账及报表中的相应数进行核对,其金额相符;其次,对预付账款中金额大、账龄长的进行了函证;经调查了解,被评估单位与其客户往来较多,经估计坏账的可能性较小,故按账面值确认评估值,预付账款的评估值为250 000.00元。

(3) 应收账款评估。应收账款账面金额为1 762 937.00元,系企业应收的销货款,评估时,先将应收账款评估明细表与其明细账、总账及报表中的相应数进行核对,其金额相符;然后对应收账款中账龄长、金额大的进行函证;对应收账款的发生时间、原因进行分析,对其可收回程度进行判断,经对龙江华锋电子有限公司提供的债务人情况资料进行审核,从而确定有5笔共计415 000.00元为坏账。对无法取得证据证明是否发生坏账的应收账款,根据账龄长短估计坏账率，计算坏账损失，账龄在1年内坏账率为零，账龄在1～2年坏账率为30%，账龄在2～3年坏账率为50%，账龄在3～5年坏账率为70%，账龄在5年以上坏账率为100%。经计算应收账款的评估值为1 035 698.00元，评估减值727 239.00元。

(4) 存货的评估。存货的账面成本为2 597 251.60元，其中原材料1 246 594.02元，库存商品1 350 657.58元。根据龙江华锋电子有限公司提供的原材料评估明细表，将其与被评估单位的原材料明细账和总账进行了核对，金额相符。对金额较大收发频繁的原材料进行实地盘点，未发现盘盈、盘亏和待报废情况，故按账面值确认评估值，原材料的评估值为1 246 594.02元。根据龙江华锋电子有限公司提供的库存商品评估明细表，将其与被评估单位的库存商品明细账和总账进行核对，金额相符，对库存商品进行实地盘点，发现有212 967.85元的偏转线圈属于用户退回的不合格产品，存放时间较长，将其作为评估减值处理，故库存商品的评估值为921 512.98元。

(5) 机器设备的评估。此次接受委托评估的机器设备有16台(套)，主要有生产设备、办公设备、车辆，账面原值为38 564 856.50元，账面净值为24 236 993.33元。其中主要生产设备为绕线机。依据龙江华锋电子有限公司提供的机器设备评估明细表、固定资产台账，在抽查核实台账的基础上，深入现场对申评的机器设备进行逐台盘点，对价值较高的重点机器设备详细了解其使用负荷、维修保养情况和实际使用状态，根据现场技术鉴定情况进行打分。机器设备采用成本法进行评估，其计算公式为：

$$\text{机器设备评估价值} = \text{重置成本} \times \text{成新率}$$

其中，对于不需要安装的机器设备，按评估基准日的市场购置价作为其重置成本；对于需要安装调试的机器设备，以购置价或建造成本加上安装调试费确定重置成本。机器设备采用年限法计算其成新率，其计算公式为：

$$\text{成新率} = \text{尚可使用年限} \div (\text{尚可使用年限} + \text{已使用年限}) \times 100\%$$

经计算，龙江华锋电子有限公司机器设备的评估价值为22 647 358.00元，评估减值1 589 635.33元。

(6) 房屋建筑物的评估。此次接受委托评估的房屋建筑物有7项，其中厂房为框架结构，其余主要为砖混结构，房屋建筑物账面原值为52 854 236.80元，账面净值为41 658 254.25元。房屋建筑物的评估采用重置成本法，其计算公式为：

$$\text{重置成本} = \text{建安重置造价} + \text{工程建设其他费用} + \text{资金成本}$$

成新率的计算以使用年限和现场勘察打分法综合评定。

经计算，龙江华锋电子有限公司房屋建筑物评估价值为49 658 362.00元，评估增值8 000 107.75元。

(7) 长期股权投资的评估。龙江华锋电子有限公司长期投资账面金额626 517.92元，系龙江华锋电子有限公司拥有龙江环宇电子技术开发有限公司的股权金额。龙江环宇电子技术开发有限公司是由龙江华锋电子有限公司和龙江发展投资有限公司合资成立的有限责任公司，龙江华锋电子有限公司拥有60%的股权，龙江发展投资有限公司拥有40%的股权。该公司于1999年3月31日成立，于1999年4月正式投产，其主要经营范围包括：开发、设计、制造维修CPT、CDT用DY的软件技术和所需的各种模具、专用设备及其他新技术产品。龙江环宇电子技术开发有限公司在2016年12月31日的股东全部权益价值为

2 604 145.00元。龙江华锋电子有限公司对龙江环宇电子技术发展公司长期股权投资的评估值计算为：

$$2\ 604\ 145.00 \times 60\% = 1\ 562\ 487.00(元)$$

(8) 应付账款的评估。应付账款账面金额为4 600 000.00元，经核对应付账款评估明细表与应付账款明细账和总账金额一致，经了解应付账款系所欠销货方的货款，没有因债权单位不详无法支付的情况，故按账面值确认评估值，应付账款的评估值为4 600 000.00元。

(9) 应付职工薪酬。应付职工薪酬账面金额1 418 000元，其中工资950 000.00元，职工福利468 000.00元。将应付职工薪酬评估明细表与其明细账和总账进行核对，金额一致，故按账面值确认评估值。应付职工薪酬的评估值为1 418 000元。

(10) 应交税费的评估。应交税费账面金额为1 782 000.00元，系企业应交纳的增值税，将应交税费评估明细表与应交税费明细账和总账金额核对，金额一致，故按账面值确认评估值。应交税费的评估值为1 782 000.00元。

(11) 长期借款的评估。长期借款账面金额为20 000 000.00元，将长期借款评估明细表与长期借款明细账和总账金额核对，金额一致，故按账面值确认评估值。长期借款的评估值为20 000 000.00元。

通过以上评估工作，得出以下评估结论，委托评估的资产账面价值为71 963 514.10元，评估值为78 153 572.00元，增加值为6 190 057.90元，增加率为8.60%；负债的账面价值27 800 000.00元，评估值为27 800 000.00元；净资产的账面价值为44 163 514.10元，评估值为50 353 572.00元，增加值为6 190 057.90元，增加率为14.02%。

表6-5　　龙江华锋电子有限公司资产评估结果汇总表　　金额单位：人民币元

资产项目	账面净值元	评估价值元	增减值元	增减值率
① 流动资产	7 868 083.66	6 529 127.45	−1 338 956.21	−17.02%
② 长期资产	4 537 200.00	4 686 347.85	149 147.85	3.29%
③ 固定资产	95 197 889.98	101 749 183.7	6 551 293.70	6.88%
其中：建构筑物	56 525 768.83	66 484 320.36	9 958 551.53	17.62%
设备类资产	38 672 121.15	35 264 863.32	−3 407 257.83	−8.81%
一、资产总计	107 603 173.60	112 964 658.98	5 361 485.34	4.98%
④ 流动负债	6 830 000.00	6 830 000.00	0.00	0
⑤ 非流动负债	16 800 000.00	16 800 000.00	0.00	0
二、负债合计	23 630 000.00	23 630 000	0.00	0
三、净资产	83 973 173.64	89 334 658.98	5 361 485.34	6.38%

7. 评估结果。经计算，龙江华锋电子有限公司2016年12月31日股东全部权益价值为89 334 658.98元。

思考与练习

一、单项选择题

1. 如果合同约定了企业的经营期限5年，应该以(　　)年作为企业整体资产的收益期。

A. 5　　B. 6　　C. 4　　D. 10

2. 整体企业权益是指企业总资产价值减去(　　)后的余值。

A. 企业负债中的付息债务价值　　B. 企业负债中的全部债务价值

C. 企业负债中的应付账款价值　　D. 企业负债中的非付息债务价值

二、多项选择题

1. 企业的权益可分为(　　)。

A. 税收权益　B. 股东全部权益　C. 经营者权益　D. 股东部分权益

2. 企业的类型一般划分为(　　)。

A. 工业企业　B. 合伙企业　C. 公司制企业　D. 个人独资企业

3. 企业价值评估结果的价值类型包括(　　)。

A. 公开价值　　B. 保密价值

C. 市场价值　　D. 市场价值以外的价值

4. 清算价值从性质上讲,是指企业处于(　　)等非正常市场条件下所具有的价值。

A. 停业　B. 快速变现　C. 迫售　D. 清算

5. 企业价值评估对象通常分为(　　)。

A. 股东部分权益　B. 整体企业权益　C. 股东全部权益　D. 债务人权益

6. 在企业价值评估中,对无效资产的处理方式有(　　)。

A. 均属于报废资产　B. 评估值为零　C. 剥离　D. 单独评估后加回

7. 在企业价值评估中,常用的企业收益形式有(　　)等。

A. 毛利润　B. 现金净流量　C. 净利润　D. 息前税后利润

8. 在运用资产基础法进行企业价值评估时,应当考虑被评估企业所拥有的(　　)。

A. 应当承担的负债　B. 无形资产　C. 有形资产　D. 历史成本

三、判断题

1. 有限责任公司的股东以其认缴的出资额为限对公司承担责任。(　　)

2. 有限责任公司以其全部财产对公司的债务承担责任。(　　)

3. 股东出资后,不能再直接支配出资财产。(　　)

4. 股东部分权益价值是指企业一部分股权的价值,或股东全部权益价值的一部分。(　　)

5. 企业价值评估的一般范围不包括企业产权主体自身拥有但未投入经营的资产。(　　)

6. 企业价值的形成基于企业整体盈利能力。(　　)

7. 对于在评估基准日产权不清晰的资产,应划为“无效资产”。(　　)

8. 企业价值评估时,评估对象以往的评估及交易情况资料不必收集。(　　)

9. 由于情况复杂,建议企业价值评估时单独使用成本法评估。(　　)

10. 资产基础法评估企业价值有忽视企业获利能力的可能性。(　　)

实务训练

实训目标:掌握收益法在企业价值评估中的应用,能够独立完成企业前期辅导准备工作,编制评估工作底稿。

实训重点:资产评估前期准备和评估值测算。

实训地点:资产评估实训室,××资产评估公司。

实训教学形式：采用角色扮演法，学生按评估工作岗位分组，分工协作查找资料和评定估算，教师根据存在问题有针对性地进行指导。

实训考核评量：编写资产评估说明，详细描述测算过程，学生自评与小组互评相结合，教师进行点评。

实训要求：

1. 选择适当的评估方法。

2. 明确该方法的评估步骤。

3. 掌握使用该方法需要收集的资料。

4. 掌握该方法中有关参数的确定方法。

5. 能够填写相应的工作底稿。

6. 评定估算资产价值。

7. 熟悉资产评估报告的格式和内容。

实训资料：

1. 评估目的。龙江机床制造有限公司拟与其他合并组建新企业，需要对龙江机床制造有限公司在评估基准日的股东全部权益价值进行评估。

2. 评估基准日。2016 年 1 月 1 日。

3. 评估方法的选择。本次评估采用收益法。

4. 评估对象说明。龙江机床制造有限公司（以下简称龙江机床）是国有控股机床制造企业，主要生产高端数控铣床，2011—2016 年销售收入年平均增长 10%，净利润年平均增长 10%，销售成本占销售收入的比例基本上维持在 60%左右，经评估人员判断该企业有稳定和持久的发展能力。

5. 经分析获得以下数据：

(1) 根据被评估企业目前设备使用状况及其他生产条件分析，被评估企业每年只要有 8 000 万元左右的技术改造资金投入，企业的生产经营就能长期进行下去，并能保持略有增长的势头。

(2) 对被评估企业未来市场进行预测。被评估企业生产的主要产品具有较高的声誉，产品行销全国 30 多个省市，现有用户 20 000 多个，其他地区有 60 个代销售网点，该企业产品的主要用户均为重点骨干企业，从经济发展的趋势来看，市场对该企业产品的需求还会进一步增加，因此，被评估企业拥有一个比较稳定且能发展的销售市场。

(3) 对被评估企业未来产品成本进行预测。该企业产品的主要原料来源并不稀缺，也不受季节影响，故未来市场物价变动对其产品的影响不大。

(4) 从目前情况分析，在今后一段时间里，国家针对该机械制造行业主要经济政策不会有太大变化，行业将继续保持平稳增长。

(5) 龙江机床未来 5 年收益情况预测，如表 6－6 所示。

表 6－6　　龙江机床制造有限公司 2017—2021 年收益情况预测表　　金额单位：万元

项目 \ 年份	2017	2018	2019	2020	2021
一、营业收入	520 000	561 600	589 700	619 200	619 200
减：营业成本	301 600	325 730	342 030	359 140	359 140

续 表

项目 \ 年份	2017	2018	2019	2020	2021
其中:折旧	105 560	114 006	119 711	125 699	125 699
销售费用	10 400	112 320	117 940	123 840	123 840
管理费用	52 000	56 160	58 970	61 920	61 920
财务费用	46 800	50 544	53 073	55 728	55 728
加:投资收益					
二、营业利润	15 600	16 846	17 687	18 572	18 572
加:营业外收入					
减:营业外支出					
三、利润总额	15 600	16 846	17 687	18 572	18 572
减:所得税费用	3 900	4 211.5	4 421.75	4 643	4 643
四、净利润	11 700	12 634.5	13 265.25	13 929	13 929
加:折旧和无形资产摊销	105 560	114 006	119 711	125 699	125 699
减:追加资本性投资	8 000	8 000	8 000	8 000	8 000
五、净现金流量	109 260	118 640.5	124 976.25	131 628	131 628

本次评估目的是确定企业股东全部权益价值,采用了资本资产定价模型测算适用的折现率及资本化率。根据评估人员对资本市场的深入调查分析,确定无风险报酬率为5%,证券市场平均期望报酬率为15%,被评估企业所在行业的β系数为0.9,由于被评估企业是一个非上市公司,股权的流动性不强,且企业规模不大,在行业中的地位并不突出。但由于被评估企业产品信誉较高,生产经营稳步增长,而且未来市场潜力很大,企业的投资风险并不很大。因而,企业特定风险调整系数α为1.10。

学习情境 7

其他资产评估业务

学习目标

读者通过学习，熟悉森林资源资产评估业务及方法，了解珠宝首饰艺术品评估市场需求及实践状况；知晓我国司法实践对资产评估的需求及实践状况，生态环境价值评估的市场需求及实践状况，税收领域资产评估需求及实践状况，PPP 项目涉及的资产评估需求及实践状况，以财务报告为目的的评估。对资产评估实践出现的新资产类型、新业务类型有一定认识。

引导案例

2016 年 6 月 1 日，总投资 130 亿元的兴延高速公路正式协议签约，这是北京市规划建设的一条高速公路，连接北京市区与延庆县，也是北京市延庆县举办 2019 年世界园艺博览会的重点配套工程。早在这条公路兴建之前，2014 年年底，北京市发改委、交通委以及财政局对未来高速公路的建设情况做了一个摸底分析，同时梳理了高速公路融资平台的债务情况，结论是：未来 5 年间北京要修 8 条高速公路，而政府无力承担这么多项目资金，因此，经各方讨论最终由北京市政府给出政策：分 5 年为这 8 条高速公路各自提供 25% 的资本金，其他的需要自行筹集，经测算北京市政府一年能拿出来的资本金总额是 35 亿元。

兴延高速公路就是从这个资本金“池子”里尝到甜头的一条。该公路全长 42 公里，其中山区段有 24.4 公里，大概有 5.7 公里的特长隧道，预计投资 140 亿。2015 年 3 月，该公路开始编制实施方案，这是我国首次用 PPP 模式修建高速公路。

要求：根据《PPP 项目资产评估及相关咨询业务操作指引》明晰案例的中期评估操作要求，讨论存量项目的绩效评价指标体系。

情境任务 7.1　森林资源资产评估

7.1.1　森林资源资产

1. 森林资源资产的概念

森林资源是林地及其所生长的森林有机体的总称，森林资源资产主要包括林地资产、林木资产、林区野生动物资产、植物资产和微生物资产、景观资产。以林木资源为主，还包括林中和林下植物、野生动物、土壤微生物及其他自然环境因子等资源。在林木资产中根据其收获形式的不同，还可以分以用材林林木资产、经济林林木资产、薪炭林林木资产和竹林资产等。林地包括乔木林地、疏林地、灌木林地、林中空地、采伐迹地、火烧迹地、苗圃地和国家规划宜林地。

不是所有森林资源都能成为森林资源资产，资产必须是由特定主体所拥有或控制，并能够带来经济利益的经济资源。没有经济利用价值或在当今知识与技术条件下尚不能确定其有经济利用价值的森林资源不能成为资产，如没有依法认定的森林资源，完全没有经济利用价值的森林资源，在现有技术条件下不可计量的森林资源。森林资源效益的多重性决定森林资源资产具有多种功能。森林资源资产作为一项生物性资产，除了为社会提供木材、果品、食用油料、工业原料和药材等经济产品，还具有景观游憩、涵养水源、保育土壤、固碳制氧、积累营养物质、净化大气环境、森林防护、保护生物多样性等生态价值。在特定目的与条件下，森林的生态功能价值可以进入市场，成为生态资产。

1990—2015 年，全球森林资源面积减少了 19.35 亿亩，而中国的森林面积增长了 11.2 亿亩。在森林增长的同时，中国林业产业总产值从 2001 年的 4 090 亿元增加到 2015 年的 5.94 万亿元，15 年增长了 13.5 倍，为 7 亿多农村人口脱贫致富做出了重大贡献，对“绿水青山就是金山银山”做出了最好的诠释。中国目前已成为世界上森林资源增长最多和林业产业发展最快的国家。

2. 森林资源的认定

根据森林法实施条例第二条规定，林地的认定：郁闭度在 0.2 以上的乔木林地以及竹林地、灌木林地、疏林地、采伐迹地、火烧迹地、未成林造林地、苗圃地和县级以上人民政府规划的宜林地。另外，某些不能定为林地资产的林地，目前只能作为资源或潜在的资产存在，但随着经营条件的改变，可能转入资产。

(1) 林木资产的认定。林木资产是具有资产属性的林木的总和，根据森林法，林木资源按其功能主要可分为：用材林、防护林、经济林、薪炭林和特殊用途林五种。在这五大林种中：

第一，经济林一般应全部认定为森林资源资产。因为它的产权通常较明确，并可实施有效的控制。而且它以生产果品、油料、饮料、调料、工业原料和药材为目的，通常有较多的投入和较高的经济效益。

第二，用材林和薪炭林的大部分应认定为森林资源资产。不能认定为资产的主要有：产权关系不明确的用材林和薪炭林；经营主体无法进行事实上有效控制的用材林；生产条件恶劣或林分质量极差，无法产生经济效益不能作为经营对象的森林。

第三，防护林较为特殊，有些防护林虽以防护效益为主，但仍可产生较大的直接经济效益，如农田牧场防护林、护路林等，则应该认定为森林资源资产。其他的防护林由于其产生的社会生态效益为社会所共有，且难以用货币计价，它们暂时只能作为潜在的资产而不能直接认定为资产。

第四，特殊用材林情况也很复杂，它的经营目的多种多样，它们中间有一部分产权明确也不能作为森林资源资产。例如，以保护军事设施和军事屏障为主要目的的国防林，自然保护区内的禁伐林等。但有些特用林以培养种子为目的母树林，教学、实验林场的实验林，防止污染，减低噪音为目的环境保护林等在实现目的的前提下，仍有较大的经济效益，可以作为资产经营。

(2) 野生动、植物资产的认定。林区野生动植物是森林资源的重要组成部分，在林中对野生动植物采取管护和经营利用的措施有效控制，如建狩猎场等，这类野生动植物应认定为森林资源资产。其他的野生动植物资源不是人类劳动的产物，只能作为潜在性资产。

(3) 森林景观资产认定。森林景观是森林生态系统的重要组成部分，是林区中的山、水、石、大气、光照、动物、植物等各种生物和非生物要素的组合。随着森林旅游的开发经营，森林景观能否被认定为森林环境资产，除了其产权要求外，关键是看当地的旅游发展水平。交通条件好，森林环境优美，可以吸引游客的景观资源可以认定为森林景观资产；地处边远，交通困难，虽然环境优美，但无法吸引游客的景观在当前仅能是资源而不能作为景观资产。

森林资源资产作为一种能带来收益的商品，其本身的价值量是由特定时期创造该资产的社会必要劳动时间所决定的，它的货币表现形式为价格，却要受到市场供求关系等客观因素所影响。因此，特定时间、特定地点条件对某一森林资源资产进行评估的结果与其价值量不可能完全相符。森林资源资产的评估是为特定的目的服务的。同样的森林资源资产因评估的目的不同，所采纳的评估标准和评估方法就可能不同。所得的结果也就不同。在某种意义上，森林资源资产评估的结论只能是一种判断性意见。通常是建立在外部环境，按技术上的可能性，经济上的合理性而进行充分分析的基础之上的，它会随各种因素的变化而变化。这构成了森林资源资产评估的特殊性质。

3. 森林资源资产评估的特点

森林资源资产评估是一种动态的、市场化的社会经济活动，与一般资产评估不同，具有以下特点：

(1) 政策性。当前主要有国家国有资产管理局和林业局颁发的《森林资源资产评估技术规范(试行)》，各省制订的《××省森林资源资产转让条例》等。

(2) 技术性。对每一项森林资源资产，必须具有林学专业技术人员到现场进行勘察，查对数量和质量。详细了解该森林资源资产的树种组成、林龄、郁闭度、树高、胸径、蓄积量以及生产成本、生产条件等情况，才能正确计算其评估值。要评估出一个相对准确的数字，必须经过一系列复杂而细致的技术工作。

(3) 时效性。作为一个林业企业来说，森林资源资产的数额和结构都不可能是静止不变的。一方面物价经常变动，另一方面森林资源资产本身也在不断生长，评估结果只能说明一个林业企业在评估基准日的森林资源资产状况。随着时间的推移，森林资源资产必然会发生变化，并产生较大的差距，因此确定了的评估结果只能在一定期限内有效。我国的规定是从评估基准日起评估结果 1 年内有效。

(4) 风险性。森林资源资产评估是依据相关资料的可靠性,对森林资源资产价值做出的一种模拟价格,这种模拟价格是评估人员主观对被评估资产的客观反映。其价格的准确程度如何取决于所搜集到的资料情况,以及评估人员的道德素养和业务水平的高低,可以做到的尽可能准确,但不可能做到绝对准确。但评估机构要对评估结果负法律责任,这又使森林资源资产评估工作具有很高的风险性。

7.1.2 森林资源资产评估资料的收集

对于不同评估种类、评估目的和范围的森林资源资产,如森林、经济林和景观林资源,评估所需资料也不同。

1. 森林资源资产评估所需材料

(1) 森林资源资料。森林资源资产清单(以小班一览表或调查薄形式按小班提供)。各类森林资源统计表:各类土地面积统计表,森林蓄积统计表,用级林各优势树种各龄组面积、蓄积统计表,用材林各经营类型各龄级面积蓄积统计表,人工林各经营类型各年度面积蓄积统计表,经济林、竹林面积统计表,近、成、熟林各树种面积、蓄积表。图面资料:森林资源分布图、林场林相图和林场小班地形图(1∶10 000,1∶25 000,1∶50 000 比例尺)。

(2) 森林资源权属资料。包括县以上人民政府颁发的山林权属证书及林权证书清册,山林权权属图,有关森林经营的合同、协议书等,县以上人民政府山林权属纠纷处理办公室的有关山林权处理决定、证明。

(3) 森林经营资料。包括林场概况资料,林场森林经营方案,林场森林采伐限额指标及说明,木材销售及价格(含产量、树种、材种及不同径级的价格说明),各树种、材种、不同胸径、树高的出材率及主要材种的平均出材率,森林采伐成本(采伐工价、各阶段生产工序的定额、难度系数、各工序的生产成本、集材及林道修筑的情况及成本),营林生产成本(营林工价、苗木及肥料、各工序生产难度、定额、平均生产成本,护林防火成本),销售及税费(仓储及销售成本、各种税收及计税方式、各种税金及计算方法),管理费用分摊情况,各种测树及经营用表(各树种、各材种出材率表、立木材积表、积森林经营类型设计表)。

2. 经济林资源资产评估报告所需资料

(1) 资源资料。经济林资源资产清单(以小班一览表或调查簿形式按小班提供),经济林分树种、年度的面积统计表,林地地形基本图(1∶10 000,1∶25 000,1∶50 000 比例尺),各种经济林资源资产的发育阶段划分标准。

(2) 森林资源权属资料。包括县以上人民政府颁发的山林权属证书及林权证书清册,山林权权属图,有关森林经营的合同、协议书等,县以上人民政府山林权属纠纷处理办公室的有关山林权处理决定、证明。

(3) 森林经营资料。包括各种经济林产品近年价格,待评估资产近年各经济林产品的产量,各经济林营林标准、定额与成本,经济林的采集及资料成本,经济林产品的税费标准及计算方法,管理费用分摊情况。

3. 景观资源资产评估报告所需资料

(1) 资源资料。景观资源清单,景观资源分布图,景观资源基本图,景观资源资产评估资料(包括地质、水文、地貌、动植物、天文等评价及区位、交通、适游期、知名度、市场需求等到资料)。

(2) 森林资源权属资料。山林权证书,山林权属图,附属设施产权证书,景观经营有关各种协议、证书。

(3) 经营材料。景区经济地理资料,距主要城市距离及旅游成本,景区近年经营财务会计资料(景区近年各类经营收入、各类经营成本、原投资及投资收益、税收交纳情况、景区近年经营净收益),景区近、远期发展规划,近期游客动态资料预测资料,现有咐属设施的投资额及收益率。

7.1.3 森林资源调查与核查常用概念

1. 区划系统

林区地域辽阔,我国主要林区中一个林业局的经营面积常达几十万公顷,为因地制宜地组织林业生产,便于经营管理及进行森林资源调查与规划设计,需要对森林资源进行地域上的组织,划分一定的管理单位,即进行森林区划。

目前我国各大林区的森林区划系统一般为五级区划,即林业局——林场——营林区——林班——小班。在南方国有林区或者一些少林省,多采用四级区划,即国有林场——营林区——林班——小班。集体林区的森林区划系统为:县——乡(镇)——村——林班——小班。

2. 林班

在林场范围内,把林地划分为若干面积大小比较一致的永久性地段,作为森林经营活动和生产管理的单位,称为林班。其主要作用是便于面积测算、林地定位、森林资源清查、护林防火和进行经营利用的规划设计等。林班的编号用阿拉伯数字从西向东、由北到南依次排列。在林班界线相交处埋设标桩。林班面积一般为 100～200 公顷,风景林和其他特种用途林的林班面积较小,通常在 50 公顷左右。自然保护区和高山林区的林班面积较大,往往超过 200 公顷。

林班区划方法有三种:①人工区划法。即把林地区划为正方形或长方形的规整地块,林班线用人工伐开。②自然区划法。即以河流、沟谷、山脊、道路等自然界线或永久性的人工地物作为林班线,林班呈不规整图形。③综合区划法。即人工区划法和自然区划法的综合应用,在地形平坦处,用人工区划法,在地形复杂的山地,则用自然区划法,林班形状不求统一,但划分时应尽量考虑同一集材和运材系统。

3. 小班

在同一个林班范围内,往往具有不同的立地条件及各种地类,或者生长着各种不同的林分。为了区别对待,采取不同的经营措施,合理组织林业生产,需要将林班进一步划分成不同的地块,这种地块,林业上称为小班。小班是内部特征基本一致,与相邻地段有明显区别,而需要采取相同经营措施的地块。它是森林经营的最小单位,也是森林调查规划设计的基本单位。

4. 林分起源

根据林分起源,林分可分为天然林和人工林。由天然下种、人工促进天然更新或萌生所形成的森林称作天然林;以人为的方法供给苗木、种子或营养器官进行造林并育成的森林称为人工林。

5. 树种组成

组成林分树种的成分称为树种组成。由一个树种组成的林分称为纯林,而由两个或更多树种组成的林分称为混交林。在混交林中,为表达各树种在组成林分中所占的成分,而分别以各树种的蓄积量(或断面积)占林分总蓄积量(或总断面积)的比重来表示,这个比重叫作树种组成系数。组成系数通常用十分法表示,即各树种组成系数之和等于"10"。由树种名称及相应的组成系数写成组成式,如杉木纯林,则林分组成式为"10 杉"。如果某一树种的蓄积量不足林分总蓄积量的 5%,但大于等于 2%式中用"+"号表示;若某一树种的蓄积量少于林分总蓄积量的 2%,中用"-"号表示。

6. 平均胸径

在没有特殊说明的情况下,森林调查中所说的单株立木的"直径",均为"胸高直径",常以 d 表示,以厘米为单位。我国胸高直径的定义是:立木根颈以上 1.3 米处(相当于一般成年人胸高位置)的树干直径,一般指带皮直径,一般用直径卷尺(俗称围尺)测量。

7. 平均树高

林木的高度既是反映林木生长状况的数量指标,也是反映林分立地质量高低的重要依据。平均高则是反映林木高度平均水平的测度指标,根据不同的目的,通常平均高又分为林分平均高和优势木平均高。单株立木的"树高",是指该株立木的根颈至树梢顶端的高度。常以 h 表示,以米为单位。一般使用测树专用工具"测高器"进行测量。

8. 林分蓄积量

林分中所有活立木材积的总和称林分蓄积量,常以 M(立方米/公顷)表示。林分蓄积量是重要的林分调查因子之一,测定方法很多,可概括为实测法和目测法两大类。林分蓄积量是个数量指标,它不能全面地反映林分林木材积的经济利用价值的大小。例如,两个林分蓄积量相等,但各径阶林木株数的多少、木材缺陷及病腐程度不同,则可利用的、符合用材标准的材种出材量不相同,经济利用价值不同。为了对森林资源的数量(蓄积量)和质量做出全面的评价,正确合理经营森林,如营林抚育强度、次数、间隔期及抚育方式等,就必须在查明蓄积量的基础上,进一步对森林木材资源的经济价值做出评价。

7.1.4 森林资源资产核查

资产评估专业人员在执行森林资源资产评估业务时,应当对森林资源资产数量、质量进行现场核查,确定委托方提供的森林资源资产清单是否能够作为评估依据,包括当年的森林资源规划设计调查、伐区作业设计调查成果等。森林资源资产核查是资产评估的必要程序,也是资产评估专业人员规避评估风险的重要环节。

1. 核查的基本要求

资产评估专业人员应对评估委托方提交的森林资源资产清单标注的内容进行核查,并要求账面、图面、实地三者一致,核查结果应满足核查的精度要求。拟评估森林资源资产的范围为核查总体,在核查总体内应恰当确定核查总体单元的大小和边界,并计算在一定可靠性前提下的核查精度;一个核查总体单元只允许对应一个独立使用的评估值。核查工作应执行《森林资源规划设计调查技术规程》(CB / T 26424)和《森林采伐作业规程》(LY / T 1646)以及林业行业相关标准的规定。

2. 核查项目

资产评估专业人员应阅读查验与拟评估森林资源资产有关的文件、证件、图件、资料、档案等。资产评估专业人员应依据林权证和有效法律文件,核对林地或林木的权属、年限及四至界限等。应依据林相图、森林分布图、核对空间位置、边界走向等。依据县以上林管部门批准执行有时效的林地保护利用规划、森林区划等和对森林种类和土地类别。

3. 林地核查内容

应核查林地的类型、森林类别、林种、树种、林下资源、使用期限、使用方式(指地租支付方式)、面积、位置、立地等级、地利条件等。

4. 林木核查内容

(1) 用材林核查内容。幼龄林(含未成林造林地)应核查的主要项目有起源、树种组成、林龄(造林时间、苗龄)、造林成活率、造林保存率、单位面积株数、平均胸径、平均树高、蓄积量、林木生长状态、病虫害发生及自然灾害损失状况、立地等级、地利条件等。近、中龄林应核查的主要项目有起源、树种组成、林龄、郁闭度、平均胸径、平均树高、蓄积量、林木生长状况、病虫害发生及自然灾害损失状况、立地等级、地利条件等。

(2) 竹林应核查的主要项目。竹林应核查的主要项目有竹种(品种)、平均直径、平均竹高、立竹度、年龄结构、整齐度、均匀度、平均单竹重量、竹林产量、出笋量、生长级、经营级、立地等级、地利条件等。

5. 经济林核查内容

经济林应核查的主要项目有树种、品种、产期、生长阶段、冠幅、单位面积株数、生长状况、单位面积产量、产品品质等。

6. 森林景观核查内容

资产评估专业人员应依据《旅游资源分类、调查与评价》(GB/T 18972)、《旅游区(点)质量等级的划分与评定》(GB / T 17775)和《中国森林公园风景资源质量等级评定》(GB / T 18005),除核查与林木核查内容相同的有关项目外,重点核查与观赏、游憩、保健、娱乐等方面相关的服务和特色以及交通条件、周边环境、旅游开发程度及建设条件等内容。

森林资源资产现场核查可以采用抽样核查或全面核查的方式进行。常见的森林资源资产核查方式主要有小班抽查法、全面核查法、抽样调查法等。当资产评估机构和评估专业人员缺乏森林资源调查专业知识和经验时,应聘请具有相应资质的专业机构或专业技术人员对森林资源资产进行核查,并由专业机构出具核查报告。

7.1.5　森林资源评估方法

根据森林资源资产的分类和认定,一般需要对林木资源资产、经济林资源资产及森林景观资产进行评估。林木资源资产按林种不同分为用材林资产(含薪炭林资产)、经济林资产、竹林资产、防护林资产以及特种用途林资产。林木资产功能不同,其内在价值的表现形式、生产经营方式也各不相同。比如用材林资产、竹林资产以木材(竹材)价值为主,经济林资产以果品或原料价值为主,或者两者兼具。因此,估算不同林木资产的价值应选择与之适应的评估方法。经济林是以生产油料、工业原料、药材、干鲜果品及其他副特产品为主要目的的森林,是森林资源的重要组成部分。其评估方法有市场成交价比较法、重置成本法和收益现值法。对经济林的评估应核查的主要项目有树种、品种、产期、牛长阶段、冠幅、单位面积株数、生长状况、单位面积产量、产品品质等。森林景观资产评估价值不仅与凝结在资产内部无差别的人类社会劳动有关,而且与人们对景观的主观心理因素有关。这两方面的价值构成了森林景观资产的价值评估基础。森林景观资产评估要结合景区评价等级和相关设施等进行综合评定估算,考虑到我国现状,估算森林景观资产价值应首先考虑使用模拟开发法即假设开发法,其次才是重置成本法或成交价比较法。三类资源评估方法既有共同点又有独特之处,下面重点介绍林木资源资产评估方法。

用材林林木资产评估方法主要有:木材市场价倒算法、市场成交价比较法、收获现值法、年金资本化法、周期收益资本化法及重置成本法,具体内容如下所述。

1. 市材市场价倒算法

材市场价倒算法也称为木材剩余价值法,该法属于逆算法,是预测被评估的林木资产皆伐后所得的木材市场销售总收入扣除木材经营所消耗的成本(含税、金、费等)和合理利润后,剩余价值部分作为林木资产价值的评估方法,是成熟林、过熟林林木资产评估的首选方法。

其计算公式为:

$$E = W - C - F \tag{7-1}$$

式中:E——林木资产评估值;

W——销售总收入;

C——木材经营成本(包括采运成本、销售费用、管理费用、财务费用及有关税费);

F——木材生产经营利润。

当森林培育与木材生产为同一方时,评估专业人员应结合评估目的等因素,确定是否扣减木材生产经营利润 F。市场价倒算法是成熟林、过熟龄林木资产评估的常用方法。该法所需的经济技术资料在市场上较易获得,各工序的生产成本、木材价格、利润、税费等数据都较易收集。立木的蓄积、胸径和树高等林况因子在资产核查中已确定,无须进行生长预测,财务的分析也不涉及投资收益率等问题。该方法计算简单,测算结果最贴近市场,最易为市场和评估当事人所接受。木材市场价倒算法主要用于成熟林、过熟林的林木资源资产评估,这是森林资源评估中最基本方法,在收益现值法、林地期望价法、收获现值法中,一般采用该法计算林分主伐的预期收获值。

【例 7-1】 甲公司拟转让 50 公顷杉木林,该林分为一般用材林的成熟林,林龄 27 年,已过主伐期,林分平均胸径 19 cm,平均树高 17 m,平均蓄积 170 m^3/hm^2,要求确定该小班评估值。

评估人员调查了林产品交易市场木材销售资料,根据待评估杉木实际平均胸径综合确定,评估基准日的杉原木售价 1 200 元/立方米,杉综合材售价 1 000 元/立方米。木材经营成本主要包含伐区设计费、检尺费、采造集装、运费、销售管理费等,以出材量为计算基数,合计为 180 元/立方米。木材销售税费主要包含增值税、城建税费等,按销售收入 18%征收。经营利润率按木材经营成本的 15%计算。出材率按委估资产地方标准《××市县林区商品林主要树种出材率表》,胸径为 18 厘米的杉木出材率 70%,其中,原木 25%,综合材 45%。根据上述调查资料,计算如下:

主伐收入 $W = 50 \times 170 \times 25\% \times 1\,200 + 50 \times 170 \times 45\% \times 1\,000 = 6\,375\,000$(元)

主伐成本 $C = (50 \times 170 \times 25\% + 50 \times 170 \times 45\%) \times 180 + 6\,375\,000 \times 18\% = 2\,218\,500$(元)

木材经营利润 $F = 2\,218\,500 \times 15\% = 332\,775$(元)

该林分评估值 $P = W - C - F = 6\,375\,000 - 2\,218\,500 - 332\,775 = 3\,823\,725$(元)

2. 市场成交价比较法

市场成交价比较法是将相同或类似的森林资源资产的现行市场成交价格作为比较基础,估算拟评估森林资源资产评估值的方法。对同一评估对象应选取三个以上参照交易案例，并从评估资料、评估参数指标等的代表性、适宜性、准确性方面，客观分析参照交易案例。对各估算结果进行分析判断后，可采用简单算术平均法、加权算术平均法、中位数法、众数法、综合分析法等方法确定评估结果，并在评估报告中披露所采用的方法和理由。其中简单算术平均法计算公式为：

$$E=\frac{X}{N}\sum_{i=1}^{n}K_i\times K_{bi}\times G_i \tag{7-2}$$

式中：E——评估值；

X——拟评估森林资产的实物量；

K_i——第 i 个参照交易案例林分质量综合调整系数；

K_{bi}——第 i 个参照交易案例物价调整系数；

G_i——第 i 个参照交易案例市场交易价格；

N——参照交易案例个数。

【例 7-2】 某公司拟转让 8 公顷的杉木成熟林，要求对其林木资产进行评估。根据资产清查该小班面积 8 公顷，蓄积量 1 200 立方米，地利系数为 0.95。

参照案例 A：某公司 2 年前花 210 000 元向邻村购买年龄、平均胸径、平均树高都与该小班相近的杉木成熟林 7 公顷，蓄积量 850 立方米，地利系数为 1.04。目前，木材销售价格由 2 年前的 1 000 元/立方米，评估基准日上涨为 1 200 元/立方米。

参照案例 B：附近林场 1 年前花 170 000 元向邻村购买年龄、树高相近、平均胸径为 20 厘米的杉木成熟林 6 公顷，其蓄积量为 900 立方米，地利系数为 0.92。1 年前杉木原木材销售价格为 750 元/立方米。

参照案例 C：某个体户近期花 120 000 元购买了年龄、平均胸径、树高都与该小班相近的成熟林 3 公顷，蓄积量 500 立方米，地利系数为 1.02 。

根据上述指标，评估过程及结论如下：

参照案例 A 可得：

$K_1=0.95/1.04=0.913\,4$

$K_{b1}=1\,200/1\,000=1.2$

$G_1=210\,000/850=247.05$（元/立方米）

$E_1=K_1\cdot K_{b1}\cdot G_1=0.913\,4\times1.2\times247.05=270.79$（元/立方米）

参照案例 B 可得：

$K_2=0.95/0.92=1.032\,6$

$K_{b2}=1\,200/1\,050=1.143$

$G_2=170\,000/900=188.89$（元/立方米）

$E_2=K_2\cdot K_{b2}\cdot G_2=1.032\,6\times1.143\times188.89=222.94$（元/立方米）

参照案例 C 可得：

$K_3=0.95/1.02=0.931\,3$

$K_{b3}=1\,200/1\,200=1$

$G_3=120\,000/500=240$（元/立方米）

$E_3=K_3\cdot K_{b3}\cdot G_3=0.931\,3\times1\times240=223.51$（元/立方米）

用算术平均数得出单位蓄积林木评估值：

$E=(270.79+222.94+223.51)/3=239.08$（元/立方米）

总评估值 $E_{总} = E \cdot X = 239.08 \times 1\,200 = 286\,896$(元)

根据上述指标,评估过程及结论如下:

参照案例A可得:

$K_1 = 0.95/1.04 = 0.961\,5$

$K_{b1} = 1\,200/1\,000 = 1.2$

$G_1 = 210\,000/850 = 210.52$(元/立方米)

$E_1 = K_1 \cdot K_{b1} \cdot G_1 = 0.961\,5 \times 1.2 \times 210.52 = 242.9$(元/立方米)

参照案例B可得:

$K_2 = 0.95/0.92 = 1.032\,6$

$K_{b2} = 1\,200/1\,050 = 1.143$

$G_2 = 170\,000/900 = 188.89$(元/立方米)

$E_2 = K_2 \cdot K_{b2} \cdot G_2 = 1.032\,6 \times 1.143 \times 188.89 = 222.94$(元/立方米)

参照案例C可得:

$K_3 = 0.95/1.02 = 0.931\,3$

$K_{b3} = 1\,200/1\,200 = 1$

$G_3 = 120\,000/500 = 240$(元/立方米)

$E_3 = K_3 \cdot K_{b3} \cdot G_3 = 0.931\,3 \times 1 \times 240 = 223.51$(元/立方米)

用算术平均数得出单位蓄积林木评估值:

$E = (242.9 + 222.94 + 223.51)/3 = 229.78$(元/立方米)

总评估值 $E_{总} = E \cdot X = 229.78 \times 1\,200 = 275\,739.19$(元)

3. 收获现值法

收获现值法是指通过预测林分生长到主伐时可生产的木材数量,利用木材市场价倒算法测算出其立木的价值并将其折成现值,然后扣除评估基准日后到主伐前预计要进行各项经营措施成本(含地租)的折现值,将其剩余部分作为被评估林木资产的评估值。理论上收获现值法可用于任何年龄阶段的林木资产评估,但实际只用于中龄林和近熟林的评估。其计算公式为:

$$B_u = K \cdot \frac{A_u + D_u(1+P)^{u-a} + D_b(1+P)^{u-b} + \cdots}{(1+P)^{u-n+1}} - \sum_{i=n}^{u-1} \frac{C_i}{(1+P)^{i-n+1}} \qquad (7-3)$$

式中:B_u——林木资产评估值;

K——林分质量调整系数;

D_a,D_b——标准林分第 a、第 b 年的间伐和其他纯收益($n>a,b$ 时,$D_a=0,D_b=0$);

C_1——评估后至主伐期间的年营林生产成本;

u——经营周期;

n——林分年龄;

P——投资收益率。

此方法适用于造林年代已久,用成本法容易产生偏差,离主伐期尚早,不宜采用市场法的情况。需要确定的要素为:林分主伐时的纯收入,即木材销售收入扣除采运成本、销售费用、管理费用、财务费用及相关税费和木材经营的合理利润;间伐的纯收入;投资收益率一般采用平均收益率进行测算;评估基准日到主伐时的营林成本;林分质量调整系数 K,一般根据待评估的林分与标准林分的蓄积或胸径指标进行调整。

【例7-3】 甲公司拟转让200亩的杉木中龄林，年龄为14年，亩蓄积为10立方米，经营目标为中径材(其主伐年龄为26年)，标准参照林分主伐时平均亩蓄积为18立方米，林龄为14年的标准参照林分的平均亩蓄积为9立方米，假设该林分不需要间伐，有关技术经济指标如下：每年管护费用为5元/亩；每年地租为48元/亩，杉木林主伐时林木单位蓄积纯收入为400元/立方米，投资收益率为8%。要求计算该林分的林木资产评估值(所得结果均保留两位小数)。计算如下：

$$\text{预测主伐时亩蓄积量} = K\text{ 值} \times \text{林分主伐标准蓄积} = 10/9 \times 18 = 20\ (\text{立方米})$$

由于该林木经营不存在间伐，且基准日至主伐时各年营林成本相同，故原收获现值法公式前半部分简化为 $u-n$ 期的年金现值系数。

$$\begin{aligned} B_u &= 200 \times 20 \times 400 \div (1+8\%)^{26-14+1} - 200 \times (5+48) \times [1-(1+8\%)^{-(26-14)}] \\ &= 508\ 434.02(\text{元}) \end{aligned}$$

4. 年金资本化法

年金资本化法是在永续经营条件下，将被评估森林资源资产年稳定收益作为资本投资的收益，按适当的投资收益率折算林木资源资产价值的方法。

其计算公式为：

$$E = \frac{A}{P} \tag{7-4}$$

式中：E——评估值；

A——年平均纯收益值；

P——投资收益率。

该方法公式简单，计算方便，采用此法的前提条件是待估资产的年收入必须稳定，评估资产可以永续经营。要注意的问题是测算年平均纯收益是应扣减成本的正常利润，投资收益率必须是不含通货膨胀率的当地该类资产投资的平均收益率。年金资本化法主要用于评估年纯收益稳定的森林资源资产。

5. 周期收益资本化法

周期收益资本化法是将被评估林木资产稳定的周期收益作为资本投资的收益，再按适当的投资收益率求出资产的价值。使用该方法以实现森林资源永续利用为前提条件，适用于异龄林林木资源资产评估。根据林木资产经营的具体情况，分为刚择伐后的林木资产评估、择伐m年后的林木资产评估及未成熟林的林木资产评估。

6. 重置成本法

重置成本法是按照现时的工价及生产水平，重新营造一块与被评估林木资产相类似的资产所需的成本费用，作为被评估林木资产评估值的方法。此法主要适合幼龄林评估，其各项营林成本较清晰，测算容易。运用重置成本法评估林木资产必须注意确定合理的投资收益率，不存在资产的折旧问题，也就不存在成新率。应用时要根据林分质量调整估算评估值，林分质量是以当地平均的生产水平为标准。基于我国对于森林培育的营林标准要求，在实际操作中，幼龄林中一般用株数调整系数和平均树高调整系数综合确定，在中龄以上的林分用平均胸径调整系数和蓄积调整系数综合确定。

实务训练

森林资源资产评估报告编写实训

1. 实训目的：熟悉森林资源调查与核查的清单，掌握资源资产的评估方法，培养制作简单森林资源资产评估报告的实际工作能力。

2. 实训方式：采用角色扮演法，学生按评估工作岗位分组，分工协作查找资料和评定估算，教师根据存在问题有针对性地进行指导。

3. 考核评量：制作工作底稿和简单评估报告，用PPT展示成果，学生自评与小组互评相结合，教师进行点评。

4. 实训内容：森林资源资产评估报告编写内容和清单，包括以下十一个部分。

(1) 基本情况。包括地理位置、气候、土壤、交通条件、当地居民的生活水平以及林地资源占有单位具体经营实际和现况及安置情况的说明。

(2) 评估对象与范围。包括评估森林资源的种类、面积、林班等情况。

(3) 评估目的。包括评估对象的种类、年限。

(4) 评估基准日。基准日的选定既以那天的价格为计价时间。

(5) 评估依据。当前最主要的有国务院发布的《国有资产管理办法》，国家国有资产管理局、林业局颁发的《森林资源资产评估技术规范〈试行〉》，以及各省根据自己的实际情况而制订的《××省森林资源资产转让条例》等。

(6) 评估方法。根据国家国有资产管理局、林业局颁发的《森林资源资产评估技术规范〈试行〉》中的方法进行。

(7) 评估过程。包括前期准备工作时间、现场评估工作时间、后期报告工作时间。

(8) 森林资源清查情况与结果。以调查结果为主，并附报告于后。

(9) 评估结果。具体算至价格，用人民币结算附表说明。

(10) 评估说明。包括报告的具体说明、时间、附表的效力等。

(11) 附件。包括林地资源资产评估结果汇总表、林木资源资产评估结果汇总表、森林资源调查报告、产权证明复印件、森林资源产权属图、森林资源林业基本图。

情境任务7.2 珠宝首饰评估

珠宝首饰评估是在珠宝产业快速发展，资产评估行业逐步规范、延伸和开拓的过程中应运而生的，是一个相对年轻的评估实践领域，也是一项极具挑战性的评估实践领域。珠宝首饰作为流通品，不但涉及生产企业、销售企业和消费者，而且与金融、拍卖、典当、保险、收藏等行业和领域有着密切的联系。经过十年的探索，逐步建立了既适合珠宝评估专业特性，又满足资产评估行业管理要求的体系，评估实践得到了社会的认知和认可，珠宝首饰评估在维护珠宝交易市场秩序、保护公众和交易各方利益等方面发挥着不可或缺的作用。

7.2.1　社会经济发展背景对珠宝首饰评估的内在需求

珠宝首饰是装点人类生活最美丽的艺术品。随着社会和经济的发展人们越来越注重个性展示和自我美化，珠宝首饰的流行反映了人们对生活的热爱、生活质量的提高。“旧时王谢堂前燕，飞入寻常百姓家”，珠宝首饰给人们的生活带来了美的享受。伴随着人们情感的寄托、自我价值的实现、个性魅力的表达、财富拥有和人格品位的体现，这种美已经不仅仅局限于外在的享受，更多的是人们内心时美的满足。改革开放以来，随着我国经济的迅猛发展，人们生活水平大幅提升，国内外珠宝首饰正在越来越多地走近中国广大消费者，增长速度和总量都居于世界前列。

在中国经济持续快速发展的大背景下，中国珠宝行业成长迅速、快速发展，成为全球最重要、最具吸引力的珠宝玉石市场之一。黄金、钻石、玉石等重要产品的消费均居世界前列，而且增长率继续领先欧美日等其他主要市场。资本运营是珠宝企业发展的核心和助推器。目前，国家鼓励大力发展资本市场＋珠宝企业，尤其是具备一定条件的中小型、成长型、科技创新型珠宝企业，若能抓住机遇，通过资本运作，实现企业裂变扩张，将有力地提升企业的综合竞争力，促进企业的跨越和持续发展。因此一些有影响力和实力的珠宝企业开启了资本运作、融资上市之路，珠宝企业有良好的盈利能力，积淀有大量的优质资产。越来越多的金融机构逐渐认识到了这一点，所以对珠宝企业的融资需求也越来越重视。在传统的珠宝市场和资本市场的融合过程中，珠宝首饰的鉴定评估发挥着不可或缺、至关重要的作用。随着市场经济的发展，珠宝首饰评估的范围已不再局限于狭义的实体部分，而是向无形资产扩展延深。如对珠宝首饰的品牌拥有权和使用权的评估，对特许经营权和连锁店品牌使用权的评估等，都可以纳入珠宝首饰评估的范畴。零售市场、高端珠宝的消费者、经营者对专业服务也提出了更高的要求，在真伪鉴定的基础上，需要对高端的珠宝首饰艺术品价值进行评估。

7.2.2　珠宝首饰评估实践

尽管世界资产评估行业的发展已有 100 多年的历史，但珠宝首饰评估的发展主要是近 30 多年的事。在美国的 20 世纪 70 年代，随着投资、纳税、捐赠、易货交易的数量和规模不断增加，社会对珠宝首饰评估的需求迅速扩大，使得珠宝评估师的地位得到了大幅度提高，促进了珠宝首饰评估实践的发展。在美国评估师协会，珠宝首饰评估是与企业价值评估、机器设备评估、动产评估、不动产评估和评估复核并列的六个评估专业系列之一。目前，美国的专业珠宝评估师在保险、遗产纳税、遗产分配、捐赠、抵押担保、海关、法庭作证、出售、购买建议等很多领域，都有评估实践。

在我国，在珠宝企业的注册、增资、上市、重组，珠宝资产的处置、变现、入账、重估、拍卖、捐赠方面，在协助海关认定报关价格，协助司法部门解决经济纠纷和量刑定罪等领域，进行了大量的评估实践。同时，在协助消费者对珠宝首饰价值的了解方面，进行了积极探索。目前，典型的评估实践主要有金融不良资产处置中的珠宝首饰评估，上市公司资产重组中的珠宝首饰评估等。另外，在海关报关及罚没中具有一定的评估实践案例。

7.2.3　珠宝首饰评估实践展望

随着我国市场经济的发展，珠宝市场也得到了长足的发展，珠宝首饰评估的需求将不断增加。在我国,与保险有关的珠宝评估业务主要涉及保险理赔时的纠纷处理。随着外资保险公司进入我国,以及我国保险制度的逐步完善,珠宝首饰保险评估将是一个十分广阔的实践领域。在国外,中小企业经常通过将珠宝首饰向银行抵押获得贷款,国内银行珠宝抵押贷款前途光明。在经营性文化单位改革发展的新形势下,珠宝首饰评估有助于解决珠宝企业融资难题。随着珠宝企业规模化发展,上市融资、股权交易等行为H益增多,将会为珠宝首饰评估带来新的领域。拍卖公司、典当行对珠宝首饰的评估,往往需要借助专业的珠宝评估师和评估机构提供服务。随着我国遗产税等税种的开征,纳税评估也将成为珠宝首饰评估的市场需求。

情境任务7.3 司法实践领域的资产评估业务

司法鉴定是我国诉讼制度的一个重要环节,鉴定结论在证据体系中有很高的权威性,是司法立案、审判、执行的重要依据。司法鉴定制度建立伊始,资产评估就成为其中的一项重要内容。随着社会经济的不断发展以及人们法制观念的增强,经济纠纷案件明显增多,司法机关案件的办理中涉及的专业技术性问题也越来越多,因此,司法实践中对资产司法鉴定评估的需求也不断增长。

7.3.1 我国司法实践对资产评估的需求

结合目前国内相关法律法规及司法解释的规定,综合归纳资产评估在司法实践领域的实际运用情况,目前司法实践领域对资产评估的需求主要有债务纠纷涉及的资产拍卖(变卖)价值鉴定评估、资产损害赔偿鉴定评估、刑事案件量刑中相关损失的估算和民事案件涉诉标的价值估算等几个方面。

1. 债务纠纷涉及的资产拍卖(变卖)价值鉴定评估

《最高人民法院关于人民法院民事执行中拍卖、变卖财产的规定》(法释〔2004〕16号)第四条规定“对拟拍卖的财产,人民法院应当委托具有相应资质的评估机构进行价格评估”。《最高人民法院关于人民法院委托评估、拍卖和变卖工作的若干规定》(法释〔2009〕16号)第十三条规定“拍卖财产经过评估的,评估价即为第一次拍卖的保留价;未作评估的,保留价由人民法院参照市价确定,并应当征询有关当事人的意见”。《最高人民法院关于冻结、拍卖上市公司国有股和社会法人股若干问题的规定》(法释〔2001〕28号)第九条规定“拍卖股权之前,人民法院应当委托具有证券从业资格的资产评估机构对股权价值进行评估。”此外,全国各省市高级人民法院也就司法实践中的评估问题等出台了相应的办法。例如《北京市高级人民法院关于委托司法鉴定工作的若干规定(试行)》(京高法发〔2005〕10号)规定,在司法鉴定中,对专门性问题进行检验、鉴别和评定并得出相应结论,其中包括鉴定、审计、评估。《四川省高级人民法院委托鉴定管理办法》明确了委托鉴定的范围:动产、不动产、企业价值以及无形资产的财产价值评估。

2. 资产损害赔偿鉴定评估、刑事案件量刑中相关损失的估算、民事案件涉诉标的价值的估算

我国《民事诉讼法》(中华人民共和国主席令第75号)、《行政诉讼法》(中华人民共和国

主席令第16号)均规定,人民法院在诉讼过程中对专门性问题需要鉴定的,应当交由法定鉴定部门鉴定;没有法定鉴定部门的,由人民法院指定的鉴定部门鉴定。《刑事诉讼法》规定,为了查明案情,需要解决案件中某些专门性问题的时候,应当指派、聘请有专门知识的人进行鉴定。《仲裁法》(中华人民共和国主席令第31号)规定,仲裁庭对专门性问题认为需要鉴定的,可以交由当事人约定的鉴定部门鉴定,也可以由仲裁庭指定的鉴定部门鉴定。2005年《全国人民代表大会常务委员会关于司法鉴定管理问题的决定》明确了司法领域资产评估鉴定的类型,属于传统的三大类鉴定业务以外的鉴定业务。以上规定,为资产损害赔偿鉴定评估、刑事案件量刑中相关损失的估算、民事案件涉诉标的价值估算提供了法律依据。

7.3.2 司法领域中的资产评估实践

司法实践领域中,关于涉讼标的财产(资产)的价值认定、资产损害赔偿价值认定、刑事案件中影响量刑依据的涉案财物(资产)及损失判定,都需要由法院认定的专业评估机构出具专业价值意见。

资产损害赔偿鉴定评估,是资产的所有权、用益物权或者担保物权受到侵害,从而对损害带来的资产价值减损额进行的鉴定评估;资产变价,是人民法院执行案件的重要环节之一。由资产评估确定资产价值减损额、确定资产变价底价是国际通行的做法。人民法院采信资产评估机构出具的关于资产损害赔偿的鉴定评估结论,为法院判案提供依据,有利于案件的处理及纠纷的化解。在此方面,资产评估发挥了重要作用。

资产评估结论关系犯罪嫌疑人的定罪量刑,即罪与非罪、此罪与彼罪、量刑的多少等。因此,刑事案件中资产评估结论决定着犯罪嫌疑人的切身利益,决定着案件审理的客观、公正,是非常重要的鉴定结论。如备受国际国内广泛关注的"力拓案",资产评估为人民法院提供了公允的价值评估结论,使案件得到顺利判决。

7.3.3 司法实践领域中的资产评估展望

资产评估是专业性很强的工作,资产评估可以为涉案标的提供价值衡量尺度。民事诉讼案中,在立案、审理、判决、执行等各个环节,资产评估均可以提供涉案标的资产的价值鉴定工作。随着社会经济的发展,人们的经济活动大量增加,经济活动中的民事纠纷也随之增加,资产评估行业将会在司法领域发挥更大作用。

【力拓案资料】

世界三大铁矿石巨头:力拓、必和必拓、淡水河谷。

RioTinto矿业公司成立于1873年的西班牙。1954年,公司出售了大部分西班牙业务。1962—1997年,该公司兼并了数家全球有影响力的矿业公司,并在2000年成功收购了澳大利亚北方矿业公司,成为在勘探、开采和加工矿产资源方面的全球佼佼者。

力拓集团总部在英国,澳洲总部在墨尔本。该公司控股的哈默斯利铁矿有限公司是澳大利亚第二大铁矿石生产公司,在西澳皮尔巴拉地区有五座生产矿山(即汤姆普赖斯铁矿、帕拉布杜铁矿、恰那铁矿、马兰杜铁矿和布诺克曼第二矿区),探明储量约为21亿吨,公司铁矿年生产能力为5 500万吨。预计在建采矿工程完工后,该公司铁矿年生产能力将达到6 500万吨以上。

力拓集团是全球第二大采矿业集团,仅次于必和必拓公司。力拓矿业集团不仅是全球最大的资源开采和矿产品供应商之一，而且也是世界三大铁矿石供应商之一。力拓集团作为全球最大的资源开采和矿产品供应商，不仅向全球提供铁矿石，还提供包括铝、铜、钻石、能源产品、黄金、工业矿物等产品。该集团业务遍及全球，尤其以澳大利亚和北美洲为重。中国是其仅次于北美、欧洲和日本之后的第四大市场，中国也是集团目前业务增长最迅速的市场。

2009 年 7 月 5 日，胡士泰、王勇、葛民强、刘才魁等四名力拓员工，被上海市国家安全局刑事拘留。2009 年 7 月 9 日，上海市国家安全局称，胡士泰等 4 人采取不正当手段刺探窃取中国国家秘密。

2009 年 8 月 11 日，胡士泰等四人被正式批捕时的罪名则降格为“涉嫌侵犯商业秘密罪和非国家工作人员受贿罪”。

2010 年 2 月 10 日，上海市人民检察院第一分院对澳大利亚力拓公司胡士泰等四人涉嫌非国家工作人员受贿、侵犯商业秘密犯罪一案，向上海市第一中级人民法院提起公诉。

2010 年 3 月 22 日，四名因受贿及侵犯商业秘密罪被起诉的力拓员工承认受贿行为。昨日及前日，备受关注的“力拓案”在上海市第一中级人民法院（以下简称“上海第一中院”）第一法庭开庭审理。

2010 年 3 月 29 日下午，上海市第一中级人民法院对力拓案作出一审判决，认定胡士泰、王勇、葛民强、刘才魁四人犯非国家工作人员受贿罪、侵犯商业秘密罪，分别判处其有期徒刑 14 年到 7 年不等。

资产评估机构出具的关于资产损害赔偿的鉴定评估结论，为法院审理商业秘密案提供定罪量刑依据。

情境任务 7.4 生态环境领域的资产评估业务

随着我国产业结构、增长方式、消费模式逐渐调整变化，能源资源的节约和生态环境的保护被摆到越来越突出的位置。近年，我国资产评估行业对循环经济投入了极大关注，努力探索和推动生态环境价值评估实践的开展，以期在我国的生态文明建设中发挥更大的作用。

7.4.1 生态环境价值评估的社会需求

建设生态文明，不仅仅是污染控制和生态恢复，更重要的是要克服工业文明弊端，探索资源节约型、环境友好型发展道路的过程，这其中，首先需要改变原有价值观的束缚，恢复生态环境价值的本来面目。联合国《千年生态系统评估(MA)报告》强调，对生态系统及其服务的使用作出任何决定，都必须承认其价值的多重性，应与保护同时进行。改变环境资源无价论，不仅要从观念上明确生态环境有价，而且要对生态环境的价值进行全面的量化和评估。只有这样，才能不断提高人们的生态环境保护意识，将生态环境问题纳入经济规划中进行综合决策，指导和规范社会行为，进而有效地解决生态环境问题，实现社会经济的可持续发展。作为资产化管理的重要环节，社会各界对于生态环境的价值评估呈现出了旺盛的需求。这大致可以分为市场化和决策管理两个层面的需求。

市场化需求是采用经济手段调整与生态环境有关的行为而产生的评估需求。主要体现为：一是生态环境损害事件的法律诉讼、经济补偿。近年来，恶性生态事件时有发生并在社会上引起了很大反响。这类事件之所以引起人们的极大关注，不仅仅是因为其对当地群众生命财产造成的损失，更为重要的是对人们生存、发展环境带来的长期、不可逆转的影响。产生损害不可避免地要涉及损害补偿的问题，对生命和财产损失的补偿无可置疑，对生态损害的补偿，已经引起社会各界的高度关注，生态损害补偿的依据、补偿的额度，是解决生态补偿的关键问题，进行生态价值评估是解决这一问题的有效途径。二是拆迁征占。建设项目中的拆迁征占项目，往往涉及对生态环境的破坏。我国现行有关政策对因此带来的生态环境价值补偿问题暂没有明确规定，即使在经济活动中有所实践，也难以完全弥补对生态环境造成的损害，并常常成为群体事件的导火索。例如，2008 年 7 月，在广东省汕头市南澳县，为建设青澳湾广场，砍伐了当地村民种植的防风林。这片防风林对于改善老百姓的生存、生产条件发挥至关重要的作用，但有关单位完全未考虑其生态价值，只是对林下经济作物给予了每亩 4 500 元的青苗补偿，引发了当地群众的极大不满。有关部门通过对生态环境价值评估，一方面可以为生态环境损害补偿提供客观依据，另一方面还可以加大林地征占成本，促使开发商提高土地使用效率，减少征占面积，有效保护生态环境。

决策管理需求是出于建设项目审批、政策选择、制度设计等公共事务决策等目的而产生的对生态环境价值进行评估的需求。目前，主要集中在项目审批管理层面。《环境影响评价法》(中华人民共和国主席令第 77 号)规定，建设项目在建设活动之前，对建设项目的选址、设计和建成投产使用后可能对周围环境产生的不良影响进行调查、预测和评定，提出防治措施，并按照法定程序进行报批。这种定性评价的方式，对建设项目生态环境的保护，起到了重要的作用。

7.4.2　生态环境建设领域中的资产评估实践

近年来，国家有关部门积极推动生态环境价值评估方面的工作。中国资产评估协会对此项工作投入了极大关注，努力探索和推动生态环境价值评估实务工作的开展，并于 2011 年启动了《基于市场需求及政府决策管理需要的生态价值评估研究》项目，为推动生态环境价值评估实践迈出了坚实的一步。有关评估机构在生态环境价值评估方面进行了许多有益的实践探索。例如，2007 年中国资产评估机构完成的“日本遗弃在华化学武器(日遗化武)销毁工程征占用林地补偿价值评估”项目，是我国第一个涉外森林生态价值补偿评估实践项目，也是外交部第一次委托资产评估机构完成生态价值评估的案例。中国资产评估机构完成的莱西市院上镇南辛庄村被毁松林损失价值评估项目，是国内第一起由司法机关委托完成的生态价值评估报告，并成为量刑的主要依据。2009 年，陕西省林业厅委托资产评估机构对陕西省全省森林资源价值进行评估。

7.4.3　生态环境建设中的资产评估展望

生态环境价值评估蕴藏着丰富的市场需求和发展前景。生态环境价值评估是资源资产化管理的重要环节，是生态环境保护的必要专业工具，是决策管理的辅助手段，是应对国际压力、维护国家和民族利益的有效方式。资产评估具有的公正、权威、科学以及合法的专业服务特征，易于得到相关各方的认可，在国际事务中也容易获得法理上的认同。

1. 生态服务市场化

生态环境所能提供的各类服务具有稀缺性，但生态环境服务的提供和享用往往在时空上具有差异性。生态环境服务的享用者只有对提供者给予一定的补偿，提供者才能有资金、有动力维持乃至改善生态系统。通过资产评估可以提高人们对生态环境价值的认识，为补偿提供依据，丰富生态环境建设的资金来源。

2. 气候变化中的碳交易评估

气候变化问题是制约人类发展的三大关键问题之一。随着全球气候变暖，二氧化碳的排放量必须减少，以缓解人类的气候危机。虽然目前温室气体减排有着强制减排市场和自由减排市场的区分，但都是通过对碳信用的交易，实现资源的有效配置，这就对价值评估提出了旺盛的需求，也为资产评估实践提供了广阔的市场前景。在气候变化问题上，我国主动承诺大幅减排，但西方国家针对我国的减排承诺提出“可测量、可报告、可核实”的要求。我们可以大胆预测，未来通过资产评估专业服务体系测量排放、计量排放，将有力推动碳交易市场的建设。

3. 旅游开发中的景观价值评估

旅游业资源消耗低，带动系数大，就业机会多，综合效益好，是我国经济发展的重要增长点，被国务院确定为国民经济的战略性支柱产业。但在旅游资源开发中，部分地方政府为吸引投资，低价甚至无偿转让旅游资源，造成国有资产流失，对旅游资源造成了难以弥补的损失。景观价值的评估，对于维护国家、集体等旅游资源资产占有方的利益，推动旅游资源整合和合理开发利用都具有非常重要的战略意义。

4. 建设项目全程生态价值评估

这类需求贯穿于建设项目的审批、实施以及绩效评价的整个过程，为政府部门和企业的科学决策提供更加丰富全面的视角和决策手段。在建设项目建设活动全程，加入生态环境价值评估，量化建设项目对生态环境的影响，将进一步加强建设方对生态环境的保护意识。

5. 国民经济管理层面评估需求

多年以来，简单地把经济发展等同于 GDP 增长，一些地方为追求一时的经济增长速度，以牺牲生态环境为代价获得经济数据的增长。按照可持续发展的观点，应该将所发生的任何生态环境损害都进行价值评估并从 GDP 中扣除，这就是所谓的绿色国民核算、绿色 GDP，一个国家或地区考虑了自然资源与环境因素影响之后经济活动的最终成果，即将经济活动中所付出的资源耗减成本和环境降级成本从 GDP 中予以扣除。这个指标，实质上代表了国民经济增长的净正效应。绿色 GDP 占 GDP 的比重越高，表明国民经济增长的正面效应越高，负面效应越低；反之，亦然。生态环境价值评估是绿色 GDP 核算的必要前提。绿色国民核算，是一项庞大的系统工程，目前全世界对绿色国民经济核算的整体研究成果还非常有限。但生态环境价值评估作为重要的支撑条件，得到了社会各界的广泛关注，众多部门和地方积极开展了各种规模和级别的案例研究。

生态环境价值评估的需求不仅仅局限于以上描述的这些方面，随着人们对生态环境认识的不断深入和评估手段的不断提高，生态环境价值评估必将深入生产和生活的方方面面。

情境任务 7.5　税收领域的资产评估业务

在美国，因许多税种的课税基数都与资产、企业价值有关，为合理避税或满足有关税法的规定，企业或公共部门通常都通过聘请专业评估师对资产、企业价值进行评估。美国的税收政策极大地促进了资产评估的发展,使以税收为目的的评估成为评估行业稳定的收入来源之一。我国在推进税制改革的进程中,由资产评估机构为税收征纳提供价值尺度已经成为资产评估实践领域的重要方面。

7.5.1 税收领域中资产评估需求

近年来,核定税基、确定计税价格、关联交易转让定价等税收领域,产生了对资产评估的需求。

1. 核定税基时对资产评估的需求

税基是课税基础,是税收的核心要素之一。税基是课税依据质与量的统一。一个国家的税收制度,首要的是恰当地选择税基。可供选择的税基的范围比较广泛,商品流转额、企业利润、个人所得、投资消费支出,以至财产转移,都可以作为税基。在征税过程中,对计税基础的判断和核定,从广泛意义上来说是一次评估的过程。

比较典型的是房产税税基确定的评估。从发达国家的经验来看,无论从完善税制的角度,还是促进房地产价格稳定的角度,开征房产税都是大势所趋。开征房产税,是我国深入推进经济体制改革的重要方面。2010 年 5 月中央明确提出"逐步推进房产税改革";2011 年 1 月 28 日,上海和重庆率先开始试点,将房产税征税对象扩展至个人自有住房;2013 年国务院批转国家发展和改革委员会《关于 2013 年深化经济体制改革重点工作的意见》(国发〔2013〕20 号),提出 2013 年改革重点涉及七大领域,包括财税体制改革,其中扩大房产税试点范围是最重要的方面。房产税扩大征收试点范围已进入实质性操作阶段。房产税开征的核心问题之一就是税基的确定。在许多发达国家和地区,房地产税都以房屋的评估价值即现值作为计税依据。参照国际惯例,逐步以房屋的评估价值作为计税依据,从而平衡纳税人的纳税能力,充分体现房地产的财产税特征,是社会普遍的认识。中国各地在研究房产税税基确定手段时,多数认为由原来的房产原值改为市场评估价作为税基更贴合实际情况。

2. 确定计税价格时对资产评估的需求

我国税制的主体税种是流转税,流转税以商品生产、流通环节的流转额或者数量以及非商品交易的营业额等为征税对象,以商品、劳务的销售额和营业收入作为计税依据,企业收入的高低关系流转税的多少。制定组成计税价格成为衡量企业计税基础、保证税源的一种方式。目前,我国组成计税价格是通过成本加成的方式确定的。有关部门通过对企业的现场勘查和同行业的比较,估算企业价值和资产价值,在价值形成过程中产生对企业利润率和报酬率的判断。随着市场经济的发展,企业的经营越来越灵活,借助于专业评估手段正确判定组成计税价格是税收征管的内在需求。

3. 关联交易转让定价对资产评估的需求

关联方转让定价是目前税收领域的热点问题。如何阐述交易双方定价安排的经济合理性以及如何让交易双方的税务主管机关(通常涉及不同国家或不同区域的税务主管机关)接受是关键。伴随全球经济一体化进程的加快,企业需要在全球范围内配置资源,以期获得更高的回报率,跨国公司或集团公司内部的交易对企业的整体运营发挥了日益重要的作用。在这些交易中,对风险与收益进行评估能够把握交易的实质,判断交易的价值。

7.5.2 资产评估在我国税收管理中的实践

1. 与企业重组和企业价值相关的税收评估业务实践

企业重组过程中所得税处理包括涉税业务资产评估和涉及企业重组所得税的涉税评估

问题。2010年,国家税务总局发布的《企业重组业务企业所得税管理办法》(公告第4号)明确规定,在企业发生清算、分立、股权转让和资产转让的过程中,应当由评估机构对计税基础和所涉及资产或股权的公允价值出具评估报告。2011年3月,一家英属维尔京群岛(BVI)公司将其持有的某(香港)有限公司股权转让给在香港注册的某煤业控股公司,该公司的核心资产是其持有的山西能源公司56%股权。该笔交易的转让价是6.69亿美元,这是经过评估的市场价值。正是有了这个价值作为支撑,山西晋城国家税务局征收了4.03亿元的所得税,成为我国目前单笔金额最大的非居民企业间接股权转让所得税的案例。

2. 与税基相关的评估业务探索

中国资产评估协会一直积极推动税基评估实践的前期准备工作,从组织、理论研究等各个方面开始了资产评估实践的准备工作。2006年成立中国资产评估协会税基评估专业委员会,大力推动税基评估相关准备工作。该委员会代表评估行业与税政部门进行沟通;针对物业税管理体制设计,从评估行业角度提供政策建议;针对税基评估业务的开拓,进行评估操作技术准备;针对相关理论和实务等方面内容,以课题形式进行系统研究;进行税基评估准则的前期研究等。近年来,不断深化税基评估领域的国际交流与合作,深入开展税基评估领域的国际交流与合作,通过组团参会、会际互访、派员学习等形式,深化与国际财产税学会等相关国际组织的交流与合作;翻译出版税基评估专业书籍,推动国际税基评估专业交流。与国际财产税学会、加拿大安大略市政评估公司等国际组织和机构建立了长期的合作关系。此外,还于2008年派员参加了马来西亚政府组织的马来西亚技术合作项目下设的财产税税基评估培训项目。

中国资产评估协会税基评估专业委员会还先后形成了物业税税基评估研究报告(约10万字)和韩国物业税税基评估研究报告两份高质量的研究报告。间时,组织翻译了大量美国、加拿大等国税基评估操作和管理方面的研究资料,为我国物业税税基评估研究工作提供了有益参考。

7.5.3 资产评估在税收管理中的实践展望

随着税收制度的优化、税收管理的精细化和征管措施的逐步完善,运用评估技术提高税收征管效率已成为必然,资产评估服务于税收的作用越来越大,地位也越来越重要。在我国,不论是房产税制改革需要的税基评估(试点)和契税征收等的税基评估,还是二手房转让的营业税征管、土地增值税征管,以及企业重组业务、企业清算业务企业所得税的处理,企业所得税的特别税收调整、其他反避税措施和对高收入者税收监管措施中的股权转让等税收管理,都已出现不少涉税业务资产评估的需求。特别是企业重组业务、清算业务企业所得税的处理,企业所得税的特别税收调整和高收入者的税收监管措施中的股权转让等涉及的企业资产、企业价值、股权等的价值评估,将是资产评估重要的实践领域。

情境任务7.6 PPP项目领域涉及的资产评估业务

PPP是英文Public-Private-Partnership的缩写,按字意理解,即“公共部门—私人—合作”，直译为“公私合营”。20 世纪七八十年代，发达国家为缓解财政支出压力，运用 BOT 模式，将特许经营项目以“使用者付费”方式，引导私人部门参与基础设施建设。20 世纪 90 年代，英国推出 PFI 模式，一些特许经营项目由“政府付费”，鼓励私人部门投资提供公共产品。进入 21 世纪后，发达国家在公用事业领域广泛运用各种形式的 PPP，开展公私部门全过程合作。

我国推广的 PPP 模式是指“政府和社会资本合作”。社会资本包括国有、民营和外资等各类资本。2015 年 5 月 22 日，国务院办公厅转发财政部、国家发改委、中国人民银行《关于在公共服务领域推广政府和社会资本合作模式的指导意见》(国办发〔2015〕42 号)指出，PPP 模式是政府采取竞争性方式择优选择具有投资、运营管理能力的社会资本，双方按照平等协商原则订立合同，明确责权利关系。由社会资本提供公共服务，政府依据公共服务绩效评价结果向社会资本支付相应对价，保证社会资本获得合理收益。

7.6.1 在 PPP 项目中的资产评估需求

1. 在 PPP 项目各阶段中的资产评估需求

在 PPP 项目识别、准备、采购、执行以及移交阶段，均涉及对 PPP 项目的资产或权益进行评估的情形，特别是在 PPP 项目的执行和移交阶段，项目公司的设立、融资、产权转让等经济行为，都需要进行资产评估。

(1) 项目公司成立涉及的资产评估。在 PPP 项目公司成立时，涉及非货币财产出资，根据我国公司法的规定，对非货币财产的价值进行评估。《政府和社会资本合作项目财政承受能力论证指引》(财金〔2015〕21 号)也规定：“股权投资支出责任中的土地等实物投入或无形资产投入，应依法进行评估，合理确定价值。”《关于在公共服务领域深入推进政府和社会资本合作工作的通知》(财金〔2016〕90 号)规定：“对于使用者付费项目，涉及特许经营权的要依法定程序评估价值，合理折价入股或授予转让，切实防止国有资产流失。”

(2) 项目公司融资涉及的资产评估。在 PPP 项目公司融资时，对用于设定抵(质)押权的资产，通常需要进行资产评估，以维护金融机构合法权益，有效防范贷款风险。

(3) 政府配套投入涉及的资产评估。在 PPP 项目中，政府的配套投入是指政府提供的项目配套工程等其他投入，通常包括土地征收和整理、建设部分项目配套措施，完成项目与现有相关基础设施和公用事业的对接、投资补助、贷款贴息等。根据《政府和社会资本合作项目财政承受能力论证指引》(财金〔2015〕21 号)的规定，对政府配套投入支出责任中的土地等实物投入或无形资产投入，应依法进行评估，合理确定其价值。

(4) 项目公司产权转让或资产转让涉及的资产评估。PPP 项目公司的出资人转让其持有的 PPP 项目公司权益，或者 PPP 项目公司转让其所属资产，可以对 PPP 项目公司的产权或资产进行评估。如果涉及国有资产或者公共利益等事项，法律、行政法规规定需要进行评估的，则应当依法评估。

(5) 项目资产移交涉及的资产评估。政府和社会资本在 PPP 项目合作期届满，如合同约定社会资本需要向政府移交项目资产的，应当对移交资产进行评估。《关于在公共服务领域推广政府和社会资本合作模式的指导意见》(国办发〔2015〕42 号)规定：“项目资产移交时，要对移交资产进行性能测试、资产评估和登记入账，并按照国家统一的会计制度进行核算，在政府财务报告中进行反映和管理。”《政府和社会资本合作项目财政管理暂行办法》(财金〔2016〕92 号)规定：“项目合同期满前，项目实施机构或政府指定的其他机构应组建项目移交工作组，对移交资产进行性能测试、资产评估和登记入账，项目资产不符合合同约定移交标准的，社会资本应采取补救措施或赔偿损失。”

2. PPP 存量项目的资产评估需求

PPP 存量项目是指政府方基于已全部或者部分建成的公共产品或者公共服务项目设施，按约定的条件与社会资本开展合作的项目。已全部或者部分建成的公共产品或者公共服务项目设施，称为 PPP 存量资产。应对 PPP 存量项目中的存量资产进行评估。《关于在公共服务领域推广政府和社会资本合作模式的指导意见》（国办发〔2015〕42 号）规定：“存量公共服务项目转型为政府和社会资本合作项目过程中，应依法进行资产评估，合理确定价值，防止公共资产流失和贱卖。”《政府和社会资本合作项目财政管理暂行办法》（财金〔2016〕92 号）规定：“存量 PPP 项目中涉及存量国有资产、股权转让的，应由项目实施机构会同行业主管部门和财政部门按照国有资产管理相关办法，依法进行资产评估，防止国有资产流失。”

7.6.2 PPP 项目领域的资产评估实践

在 PPP 项目领域的资产评估需求日益增长的背景下，为促进 PPP 模式的实施与推广，中国资产评估协会制定了《PPP 项目资产评估及相关咨询业务操作指引》，并于 2016 年 10 月 13 日正式发布。近年来，在新建 PPP 项目的项目公司设立环节、融资环节已有大量资产评估实践。在 PPP 存量项目中 PPP 存量项目的资产评估属于法定评估事项，其评估实践更为丰富。

PPP 存量项目的评估对象主要有项目设施经营权资产组、项目设施所有权资产组以及项目公司的股权这三种类别。对 PPP 存量项目的评估，一般需要考虑项目实施方案和 PPP 合同条款的影响。对 PPP 存量项目评估报告的利用，主要有两种方式：一是以评估结果作为存量项目转让的依据，社会资本对项目产出物的初始结算价格进行竞价。比如，某污水处理厂存量项目中，以初始污水处理服务价格最高限价 1.93 元/立方米作为前提，经评估得出存量项目经营权资产组的市场价值为 4 亿元，以该评估结果作为存量项目转让价格，政府方再以初始污水处理服务价格作为竞价标的，依法选择适当的采购方式进行采购，选择与之合作的社会资本。二是在项目产生物的初始结算价格一定的前提下，社会资本对存量项目转让价格进行竞价。比如，前述污水处理厂存量项目中，也可以将初始污水处理服务价格确定为 1.93 元/立方米，政府方再以存量项目转让价格作为竞价标的，依法选择社会资本。

7.6.3 PPP 项目领域的资产评估展望

PPP 项目领域的资产评估不仅包括项目公司设立时的出资评估、政府配套投入评估、项目公司融资时的押品评估、项目公司产权转让评估、项目公司资产转让评估以及项目公司移交资产评估等传统评估需求，而且还将出现项目收益权评估、合同权益评估、特许经营权评估等新的评估业务类型。PPP 项目资产评估需求总量和资产评估业务类型的双增长趋势，使得资产评估服务于 PPP 项目的作用越来越明显。

此外，随着 PPP 项目资产证券化工作的推进，资产评估将在 PPP 项目资产证券化业务中发挥重要作用，如对 PPP 项目资产证券化的基础资产抵（质）押价值进行评估、对现金流进行预测等。

情境任务7.7　以财务报告为目的的评估

7.7.1　以财务报告为目的的评估概念

以财务报告为目的的评估，是指注册资产评估师基于企业会计准则或相关会计核算和披露要求，运用评估技术，对财务报告中各类资产和负债的公允价值或特定价值进行分析、估算，并发表专业意见的行为和过程。

以财务报告为目的的评估是为会计的计量、核算及披露提供专业意见。评估对象是财务报告中各类资产和负债。价值类型是公允价值或特定价值，它对评估技术（评估方法）具有一定的约束。由于以财务报告为目的的评估在遵循评估准则的基础上，还要参照相关会计准则的规定，以满足财务报告披露的要求。

7.7.2　以财务报告为目的的评估的作用

财务报告的目标是向财务报表的使用者提供最有意义的信息以支持其投资决策。财务报告强调以公允价值计量，为评估提供了机会。对于财务报告中各类资产和负债的公允价值或特定价值的计量，国际上较通行的做法是由评估专业人员为公允价值的确定提供专业意见，保障会计信息的客观和独立，其作用具体体现在以下几个方面。

1. 评估技术能够满足会计计量专业上的需求

企业以公允价值计量相关资产和负债，应当采用在当前情况下适用并且有足够可利用数据和其他信息支持的估值。企业采用估值技术的目的，是估计在计量日市场条件下，市场参与者在有序交易中出售一项资产或者转移一项负债的价格。

企业以公允价值计量相关资产或负债，适用的估值技术主要包括市场法、收益法和成本法。估值技术因市场情况和资产特点不同，可观察输入值和不可观察输入值均会用到。不可观察输入值要求估值技术能够反映计量日可观察的市场数据，因此对于会计人员而言，不可观察输入值的获取和应用存在很大的挑战，而外部的专业评估机构能够通过运用评估技术，为会计公允价值计量提供专业支持。

2. 评估专业行为能够为会计计量的客观性奠定基础

在公允价值评估中，要求选择与市场参与者在相关资产和负债的交易中所考虑的资产或负债特征相一致的输入值，包括流动性溢价、控制权溢价或缺乏控制权折价等。资产评估是一种专业行为，是建立在专业技术知识和经验基础上的一种专业判断，长期业务积累使得评估机构具备客观呈现会计信息的能力。会计信息的这种客观性要求，能够通过评估过程中严格遵循相关的方法和程序取得充分的依据。

3. 评估的独立地位能够强化公允价值的公正性

独立性是资产评估工作的基本特征。在市场经济条件下，由资产评估机构依据相关评估法规、准则、规范和行业惯例，提供现时的价值尺度，对于政府监管部门、会计信息使用方和社会公众是一种具有较强公信力的信息服务，有利于形成公正的会计信息，特别是关于公允价值的信息。

7.7.3 以财务报告为目的的评估对象

与其他资产评估业务相比，以财务报告为目的的评估业务涉及的评估对象更加多元化并且更加复杂。一般意义上，以财务报告为目的的评估业务适用于编制财务报告等，具体类型，如表 7-1 所示。

表 7-1　财务报告为目的的评估对象

序号	适用范围	评估对象	适用依据
1	公允价值评估	以公允价值计量的相关资产或负债	企业会计准则第 39 号——公允价值
2	长期股权投资	权益法核算的长期股权投资的初始和后续计量	企业会计准则第 2 号——长期股权投资
3	合并对价分摊	(1) 构成收购价格的非现金资产、发行或承担的债务、发行的权益性证券等 (2) 合并中取得的被购买可辨认资产、负债或有负债	企业会计准则第 20 号——企业合并
4	资产减值	单项资产或资产组或资产组组合	企业会计准则第 8 号——资产减值
5	投资性房地产的公允价值确定	已出租的土地使用权、持有并准备增值后转让的土地使用权，已出租的建筑物	企业会计准则第 3 号——投资性房地产
6	金融工具确认和计量	以公允价值计量且其变动计入当期损益的金融资产或金融负债，或可供出售金融资产	企业会计准则第 22 号——金融工具确认和计量

7.7.4 以财务报告为目的的评估业务特点

以财务报告为目的的评估相对于其他评估业务，具有以下特点：

(1) 以财务报告为目的的评估是为会计计量提供服务。会计计量模式、会计核算方法、会计披露要求影响了评估对象、价值类型的确定及评估方法的选择。资产评估专业人员应当理解会计计量模式的概念，知晓企业合并、资产减值、投资性房地产、金融工具等会计核算方法，根据会计准则的要求，合理确定评估对象，选择与会计计量模式相符的价值类型和评估方法，更有效地服务于会计计量的特定要求。

(2) 以财务报告为目的的评估业务具有多样性、复杂性。以财务报告为目的的评估涉及企业合并、资产减值、投资性房地产、金融工具等多项会计核算业务，每项会计核算业务不同，其所对应的评估对象、价值类型、评估方法均有所不同。

(3) 以财务报告为目的的评估在采用传统的三大评估方法的基础上，根据评估对象的特点和应用条件，可以采用现金流量折现法、增量收益折现法、节省许可费折现法、多期超额收益法等对无形资产进行评估，也可以采用以现值为基础的远期定价和互换模型、期权定价模型等对金融工具进行评估。这些评估方法结合了以财务报告为目的的评估的需要，借鉴了国际上目前常用的评估方法。

7.7.5 以财务报告为目的的评估业务需求

我国新的会计准则引入了公允价值计量模式，财政部、中国资产评估协会为配合公允价值计量模式在我国会计实务中的应用，分别发布了相应的《审计准则》《以财务报告为目的的评估指南(试行)》和《企业会计准则第 39 号——公允价值计量》，以规范财务报告中公允价值、其他价值类型的计量和信息披露。

1. 会计信息计量对评估的需求

《企业会计准则——基本准则》第四十一条规定:“企业在将符合确认条件的会计要素登记入账并列报于会计报表及其附注时,应当按照规定的会计计量属性进行计量,确定其金额。”第四十三条规定:“企业在对会计要素进行计量时,一般应当采用历史成本,采用重置成本、可变现净值、现值、公允价值计量的,应当保证所确定的会计要素金额能够取得并可靠计量。”而会计计量中许多会计要素,比如土地、投资性房地产、无形资产等公允价值的确定需要具备很强的专业知识,此要求远远超出了会计人员的知识和能力范围,所以在确定这些资产公允价值时,需要借助外部评估专业人员的服务,由评估专业人员提供专业的评估结果。

同时,由于企业会计信息已不仅仅局限于为内部管理层提供服务,在许多情况下,更多、更重要的是为投资者、债权人、潜在投资者、监管方等提供服务。对于专业性强、复杂程度高的公允价值确定,财务报告外部使用者更希望和愿意看到的是由独立专业人员提供的评估结果。

2. 审计对评估的需求

《中国注册会计师审计准则第 1322 号——公允价值计量和披露的审计》第一章第四条规定:“按照适用的会计准则和相关会计制度的规定,作出公允价值计量和披露是被审计单位管理层的责任。注册会计师应当获取充分、适当的审计证据,以确定公允价值计量和披露是否符合适用的会计准则和相关会计制度的规定。”注册会计师应当通过了解被审计单位的业务和行业情况以及实施适当的审计程序,评价以公允价值计量的资产和负债的会计处理的适当性,评价获取审计证据的充分性。但是基于独立性的要求,审计单位或人员不能对同一客户提供公允价值评估服务,审计人员是公允价值计量的最终审核人。在一些需要专业性评估的领域,如企业合并、无形资产、资产减值、投资性房地产等领域,聘请外部独立评估专业人员更能资产评估实务发挥专业服务的优势,在提高会计信息质量的同时,也能降低审计人员的风险。

美国公众公司会计监督委员会(PCAOB)于 2007 年 12 月发布了审计实务提示公告第 2 号《金融工具公允价值计量的审计和利用专家工作的相关问题》,进一步解释并重申了审计人员对于金融工具公允价值计量和利用专家工作确定公允价值的审计工作中应执行的程序。

国际会计师联合会(IFAC)下属的国际审计与鉴证准则理事会(IAASB)2008 年 2 月发布了经修订并重新编排的国际审计准则第 540 号《包括公允价值计量的会计估计及相关披露的审计》。经修订并重新编排的 IAS540 结合了原来的 ISA540《会计估计和相关披露的审计》以及 ISA545《公允价值计量和披露的审计》。它着重关注了诸如审计师如何评估相关的会计估计的不确定性对审计风险的影响、管理层进行会计估计的方法、管理层假设的合理性以及披露的恰当性等问题。该准则重申了公允价值计量是会计估计的一种,蕴含了一定的不确定因素,为审计师对公允价值计量的审计工作提供了指南,其中包括与会计估计有关的财务报告框架要求的恰当应用以及估价中模型使用相关的审计考虑。

国际审计与鉴证准则理事会于 2008 年先后发布了重新修订并起草的国际审计准则第 500 号《审计证据》和第 620 号《利用专家的工作》。其中第 500 号《审计证据》新增加了针对管理层利用专家工作进行会计估计判断的审计要求。当管理层利用专家进行公允价值估算时,要求审计人员应当取得充分的、适当的审计证据,以得出合理的结论,并在此基础上出具审计意见。第 620 号《利用专家的工作》为审计人员如何利用内部或外部专家工作对管理层所做的公允价值计量的合理性进行判断时应当取得充分的、适当的审计证据提供了指导意见。

3. 评估在会计计量和审计中的应用

中国资产评估协会发布的《以财务报告为目的的评估指南(试行)》,规范了资产评估专业人员执行以财务报告为目的的评估业务行为,维护了社会公共利益和资产评估各方当事人的合法权益。该指南明确了以财务报告为目的的评估的相关业务(包括合并对价分摊、资产减值、投资性房地产、金融工具确认和计量)的价值类型、评估方法,以及各项业务的评估假设和参数选取注意事项等,为会计计量提供客观、公正的专业支持。

在公允价值计量体系中,外部专业人员的评估结果是计量工具,会计将根据评估结果直接对账目进行调整,评估结果通过会计计量成为资产、负债公允价值的会计信息。

会计人员对公允价值的计量和披露负责,外部评估专业人员对评估结论的合理性负责,审计人员对公允价值的审计结论负责。由此,公允价值的运用使会计信息责任体系发生了改变,由以往的会计责任和审计责任的二维责任体系,发展成为会计责任、评估责任和审计责任构成的三维责任体系。

7.7.6 以财务报告为目的的评估在国内的发展

为促进我国会计准则与国际财务报告准则接轨,2006 年 2 月,财政部发布的会计准则也引入了公允价值的概念和计量模式。近年来,在财政部有关司局的支持下,评估行业与会计行业在评估服务于会计方面进行了有效沟通,达成了许多共识。

2007 年 11 月,中国资产评估协会发布了《以财务报告为目的的评估指南(试行)》,用以规范资产评估专业人员以财务报告为目的的评估业务行为,维护社会公共利益和资产评估各方当事人合法权益。该指南自 2008 年 1 月 1 日起实施,在此基础上,中国资产评估协会于 2009 年 12 月发布了《投资性房地产评估指导意见》。

财政部于 2014 年 1 月 26 日又发布了《企业会计准则第 39 号——公允价值计量》,对公允价值计量进行了更加专业和细致的规范。该准则自 2014 年 7 月 1 日起实施,这必将对我国今后的以财务报告为目的的评估的发展起规范指引的作用。

附录

中华人民共和国资产评估法

（2016年7月2日第十二届全国人民代表大会常务委员会第二十一次会议通过，2016年7月2日中华人民共和国主席令第46号公布，自2016年12月1日起施行）

目录

第一章　总　则

第一条　为了规范资产评估行为，保护资产评估当事人合法权益和公共利益，促进资产评估行业健康发展，维护社会主义市场经济秩序，制定本法。

第二条　本法所称资产评估（以下称评估），是指评估机构及其评估专业人员根据委托对不动产、动产、无形资产、企业价值、资产损失或者其他经济权益进行评定、估算，并出具评估报告的专业服务行为。

第三条　自然人、法人或者其他组织需要确定评估对象价值的，可以自愿委托评估机构评估。

涉及国有资产或者公共利益等事项，法律、行政法规规定需要评估的（以下称法定评估），应当依法委托评估机构评估。

第四条　评估机构及其评估专业人员开展业务应当遵守法律、行政法规和评估准则，遵循独立、客观、公正的原则。

评估机构及其评估专业人员依法开展业务，受法律保护。

第五条　评估专业人员从事评估业务，应当加入评估机构，并且只能在一个评估机构从事业务。

第六条　评估行业可以按照专业领域依法设立行业协会，实行自律管理，并接受有关评估行政管理部门的监督和社会监督。

第七条　国务院有关评估行政管理部门按照各自职责分工，对评估行业进行监督管理。

设区的市级以上地方人民政府有关评估行政管理部门按照各自职责分工，对本行政区域内的评估行业进行监督管理。

第二章　评估专业人员

第八条　评估专业人员包括评估师和其他具有评估专业知识及实践经验的评估从业人员。

评估师是指通过评估师资格考试的评估专业人员。国家根据经济社会发展需要确定评估师专业类别。

第九条　有关全国性评估行业协会按照国家规定组织实施评估师资格全国统一考试。

具有高等院校专科以上学历的公民，可以参加评估师资格全国统一考试。

第十条　有关全国性评估行业协会应当在其网站上公布评估师名单，并实时更新。

第十一条　因故意犯罪或者在从事评估、财务、会计、审计活动中因过失犯罪而受刑事处罚，自刑罚执行完毕之日起不满五年的人员，不得从事评估业务。

第十二条　评估专业人员享有下列权利：

（一）要求委托人提供相关的权属证明、财务会计信息和其他资料，以及为执行公允的评估程序所需的必要协助；

（二）依法向有关国家机关或者其他组织查阅从事业务所需的文件、证明和资料；

（三）拒绝委托人或者其他组织、个人对评估行为和评估结果的非法干预；

（四）依法签署评估报告；

（五）法律、行政法规规定的其他权利。

第十三条　评估专业人员应当履行下列义务：

（一）诚实守信，依法独立、客观、公正从事业务；

（二）遵守评估准则，履行调查职责，独立分析估算，勤勉谨慎从事业务；

（三）完成规定的继续教育，保持和提高专业能力；

（四）对评估活动中使用的有关文件、证明和资料的真实性、准确性、完整性进行核查和验证；

（五）对评估活动中知悉的国家秘密、商业秘密和个人隐私予以保密；

（六）与委托人或者其他相关当事人及评估对象有利害关系的，应当回避；

（七）接受行业协会的自律管理，履行行业协会章程规定的义务；

（八）法律、行政法规规定的其他义务。

第十四条　评估专业人员不得有下列行为：

（一）私自接受委托从事业务、收取费用；

（二）同时在两个以上评估机构从事业务；

（三）采用欺骗、利诱、胁迫，或者贬损、诋毁其他评估专业人员等不正当手段招揽业务；

（四）允许他人以本人名义从事业务，或者冒用他人名义从事业务；

（五）签署本人未承办业务的评估报告；

（六）索要、收受或者变相索要、收受合同约定以外的酬金、财物，或者谋取其他不正当利益；

（七）签署虚假评估报告或者有重大遗漏的评估报告；

（八）违反法律、行政法规的其他行为。

第三章　评估机构

第十五条　评估机构应当依法采用合伙或者公司形式，聘用评估专业人员开展评估业务。

合伙形式的评估机构，应当有两名以上评估师；其合伙人三分之二以上应当是具有三年以上从业经历且最近三年内未受停止从业处罚的评估师。

公司形式的评估机构，应当有八名以上评估师和两名以上股东，其中三分之二以上股东应当是具有三年以上从业经历且最近三年内未受停止从业处罚的评估师。

评估机构的合伙人或者股东为两名的，两名合伙人或者股东都应当是具有三年以上从业经历且最近三年内未受停止从业处罚的评估师。

第十六条　设立评估机构，应当向工商行政管理部门申请办理登记。评估机构应当自领取营业执照之日起三十日内向有关评估行政管理部门备案。评估行政管理部门应当及时将评估机构备案情况向社会公告。

第十七条　评估机构应当依法独立、客观、公正开展业务，建立健全质量控制制度，保证评估报告的客观、真实、合理。

评估机构应当建立健全内部管理制度，对本机构的评估专业人员遵守法律、行政法规和评估准则的情况进行监督，并对其从业行为负责。

评估机构应当依法接受监督检查，如实提供评估档案以及相关情况。

第十八条　委托人拒绝提供或者不如实提供执行评估业务所需的权属证明、财务会计信息和其他资料的，评估机构有权依法拒绝其履行合同的要求。

第十九条　委托人要求出具虚假评估报告或者有其他非法干预评估结果情形的，评估机构有权解除合同。

第二十条　评估机构不得有下列行为：

（一）利用开展业务之便，谋取不正当利益；

（二）允许其他机构以本机构名义开展业务，或者冒用其他机构名义开展业务；

（三）以恶性压价、支付回扣、虚假宣传，或者贬损、诋毁其他评估机构等不正当手段招揽业务；

（四）受理与自身有利害关系的业务；

（五）分别接受利益冲突双方的委托，对同一评估对象进行评估；

（六）出具虚假评估报告或者有重大遗漏的评估报告；

（七）聘用或者指定不符合本法规定的人员从事评估业务；

（八）违反法律、行政法规的其他行为。

第二十一条　评估机构根据业务需要建立职业风险基金，或者自愿办理职业责任保险，完善风险防范机制。

第四章　评估程序

第二十二条　委托人有权自主选择符合本法规定的评估机构，任何组织或者个人不得非法限制或者干预。

评估事项涉及两个以上当事人的，由全体当事人协商委托评估机构。

委托开展法定评估业务，应当依法选择评估机构。

第二十三条　委托人应当与评估机构订立委托合同，约定双方的权利和义务。

委托人应当按照合同约定向评估机构支付费用，不得索要、收受或者变相索要、收受回扣。

委托人应当对其提供的权属证明、财务会计信息和其他资料的真实性、完整性和合法性负责。

第二十四条　对受理的评估业务，评估机构应当指定至少两名评估专业人员承办。

委托人有权要求与相关当事人及评估对象有利害关系的评估专业人员回避。

第二十五条　评估专业人员应当根据评估业务具体情况，对评估对象进行现场调查，收集权属证明、财务会计信息和其他资料并进行核查验证、分析整理，作为评估的依据。

第二十六条　评估专业人员应当恰当选择评估方法，除依据评估执业准则只能选择一种评估方法的外，应当选择两种以上评估方法，经综合分析，形成评估结论，编制评估报告。

评估机构应当对评估报告进行内部审核。

第二十七条　评估报告应当由至少两名承办该项业务的评估专业人员签名并加盖评估机构印章。

评估机构及其评估专业人员对其出具的评估报告依法承担责任。

委托人不得串通、唆使评估机构或者评估专业人员出具虚假评估报告。

第二十八条　评估机构开展法定评估业务，应当指定至少两名相应专业类别的评估师承办，评估报告应当由至少两名承办该项业务的评估师签名并加盖评估机构印章。

第二十九条　评估档案的保存期限不少于十五年，属于法定评估业务的，保存期限不少于三十年。

第三十条　委托人对评估报告有异议的，可以要求评估机构解释。

第三十一条　委托人认为评估机构或者评估专业人员违法开展业务的，可以向有关评估行政管理部门或者行业协会投诉、举报，有关评估行政管理部门或者行业协会应当及时调查处理，并答复委托人。

第三十二条　委托人或者评估报告使用人应当按照法律规定和评估报告载明的使用范围使用评估报告。

委托人或者评估报告使用人违反前款规定使用评估报告的，评估机构和评估专业人员不承担责任。

第五章　行业协会

第三十三条　评估行业协会是评估机构和评估专业人员的自律性组织，依照法律、行政法规和章程实行自律管理。

评估行业按照专业领域设立全国性评估行业协会，根据需要设立地方性评估行业协会。

第三十四条　评估行业协会的章程由会员代表大会制定，报登记管理机关核准，并报有关评估行政管理部门备案。

第三十五条　评估机构、评估专业人员加入有关评估行业协会，平等享有章程规定的权利，履行章程规定的义务。有关评估行业协会公布加入本协会的评估机构、评估专业人员名单。

第三十六条　评估行业协会履行下列职责：

（一）制定会员自律管理办法，对会员实行自律管理；

（二）依据评估基本准则制定评估执业准则和职业道德准则；

（三）组织开展会员继续教育；

（四）建立会员信用档案，将会员遵守法律、行政法规和评估准则的情况记入信用档案，并向社会公开；

（五）检查会员建立风险防范机制的情况；

（六）受理对会员的投诉、举报，受理会员的申诉，调解会员执业纠纷；

（七）规范会员从业行为，定期对会员出具的评估报告进行检查，按照章程规定对会员给予奖惩，并将奖惩情况及时报告有关评估行政管理部门；

（八）保障会员依法开展业务，维护会员合法权益；

（九）法律、行政法规和章程规定的其他职责。

第三十七条　有关评估行业协会应当建立沟通协作和信息共享机制，根据需要制定共同的行为规范，促进评估行业健康有序发展。

第三十八条　评估行业协会收取会员会费的标准，由会员代表大会通过，并向社会公开。不得以会员交纳会费数额作为其在行业协会中担任职务的条件。

会费的收取、使用接受会员代表大会和有关部门的监督，任何组织或者个人不得侵占、私分和挪用。

第六章　监督管理

第三十九条　国务院有关评估行政管理部门组织制定评估基本准则和评估行业监督管理办法。

第四十条　设区的市级以上人民政府有关评估行政管理部门依据各自职责，负责监督管理评估行业，对评估机构和评估专业人员的违法行为依法实施行政处罚，将处罚情况及时通报有关评估行业协会，并依法向社会公开。

第四十一条　评估行政管理部门对有关评估行业协会实施监督检查，对检查发现的问题和针对协会的投诉、举报，应当及时调查处理。

第四十二条　评估行政管理部门不得违反本法规定，对评估机构依法开展业务进行限制。

第四十三条　评估行政管理部门不得与评估行业协会、评估机构存在人员或者资金关联，不得利用职权为评估机构招揽业务。

第七章　法律责任

第四十四条　评估专业人员违反本法规定，有下列情形之一的，由有关评估行政管理部门予以警告，可以责令停止从业六个月以上一年以下；有违法所得的，没收违法所得；情节严重的，责令停止从业一年以上五年以下；构成犯罪的，依法追究刑事责任：

（一）私自接受委托从事业务、收取费用的；

（二）同时在两个以上评估机构从事业务的；

（三）采用欺骗、利诱、胁迫，或者贬损、诋毁其他评估专业人员等不正当手段招揽业务的；

（四）允许他人以本人名义从事业务，或者冒用他人名义从事业务的；

（五）签署本人未承办业务的评估报告或者有重大遗漏的评估报告的；

（六）索要、收受或者变相索要、收受合同约定以外的酬金、财物，或者谋取其他不正当利益的。

第四十五条　评估专业人员违反本法规定，签署虚假评估报告的，由有关评估行政管理部门责令停止从业两年以上五年以下；有违法所得的，没收违法所得；情节严重的，责令停止从业五年以上十年以下；构成犯罪的，依法追究刑事责任，终身不得从事评估业务。

第四十六条　违反本法规定，未经工商登记以评估机构名义从事评估业务的，由工商行政管理部门责令停止违法活动；有违法所得的，没收违法所得，并处违法所得一倍以上五倍以下罚款。

第四十七条　评估机构违反本法规定，有下列情形之一的，由有关评估行政管理部门予以警告，可以责令停业一个月以上六个月以下；有违法所得的，没收违法所得，并处违法所得一倍以上五倍以下罚款；情节严重的，由工商行政管理部门吊销营业执照；构成犯罪的，依法追究刑事责任：

（一）利用开展业务之便，谋取不正当利益的；

（二）允许其他机构以本机构名义开展业务，或者冒用其他机构名义开展业务的；

（三）以恶性压价、支付回扣、虚假宣传，或者贬损、诋毁其他评估机构等不正当手段招揽业务的；

（四）受理与自身有利害关系的业务的；

（五）分别接受利益冲突双方的委托，对同一评估对象进行评估的；

（六）出具有重大遗漏的评估报告的；

（七）未按本法规定的期限保存评估档案的；

（八）聘用或者指定不符合本法规定的人员从事评估业务的；

（九）对本机构的评估专业人员疏于管理，造成不良后果的。

评估机构未按本法规定备案或者不符合本法第十五条规定的条件的，由有关评估行政管理部门责令改正；拒不改正的，责令停业，可以并处一万元以上五万元以下罚款。

第四十八条　评估机构违反本法规定，出具虚假评估报告的，由有关评估行政管理部门责令停业六个月以上一年以下；有违法所得的，没收违法所得，并处违法所得一倍以上五倍以下罚款；情节严重的，由工商行政管理部门吊销营业执照；构成犯罪的，依法追究刑事责任。

第四十九条　评估机构、评估专业人员在一年内累计三次因违反本法规定受到责令停业、责令停止从业以外处罚的，有关评估行政管理部门可以责令其停业或者停止从业一年以上五年以下。

第五十条　评估专业人员违反本法规定，给委托人或者其他相关当事人造成损失的，由其所在的评估机构依法承担赔偿责任。评估机构履行赔偿责任后，可以向有故意或者重大过失行为的评估专业人员追偿。

第五十一条　违反本法规定，应当委托评估机构进行法定评估而未委托的，由有关部门责令改正；拒不改正的，处十万元以上五十万元以下罚款；情节严重的，对直接负责的主管人员和其他直接责任人员依法给予处分；造成损失的，依法承担赔偿责任；构成犯罪的，依法追究刑事责任。

第五十二条　违反本法规定，委托人在法定评估中有下列情形之一的，由有关评估行政管理部门会同有关部门责令改正；拒不改正的，处十万元以上五十万元以下罚款；有违法所得的，没收违法所得；情节严重的，对直接负责的主管人员和其他直接责任人员依法给予处分；造成损失的，依法承担赔偿责任；构成犯罪的，依法追究刑事责任：

（一）未依法选择评估机构的；

（二）索要、收受或者变相索要、收受回扣的；

（三）串通、唆使评估机构或者评估师出具虚假评估报告的；

（四）不如实向评估机构提供权属证明、财务会计信息和其他资料的；

（五）未按照法律规定和评估报告载明的使用范围使用评估报告的。

前款规定以外的委托人违反本法规定，给他人造成损失的，依法承担赔偿责任。

第五十三条　评估行业协会违反本法规定的，由有关评估行政管理部门给予警告，责令改正；拒不改正的，可以通报登记管理机关，由其依法给予处罚。

第五十四条　有关行政管理部门、评估行业协会工作人员违反本法规定，滥用职权、玩忽职守或者徇私舞弊的，依法给予处分；构成犯罪的，依法追究刑事责任。

第八章　附　则

第五十五条　本法自 2016 年 12 月 1 日起施行。

参考文献

[1] 中国资产评估协会.资产评估实务(一)[M].北京:中国财政经济出版社,2017.
[2] 中国资产评估协会.资产评估实务(二)[M].北京:中国财政经济出版社,2017.
[3] 中国资产评估协会.资产评估[M].北京:中国财政经济出版社,2016.
[4] 余炳文.无形资产评估案例[M].北京:经济管理出版社,2017.
[5] 朱柯,增瑞玲,李萍.资产评估[M].4版.大连:东北财经大学出版社,2016.
[6] 袁桂萍,唐振达,李保婵.资产评估模拟实训教程[M].2版.大连:东北财经大学出版社,2016.
[7] 于艳芳,郭子雪.资产评估实务与案例分析[M].北京:人民邮电出版社,2016.
[8] 姜楠.无形资产评估[M].北京:中国财政经济出版社,2015.
[9] 苑泽明.无形资产评估[M].北京:高等教育出版社,2015.
[10] 王家新,刘萍等.文化企业资产评估研究[M].北京:中国财政经济出版社,2013.
[11] 刘伍堂.专利资产评估[M].北京:知识产权出版社,2011.
[12] 罗伯特·F赖利,罗伯特·P.施韦斯.无形资产评估[M].北京:中国大百科全书出版社,2001.
[13] 汪海粟,王同律,汤湘希[M].北京:中国人民大学出版社,2002.
[14] 俞明轩.企业价值评估[M].北京:高等教育出版社,2016.
[15] 张先治,池国华.企业价值评估[M].大连:东北财经大学出版社,2013.
[16] 徐爱农.企业价值评估[M].北京:中国金融出版社,2012.
[17] 曹中.企业价值评估[M].北京:中国财政经济出版社,2010.
[18] 中国资产评估协会.企业价值·著作权·商标·实物期权评估准则讲解[M].北京:经济科学出版社,2013.
[19] 张玉珍,徐寒.资产评估[M].西安:西北大学出版,2009.
[20] 中国资产评估协会.资产评估准则——基本准则释义[M].北京:机械工业出版社,2004.
[21] 中国资产评估协会.资产评估价值类型指导意见讲解[M].北京:经济科学出版社,2008.
[22] 中国资产评估协会.资产评估准则——无形资产,2008.
[23] 中国资产评估协会.资产评估准则——企业价值,2008.
[24] 中国房地产估价师与房地产经纪人学会.房地产估价[M].北京:中国建筑工业出版社,2017.
[25] 赵凤.房地产估价[M].北京:科学出版社,2016.